Ina Rudolph

Auf ins fette, pralle Leben

Ina Rudolph

Auf ins fette, pralle Leben

12 Experimente,
wie man sich das
Leben leichter
machen kann

Kösel

Verlagsgruppe Random House FSC® N001967
Das FSC®-zertifizierte Papier *Munken Premium* für
dieses Buch liefert Arctic Paper Munkedals AB, Schweden.

Copyright © 2015 Kösel-Verlag, München,
in der Verlagsgruppe Random House GmbH
Umschlag: Weiss Werkstatt München
Umschlagmotiv: © shutterstock / FMStox, Bild-Nr. 189804761
Lektorat: Ralf Lay
Druck und Bindung: GGP Media GmbH, Pößneck
Printed in Germany
ISBN 978-3-466-31039-5

www.koesel.de

Inhalt

Was dieses Buch Ihnen geben kann

»Achte auf deine Gedanken, denn sie werden Worte.
Achte auf deine Worte, denn sie werden Handlungen.
Achte auf deine Handlungen, denn sie werden Gewohnheiten.
Achte auf deine Gewohnheiten, denn sie werden dein Charakter.
Achte auf deinen Charakter, denn er wird dein Schicksal.«
AUS DEM TALMUD

Schon als Kind trug ich in mir eine Ahnung, dass das, was ich damals mein Leben nannte, nur ein schmaler Ausschnitt der Möglichkeiten sein konnte. Da musste einfach mehr sein. Mehr, als ordentlich, brav und fleißig zu sein. Mehr, als sich an Normen anzupassen. Mehr, als nicht zu stören. Selbst in Momenten der größten Langeweile begleitete mich das Gefühl, dass diese Erde, dieser Planet und unser Leben darauf eigentlich das Allergrößte waren. Ein Geschenk, ein Wunder, fett und prall. Eigentlich. Eigentlich müssten wir alle den ganzen Tag jauchzen vor Glück. Ich konnte es fühlen. Aber es schien wie in weiter Ferne zu liegen. So fern, dass es aussichtslos aussah, im Laufe meines Lebens dorthin zu gelangen.

Als ich im Alter von zweiunddreißig Jahren »The Work« kennenlernte, war es, als hätte man mich am Rand dieses Paradieses abgesetzt. Schon bei meinem allerersten Kontakt mit der Methode atmete ich auf, ich war mir näher und gleichzeitig allem, was in diesem Leben überhaupt von Bedeutung war.

Ich lernte dieses einfache Werkzeug in kurzer Zeit und wendete es immer wieder an. Erst nur bei mir, dann mit Freunden, dann in Gruppen und nach ein paar Jahren in Seminaren, Einzelsitzungen und Vorträgen. So konnte ich immer wieder erleben, dass auch für andere Menschen das Leben praller wurde, friedlicher und gleichzeitig aufregender. Eine ideale Kombination.

Einiges, was ich an Hilfreichem und Befreiendem durch die Arbeit erfahren habe, hat sich durch Wiederholung bei mir eingeprägt. Es ist zu einer Gewohnheit geworden. Durch neue, nützliche Gewohnheiten haben sich alte, destruktive verabschiedet.

Und was soll ich Ihnen sagen? Nützliche Gewohnheiten sind ja so nützlich! Sie sind wie Heinzelmännchen, die im Hintergrund Arbeit erledigen, helfen, unterstützen. Diese Heinzelmännchen brauchen nichts zu essen und verlangen keine Bezahlung. Dafür arbeiten sie Tag und Nacht unhörbar und machen keinen Dreck.

Welche Art von Gewohnheiten ich etabliert habe, bestimmt in wesentlichem Maße, ob ich mein Leben als leicht oder schwer empfinde. Mit nützlichen Gewohnheiten fühlt sich mein Leben erheblich leichter an. Ich habe den Kopf frei für das, was mir wirklich wichtig ist.

Kann man denn Gewohnheiten ändern? Wie eine neue Software auf sein Betriebssystem aufspielen?

Meine Antwort ist Ja. Denn als Kind habe ich laufen gelernt, das hat sich automatisiert. Laufen können ist nützlich. Sprechen, schreiben, rechnen sind nützlich, ein Auto fahren, mit Messer und Gabel essen, Zähne putzen, auf den Verkehr achten, bevor ich die Straße überquere … all das sind nützliche Angewohnheiten, die mir helfen und über die ich überhaupt nicht mehr nachdenken muss. Sie haben sich nach einer Weile der Anwendung voll automatisiert.

Auch Sport zu treiben, habe ich mir erst angewöhnt. Mein Rücken und ich schätzen diese Angewohnheit sehr. Dass ich

mich heute gesund ernähre, ist das Ergebnis mehrerer Umge-
wöhnungsprozesse. Am Anfang hatte ich es nicht für möglich
gehalten, dass das funktioniert. Das Fernsehgucken habe ich
mir abgewöhnt und auch das Rauchen. Ein kurzer Mittags-
schlaf ist zu einer nützlichen Gewohnheit geworden, und ich
steige Treppen, anstatt den Fahrstuhl zu benutzen. Das ist mir
ein richtiges Bedürfnis geworden.

Habe ich auch Angewohnheiten, die mir nicht nützen?

O ja. Ich mache mir manchmal Sorgen. Ich hetze mich ab,
um alles zu schaffen. Es fällt mir schwer, Nein zu sagen, obwohl ich klar und deutlich »Nein« spüre. Ich komme nicht zur
Ruhe, weil ich dauernd etwas verbessern will. Mich erschreckt
Kritik, obwohl es doch normal ist, dass andere Menschen anders denken.

Könnten das alles nur Angewohnheiten sein?

Ich glaube, ja. Immer wieder stolpere ich in meinem Alltag
über diese Verhaltensweisen. In diesem Jahr und mit diesem
Buch möchte ich mich ihnen mal näher widmen und mir statt
der behindernden Angewohnheit etwas Besseres, Nützliche-
res angewöhnen.

Auch Gedanken zu folgen, die mir nicht guttun, ist nur eine
unnütze Gewohnheit, hat aber verheerende Folgen für mein
Lebensgefühl.

In der Arbeit mit The Work finde ich oft heraus, wie ich
wirklich leben möchte. Das ist wunderbar, und vieles davon
habe ich umgesetzt. Mit diesem Buch möchte ich neue, nützliche Gewohnheiten etablieren. Ein Jahr lang wage ich jeden
Monat ein neues Experiment. Ich möchte, dass meine Heinzelmännchen *für* mich arbeiten und *nicht gegen* mich.

Gleich zu Beginn fand ich es erfrischend, mal mit einigen
Gewohnheiten zu brechen. Aber lesen Sie selbst.

Dieses Buch kann Ihnen Impulse zu Leichtigkeit und Freude
geben, die Sie selbst nachhaltig in Ihr Leben holen können.

Wann immer Sie Lust verspüren, die Experimente so oder so ähnlich mitzumachen: Wunderbar!

Mit diesem Buch können Sie außerdem noch lernen, wie The Work funktioniert – und sich auch am Rand des Paradieses absetzen lassen. Dann sind es nur noch ein paar Schritte – und auch Sie stehen mitten im fetten, prallen Leben!

Gelebte Umkehrungen – Gewohnheiten durchbrechen

Vorgestern fuhren meine Tochter und ich auf Fahrrädern zum Tempelhofer Feld. Ein stillgelegter Flughafen, jetzt Naherholungsgebiet für alle Berliner. Manchmal fahre ich dort auch ohne meine Tochter hin und drehe meine Runden. Ich will mal richtig in die Pedale treten, außer Puste und ins Schwitzen kommen. Normalerweise fahre ich durchs Tor, ein Stück geradeaus und biege dann nach rechts ab auf die ehemalige Startbahn. Vorgestern jedoch sagte meine Tochter zu mir, als wir das Tor passierten: »Mama, können wir mal andersrum fahren?«

Ich stockte, spürte einen Widerstand. Mein schöner Automatismus. Meine geliebte Rechtsrum-Strecke.

»Ach bitte!«

Ich atmete einmal aus, um zu fragen, was sie denn da wolle, warum das jetzt so wichtig sei – und spürte, so würde ich ins Diskutieren geraten. Ich murmelte irgendetwas vor mich hin, sah ihren fragenden Blick und sagte dann seufzend: »Okay.«

Wir fuhren also das gewohnte Stückchen geradeaus und bogen dann links ab. Mein Gefühl schrie: »He, was machst du? Das ist linksrum. Links! Das geht gar nicht!«

Mein Verstand erwiderte: »Stell dich nicht so an. Du wirst ja wohl noch ein klein wenig flexibel sein können. Es ist immer noch das Tempelhofer Feld. Nur andersrum.«

Wir fuhren ein paar Meter, und ich war mir nicht sicher: War das mein Tempelhofer Feld? Es sah alles so anders aus. War ich hier wirklich schon gewesen? Bäume links, Rasen rechts, der Asphalt, die Schilder mit den Rollwegweisern – es musste das ehemalige Flughafengelände sein. Mein Verstand wusste: Hier bin ich schon gewesen. Und doch konnte ich mich an nichts erinnern. An fast nichts. Es war alles neu. Frisch. Ungewohnt. Als wir die Runde fast rum waren, legten wir uns und unsere Fahrräder ins Gras. Mal schien die Sonne, und mal schoben sich Wolken vor. Ich schielte zu meiner Tochter hinüber.

»Komisch, darauf wäre ich nie gekommen, mal andersrum zu fahren …«

»Jo«, sagte sie, »dafür hast du ja mich.«

Ich nahm ihre Hand, die Sonne schien, und plötzlich fiel es mir ein: Sie hatte eine Umkehrung vorgeschlagen, ein Gegenteil von dem, wie wir es sonst immer machen, eine Gewohnheitsänderung. Ich setzte mich auf.

»Sag mal, hat dir das Spaß gemacht?«

»Klar«, sagte sie, »mal was anderes.«

»Und hast du Lust, noch mehr davon aufzustöbern? An welcher Stelle würdest du denn gern mal was anders machen? Wo könnte ein bisschen frischer Wind rein?«

»Mein Zimmer«, fiel ihr als Erstes ein. »Und essen können wir auch mal woanders. Nicht immer am Küchentisch.«

»Gut«, sagte ich und hatte das Gefühl, ein Abenteuer beginnt. »Wollen wir mal einen Monat lang schauen, wo wir Gewohnheiten haben, die uns langweilen oder die unnütz sind, und es einfach mal anders machen?«

»Juchhu!«, rief sie und sprang auf. »Ich fahre mit deinem Fahrrad nach Hause und du mit meinem!« Sie griff nach ihren Sachen, zerrte mein Fahrrad in den Stand und warf die Sachen in mein Körbchen. Ich schraubte mich hoch und war nicht begeistert. Gedanken, das könnte gefährlich sein und wie das denn aussieht, ließen in mir keine Freude aufkommen. Sie sah mein Gesicht und radelte los, bevor ich Nein sagen konnte.

»Aber erst mal nur bis zum Tor«, rief ich hinterher und stieg auf ihr Rad. Mit gebeugtem Rücken und Knien bis zu den Ohren fuhr ich hinterher. Das war wackelig, das war schräg, das war unsicher. Nach ein paar Metern war es auch lustig. Wie meine Tochter vor mir fuhr, im Stehen, sah nicht wackelig aus. Um sie musste ich mir keine Sorgen machen. Leute kamen vorbei, erfassten den Zusammenhang und grinsten. Da war es gleich noch amüsanter.

Abendbrot gab es unter dem Tisch. Ein Picknick. Raten Sie mal, wessen Vorschlag das war! Meine einzige Bedingung für alle Gewohnheitsdurchbrechungsvorschläge war: Es musste praktisch sein. Wenn Dinge zu umständlich werden, bin ich nicht dabei.

Wir legten unsere gute Picknickdecke unter den Tisch, ich machte ein Tablett mit Lebensmitteln voll, warf das Toastbrot auf die Decke, und auch die Person, deren Idee es gewesen war, fasste mit an. Im Sitzen passte ich gerade so unter den Tisch, wir schmierten uns Brote und kamen uns vor wie im Zelt. Alles roch ein bisschen anders, schmeckte nicht ganz genauso wie sonst, sah improvisierter aus, und auch die Akustik war nicht die gleiche wie über dem Tisch. Doch, das war ein bisschen wie Urlaub.

Am nächsten Tag stehe ich vor meinem CD-Regal. Ich habe mich für mein kleines Sportprogramm umgezogen, das aus Yoga, Rückenkräftigung und Dehnübungen besteht. Dafür lege ich mir immer eine Musik auf. Heute nun stehe ich hier, und mir fällt nichts mehr ein. Ich kenne alles schon. Mein Gedanke ist: »Ich hab keine Musik.«

Sofort spüre ich eine Schwere. Undeutlich glaube ich, ich müsste mir mal was Neues besorgen, weiß aber gerade nicht, wie. Lust, mich durch alle CD-Ankündigungen bei iTunes zu wühlen, verspüre ich auch nicht. Hm. Was nun? Ich möchte mit meinem Sport beginnen. Ich sehe auf mein CD-Regal. 300 CDs. Mindestens. »Ich hab keine Musik.« *Ist das wahr?* Ich muss lachen. Kann man so nicht sagen.

Ich erinnere mich daran, dass ich einen Monat lang Gewohnheiten durchbrechen wollte. Wie ist meine Gewohnheit bis jetzt gewesen? Bis heute habe ich immer sorgfältig und nach Gefühl ausgesucht, welche Musik ich zu meinem Sport auflege. Was wäre ein Gegenteil?

Jemand anders könnte die CD auswählen, die ich jetzt hören werde. Das wäre einfach. Keine Wahl – keine Qual. Ich schaue mich um. Niemand da, der diese Aufgabe übernehmen könnte. Ha! Ich hab's! Ich schließe die Augen, taste mich mit den Fingern bis zu den kantigen Hüllen vor und fahre darüber. Sie wackeln in ihren Fächern, während ich sie berühre. Meine Hand fährt die Reihen hoch und bleibt an einer Stelle stehen. Ich nehme die CD aus dem Regal und bin gespannt. Oh! Tom Waits. Hab ich ewig nicht gehört. Diese CD lege ich ein, keine Widerrede! Und beginne mit meinem Sport. Tom pfeift sich eins, und in mir werden Erinnerungen lebendig. An die Zeit, als diese CD rauf- und runterlief. Meine erste Wohnung im Prenzlauer Berg, die ich selbst ausgebaut habe. Ich, auf Knien in der Küche, schmeiße den Zement in die aufgestemmten Fugen für die Elektrik. Ich, im Bad, beim Verfugen der Kacheln. Ich, im Wohnzimmer, das gleichzeitig Schlafzimmer war, als ich um 23 Uhr noch ein Regal aufbaute, der Tom sich eins pfiff und der Nachbar wutschnaubend an meiner Tür klingelte. Wie schön, dass ich diese Musik mal wieder höre.

Hätte ich niemals ausgesucht. Die Musik nicht bewusst zu wählen könnte nicht nur eine Gewohnheitsdurchbrechung sein, sondern tatsächlich eine Gewohnheitsänderung werden. Mein Regal reicht ja für circa ein Jahr. Keine Wahl – keine Qual.

14

Am Wochenende veranstalte ich ein Seminar in Berlin. In diesem Einsteigerseminar für Leute, die lernen möchten, wie sie The Work anwenden können, ist alles voller Gewohnheiten, die mir lieb geworden sind. Sie sind praktisch, funktionieren, und ich muss die Abläufe nicht immer wieder neu erfinden. Ich bin neugierig. Wird sich eine Gewohnheit zeigen, die ich gern mal durchbrechen würde? Ich muss ja nicht um jeden Preis etwas ändern. Nur wenn's Spaß macht oder wie etwas Nützliches aussieht.

Am Freitagabend halte ich immer einen Vortrag. Ich erzähle über die Macht der Gedanken, zeige den Teilnehmern die Technik, und wir gehen alle einmal gemeinsam durch den Prozess. Das ist immer schön. Ich komme im Seminarhaus an, und eine ungewohnte Ruhe empfängt mich. Normalerweise steppt dort der Bär, verschiedene Gruppen arbeiten in den unterschiedlichen Räumen, und es ist ein Kommen und Gehen. Heute nicht. Leise klingelt das Windspiel im Zug des geöffneten Fensters. Ich lege ab und gehe den Flur entlang ins Büro, in dem die Leiterin des Seminarzentrums sitzen müsste. Da sitzt sie auch. Wir begrüßen uns.

»Nix los heute, ne?«

»Nö, nix los. Außer, wenn gleich dein Vortrag beginnt …«

Wir grinsen. Dann bietet sie mir den größten Raum an, den das Seminarzentrum hat. »Ist ja heute sowieso frei.«

Ich kucke erstaunt. Woher weiß sie, dass ich gerade nach Gelegenheiten suche, Dinge anders zu machen? Ich hab sonst immer den zweitgrößten Raum. Der hat Teppichboden, ist gemütlich, und auch wenn viele Leute drin sind, ist er noch groß. Ich kucke wohl immer noch erstaunt.

»Na«, sagt sie, »nur wenn du willst. Überleg's dir.«

Ich überlege tatsächlich. In dem Raum, in dem ich immer bin, kenne ich mich aus, da bin ich zu Hause. Im nächsten Jahr will ich aber sowieso in den großen Raum umziehen … Also?

Heute mal vorfühlen? Ich stelle mich zwei Minuten hinein in den großen Raum, er hat Dielen, ist heller, und der Blick geht weit über die Dächer. Na klar, heute mal vorfühlen.

In der Pause vom Vortrag verabschiedet sich die Leiterin des Seminarzentrums von mir. Ihr Blick fragt, wie es denn so ist im neuen Raum. Ich frage zurück, ob ich ihn für das ganze Wochenende ausprobieren darf. Ich darf.

Am nächsten Morgen beginnt das Seminar um zehn. Ich bin gegen neun da, koche Tee, breite meine Arbeitsmaterialien aus und schaue auf meine Notizen.

Ich habe einen Plan, wie das Seminar beginnt. Bevor wir anfangen zu arbeiten, erzähle ich, wie ich zur Work kam und wie The Work funktioniert. Als ich mir heute die wichtigsten Eckpunkte ins Gedächtnis rufen will, fällt mir auf, dass ich dabei bin, es so zu machen, wie ich es immer mache. Könnte ich mir heute mal erlauben, diesen Text ohne Vorbereitung frei und aus dem Kopf zu sprechen? Ohne vorherige Erinnerung an irgendwelche Eckpunkte? Wie wäre es, wenn ich mich von mir selbst überraschen ließe? Wesentlich anderes kann ich sowieso nicht erzählen. Ich bleibe ich, mein Lebensweg war so, wie er war, und die Work ist die Work. Ich spüre ein Kribbeln im Körper. Wie einfach es ist, das Leben interessant zu machen! Eine kleine Drehung an einer einzigen Stellschraube.

In der Zeit, die dadurch frei geworden ist, öffne ich das Fenster und lasse den Blick schweifen. Ein ruhiger Moment. Hier oben riecht es auch anders als auf der Straße. Ist die Luft hier frischer?

Es läutet an der Tür, der erste Teilnehmer kommt. Ich gehe ihn begrüßen. Punkt zehn Uhr sitze ich auf meinem Stuhl vor der Gruppe. Sie schauen mich an. Ich sie. Sie wissen nicht, was jetzt kommt. Ich auch nicht. Nein, ich sage ihnen nicht, dass ich ein Buch schreibe, in dem diese Übung vorkommt. Ich mache das nur für mich. Mein kleines Geheimnis.

Ich atme ein, öffne den Mund, und es kommen Worte heraus. Ich sage ihnen, was sie an diesem Wochenende erwartet, und dann ist mir, als könnte ich spüren, wie mein Verstand auf die Suche geht. Wo in meiner Biografie fange ich an? Normalerweise beginne ich an der Stelle meines Lebens, als ich mir meiner Probleme bewusst wurde, so um die dreißig. Von dort aus erzähle ich dann schön chronologisch vorwärts. Kurzerhand entscheide ich mich jetzt für die Version rückwärts. Mal sehen, ob das geht. Heute bin ich Seminarleiterin, Coach, Autorin. Mir geht es bestens, achtzig Prozent meiner Lebenszeit bin ich in einem guten Kontakt mit mir, anderen Menschen und der Welt. Zehn Prozent sind geradezu fantastisch. Die letzten zehn teilen sich noch mal in fünf, wo ich mich körperlich nicht wohlfühle oder Schmerzen habe, und die letzten fünf hab ich mal schlechte Laune, oder es geht mir mal wieder alles nicht schnell genug. Insgesamt ein echt schönes Leben. Das war nicht immer so.

Weiter geht es rückwärts. Wie viel ich selbst mit mir gearbeitet habe, mit anderen. Wie viele stressige Konzepte sich durch die Arbeit mit The Work schon aufgelöst haben. Ich mache Pausen, überlege, lasse mich treiben. Schön.

Ich komme im Jahr 2001 an, als ich zum ersten Mal die Kraft der Work spüren durfte. Damals saß ich in meiner Ausbildung zum NLP-Master, und wir hatten uns schon mit hochkomplexen Techniken beschäftigt, waren auf Zeitlinien gewandert, hatten auf Metaebenen gestanden und unserem inneren Kind Geschenke überbracht. Nun kam The Work. Vier Fragen und eine Umkehrung. Ich muss ziemlich skeptisch dreingeschaut haben, deshalb war ich auch gleich dran, um vor der Gruppe durch den Prozess begleitet zu werden. Ich wurde gebeten, an eine Person zu denken, der ich noch nicht vergeben hatte und in deren Gegenwart ich mich nicht wohlfühlte.

Ich wählte eine Frau aus meinem Bekanntenkreis, mit der

ich seit zehn Jahren Schwierigkeiten hatte. Viele stressige Gedanken hatte ich über sie angesammelt. Wir wählten uns einen aus, und ich wurde mit diesem Glaubenssatz ungefähr dreißig Minuten lang durch den Prozess der Work geführt. Während dieser dreißig Minuten spürte ich, wie mein Denken eine Wendung nahm, sich öffnete, bereit war, andere Interpretationen zuzulassen. Mir liefen Tränen übers Gesicht, und dann musste ich lachen. Am Ende war ich berührt und erstaunt. Mein Herz war wieder offen, ich hatte Lust, auf diese Person zuzugehen, und fühlte keinen Stress mehr. Erstaunlich. So erstaunlich, dass ich an dieser kleinen Methode bis heute drangeblieben bin und sie immer noch sehr liebe.

Ich atme einmal durch. Wieder ein Abschnitt abgeschlossen auf meiner Rückwärtstour. Ich lehne mich zurück. Will ich den Bogen schlagen zu meiner Zeit voller Probleme? Ja, will ich, aber kurz. Dann ist mein erster Vortragsabschnitt vorbei.

»Habt ihr dazu Fragen?«

Niemand hat eine Frage. Alle lächeln. Ich glaube, für alle war es rückwärts in Ordnung. Für mich auf jeden Fall. Abgesehen von der Richtungsänderung habe ich meine Worte mehr entstehen lassen, habe Pausen gemacht und öfter mal überlegt. Ich habe andere Beispiele gewählt. All das war erfrischend für mich, und ich habe das Gefühl, ich kann mich auf mich verlassen.

Einiges habe ich im Laufe des Seminars noch anders gemacht, bei vielem bin ich geblieben. Kurz vor Ende, Sonntagnachmittag, steht eine Teilnehmerin vor dem ausladenden Blumenstrauß, der uns durch das ganze Seminar begleitet hat, und fragt: »Hast du die für dich gekauft?«

Ich lache. Was für ein Gedanke. Der Strauß besteht immer aus vielen kleinen Sträußen, die die Teilnehmer am Ende des Seminars mitbekommen. So einen großen Strauß würde ich nie für mich selbst kaufen.

Als ich die Blumen schließlich überreiche, mit jedem noch ein paar Worte wechsle und sehe, wie sich alle freuen, habe ich eine Idee. Ich kaufe mir demnächst mal einen unverschämt großen Blumenstrauß für mich selbst. Das hab ich noch nie gemacht, das möchte ich aber, und es passt wunderbar in diesen Monat.

Nun ist auch der letzte Teilnehmer gegangen. Niemand mehr da. Vom Flur her klingelt leise das Windspiel im Zug des geöffneten Fensters. Und nun? Zeit, zu packen, aufzuräumen, abzuschließen und mich wieder anderen Dingen zuzuwenden. Ach ja.

Ist das wahr? Wonach ist mir denn? Hm, denke ich und lege mich einmal mitten in den Raum. Auf die Dielen. Ein bisschen ausruhen, nachspüren, ausklingen lassen. Herrlich. Kann ich mir das ab jetzt vielleicht immer gönnen?

Mit Beginn dieses Monats habe ich auch mal das übliche Gläschen Wein weggelassen. Das war eine schwere Entscheidung. Nicht, dass ich furchtbar viel trinken würde. Aber mit einer gewissen Regelmäßigkeit. Fast jeden Tag. Wie fast alle meine Freunde. Im Namen der Geselligkeit ist immer etwas Niedrigprozentiges im Haus, und wenn nicht, ist es so leicht zu besorgen. Nur ein paar Schritte, und da sind Restaurants, der »Späti« und ein Supermarkt, der bis 22 Uhr abends geöffnet hat. Das Gläschen Wein hat meinen Abend eingeläutet, und wenn es sprechen könnte, hätte es gesagt: »So, meine Liebe, jetzt darfst du dich entspannen.«

Ich wollte mal sehen, ob das Entspannen abends auch ohne das Gläschen geht. Und da war noch die Frage: Bin ich schon abhängig? In einer Medizinerzeitung hatte ich gelesen, dass man nicht als abhängig bezeichnet wird, wenn man ab und an hohe Mengen trinkt, sondern wenn man regelmäßig etwas Alkoholisches zu sich nimmt.

Und auch für dieses Vorhaben halfen mir die Fragen der Work. Mein blockierender Glaubenssatz war:

»Es wird schwer, auf das Glas Wein zu verzichten.«

Den schrieb ich mir auf ein Blatt Papier, lehnte mich auf meinem Sofa zurück und stellte mir die erste Frage der Work:

Ist das wahr?

Ich ließ die Frage sich in mir ausbreiten und wartete in Ruhe auf eine Antwort. Vor meinem inneren Auge sausten Bilder vorbei, wie ich mich durch diesen Monat quäle, die Tage zähle, lustlos auf einer Geburtstagsfeier herumsitze, während alle anderen sich eisgekühlten Prosecco hinter die Binde kippen. Meine Antwort war: Ja.

Wenn ich auf die erste Frage mit Ja geantwortet habe, gibt es eine zweite Frage, die ich vernachlässigen kann, wenn ich schon bei der ersten Frage festgestellt habe, dass mein Gedanke nicht wahr ist.

Kann ich mit absoluter Sicherheit wissen, dass das wahr ist?

Kann ich mit absoluter Sicherheit wissen, dass es schwer wird, auf das Glas Wein zu verzichten? Wieder gebe ich der Frage Raum. Ich warte auf Bilder, Erfahrungen, Antworten, die sich mir zeigen wollen.

Nein, ich kann nicht sicher wissen, ob es schwer wird. Ich kenne Menschen, die sagen, ohne Alkoholgenuss kommen sie morgens besser aus dem Bett, schlafen ruhiger und können sich besser an die Vorfälle des vorangegangenen Abends erinnern. Auch Mediziner sind sich einig, dass regelmäßiger Alkoholkonsum den Alterungsprozess beschleunigt, das Krebsrisiko erhöht, Diabetes wahrscheinlicher macht, die Verdauung verlangsamt, den Stoffwechsel stört, Gefäße verkalkt, Nerven schädigt und das Herz schwächt. Nicht zu reden von all den Folgeerkrankungen, die daraus entstehen können. Mit diesem Wissen könnte es sein, dass es überhaupt nicht schwer ist, mal einen Monat auf Alkohol zu verzichten und mir danach nur zu besonderen Anlässen ein Gläschen zu genehmigen. Die dritte Frage der Work lautet:

Wie reagiere ich, was passiert, wenn ich diesen Gedanken glaube?

Wie reagiere ich, wenn ich glaube, dass es schwer wird, auf das Glas Wein zu verzichten? Ich spüre, dann gehe ich mit einer Schwere in die Zeit des Weglassens. Ich erwarte die Schwere förmlich. Große Lust habe ich dann nicht auf dieses Experiment. Ich bin nicht wirklich offen für das, was es zu entdecken gibt. Das fühlt sich eingefahren an, fest. Ich bin nicht mehr neugierig. Das trübt mein ganzes Lebensgefühl ein. Der Gedanke ist belastend.

Wer wäre ich ohne diesen Gedanken?

So lautet die vierte Frage. Also, wie wäre es, in den Monat zu starten und nicht anzunehmen, dass es schwer wird? Immerhin kann ich jetzt gerade noch nicht wissen, wie es wird.

Ohne den Gedanken spüre ich sofort ein Prickeln. Ich bin wieder wach. Neugierig, wie es wohl sein wird. Wie auch immer es nachher werden wird – jetzt fühlt sich das viel besser an. Und ich lebe ja jetzt. Es geht mir ums Jetzt. Einen anderen Moment gibt es nicht. Die Welt ist die gleiche wie vorher, sieht aber ohne diesen stressigen Gedanken interessanter, bunter, voller und aufregender aus.

Nach den vier Fragen hält die Work noch die Umkehrungen bereit. Ich überprüfe, ob das Gegenteil von dem, was ich Stressiges geglaubt habe, nicht auch wahr sein könnte. Ich erweitere damit meine Wahrnehmung. Es ist ein Perspektivwechsel.

Eine Möglichkeit, den stressigen Glaubenssatz »Es wird schwer, auf das Glas Wein zu verzichten« umzukehren, lautet:

»Es wird leicht, auf das Glas Wein zu verzichten.«

Könnte das auch sein? Hm ja, möglich wäre das. Nun finde ich drei konkrete Beispiele, warum diese Umkehrung auch wahr sein könnte. Mein erstes Beispiel lautet:

1. An den Tagen, in denen ich bis jetzt immer mal ohne Glas Wein war, ist es mir auch nicht schwergefallen. Ich hatte es beschlossen, mir vorgestellt, wie gut das für meinen Körper ist, und dann mit Leidenschaft Wasser oder Tee getrunken.

Ich freue mich, dass ich dieses Beispiel gefunden habe. Es erinnert mich an meine Vorstellungskraft, die mir auch für dieses Thema schon nützlich war. So kann ich es im kommenden Monat auch wieder machen. – Gibt es noch ein Beispiel für diese Umkehrung?

2. Ich war schon auf Seminaren, wo eine Woche lang kein Alkohol ausgeschenkt wurde, und das hab ich auch überlebt. Ich erinnere mich an einzelne Abende, an denen das nicht ganz leicht war, aber es ist gegangen.

Und noch eins?

3. Es könnte sein, dass es diesmal leichter wird, weil ich es freiwillig mache. Weil ich es mir jetzt wünsche und will.

Und ich kann sogar noch ein viertes Beispiel finden:

4. Vielleicht wird es von Tag zu Tag leichter? Diesmal dauert die Abstinenz nicht nur eine Woche, sondern einen ganzen Monat. Ich habe munkeln hören, dass der Mensch sich an alles gewöhnt.

Eine weitere Umkehrung könnte sein:

»Es wird schwer, nicht auf das Glas Wein zu verzichten.«

Warum könnte es schwer werden, wenn ich weiterhin regelmäßig das obligatorische Glas Wein am Abend trinke? Wenn ich also nicht verzichte und mein Vorhaben fallenlasse? Auch hier kann ich drei konkrete Beispiele finden:

1. Zuerst einmal würde mich mein Gewissen plagen. Ich weiß, dass ich den Genuss einschränken möchte, und tue das nicht. Ein schlechtes Gewissen ist auch eine Last.
2. Abhängig möchte ich nicht sein. Wenn ich den Alkohol nicht mal längere Zeit weglasse, dann weiß ich nicht, ob ich schon abhängig bin.
3. Ich muss die Flaschen hoch- und wieder runterschleppen. Besonders das Runterschleppen finde ich mühsam. Der Glascontainer steht an der nächsten Ecke, und an dieser Ecke komme ich fast nie vorbei. Die Flaschen türmen sich in der Küche, und wenn ich es wieder eine Weile nicht zum Container geschafft habe, sieht's bei mir aus, als wäre ich ein Alki.

In dieser Work war es für mich hilfreich, zu sehen, dass es auch ganz einfach werden könnte. Immerhin habe ich die Erfahrung schon wochenweise gemacht. Und die Vorstellung, wie mein Körper nicht weiter übersäuert, sondern ich ihm klare, reine Getränke zuführe, lässt mich jetzt schon klar und rein fühlen. So starte ich leichtfüßiger in mein Vorhaben. Auf geht's!

Ein paar Tage später räumen wir nachmittags das Zimmer meiner Tochter um. Den Tisch nach links, die Regale als Trennwand zwischen Bett und Tisch, den Kleiderschrank an die Wand. Ach nein, doch nicht. Sieht nicht gut aus und stört die Hängematte. Wieder zurück. Plakate werden umgehängt, wir können zwei große Mülltüten entsorgen (Gott sei Dank!), und zwei Wandlampen hängen jetzt an einer Stelle, wo sie nicht gebraucht werden. Dafür ist am Bett, wo ein Leselicht nützlich wäre, gar keine Lampe. Löcher wollen wir jetzt nicht mehr in Wände bohren, das kann mein Mann morgen machen. Also wird heute mit einer Taschenlampe vorgelesen. Das hört sich schon wieder wie Urlaub an.

Ich sauge einmal Staub, und dann lasse ich sie mit all den Neuerungen allein. In der Küche schaue ich, was es zu essen geben kann, rühre etwas zusammen und wasche Salat. Aus ihrem Zimmer höre ich meine Tochter ab und zu »Huch!« und »Nanu!« rufen oder kichern. Ich gehe mal kurz kucken, stecke den Kopf in ihr Zimmer. »Na, wie ist es?«

»Toll«, sagt sie und zeigt mir drei Dinge, die längst verloren geglaubt waren.

Ein Schlüssel geht in der Tür, mein Mann kommt nach Hause. Ich lege meinen Finger auf die Lippen, und sie nickt. Er wäscht sich die Hände, wir essen zu Abend. Meine Tochter sitzt mir gegenüber. Wenn unsere Blicke sich treffen, huscht ein verschwörerisches Lächeln über unsere Gesichter.

20.30 Uhr: Sie geht Zähne putzen und so weiter, und mein Mann schlurft zum Vorlesen in ihr Zimmer. Ich höre ihn »Huch!« und »Nanu!« rufen und nach einer Weile kichern. Eine gelungene kleine Veränderung!

An einem anderen Tag sitze ich am Schreibtisch und habe Rückenschmerzen. Ich stehe auf, recke und strecke mich, mache ein paar Übungen und will weiterarbeiten. Als ich wieder sitze, beschleicht mich das Gefühl, dass es genau diese Haltung ist, wie ich hier gerade am Schreibtisch sitze, die zu den Rückenschmerzen führt. Könnte das sein? Könnte sein. Ich stehe wieder auf und schaue mich um. Ich stelle meinen Laptop auf eine Kommode und schreibe im Stehen weiter. Das ist für fünf Minuten ganz lustig, dann schmerzt es an anderer Stelle. Die Kommode ist ja kein Stehpult. Wieder sehe ich mich um. Eine Entlastung für den Rücken wäre schön. Ich schiele auf das Sofa. Kann man im Liegen schreiben? Laufe ich so Gefahr einzuschlafen? Ich staple Kissen hoch, liege Probe, erhöhe den Kissenberg, liege Probe, entferne die Rückenpolster, liege Probe – und siehe da: ganz gut.

Eine Stunde lang entlastet diese Halbliegeposition meinen Rücken, der Laptop auf dem Schoß. Dann fallen mir die Augen zu. Ganz schwer sind sie schon, die Lider. So schwer, dass jedes Entgegenwirken zwecklos scheint. Ich stelle mir noch eben den Wecker, dann sacke ich für zehn Minuten in die Tiefe. Schwer, traumlos, weg bin ich.

Da geht schon der Wecker. Jetzt muss ich erst mal hoch, den Körper aufwecken. Ich laufe ein paar Schritte, trinke ein Glas Wasser, koche Kaffee und suche mir einen Platz in der Küche. Wie geht's meinem Rücken? Besser als vorhin. Ich wechsle meinen Platz nach einer Stunde wieder und finde ein Eckchen im Kinderzimmer, wo ich auch noch nie gesessen habe. Das ist belebend: Ich bin im Zimmer meiner Tochter zu Gast. Wenn ich aufsehe, habe ich die gesammelte Plüschtiersammlung im Blick, das Plakat vom letzten Kinofilm, die Steine und Mineralien, die ihr etwas bedeuten. Ach, ich liebe meine Tochter.

Dann habe ich Lust, extremer zu werden. An die Wand gelehnt, sitze ich im Arbeitszimmer auf dem Fußboden. Ich sitze auf der Treppe, die zum Dachboden hochführt. Und für fünfzehn Minuten kann ich auch auf dem Wohnzimmerteppich auf dem Bauch liegen. Wozu hab ich einen Laptop?

Als ich ihn um 17 Uhr zuklappe, habe ich keine Rückenschmerzen. Ich fühle mich angeregt durch meine wechselnden Arbeitsplätze. Meine Augen hatten immer neues Futter, ich wurde nicht bequem, und die Kreativität, mir immer wieder einen neuen Platz zu suchen, brachte mein Blut ins Strömen. Ich glaube, auch das werde ich öfter mal machen. Warum ist mir das nicht früher eingefallen? Ganz einfach: Es ist mir eben nicht eingefallen. Ich hatte meinen Fokus nicht auf diesem Thema. Jetzt merke ich: Gewohnheiten ändern ist großartig. Kleine Idee – große Wirkung.

Meine Tochter kommt nach Hause, Zeit für mein kleines Sportprogramm. Wenn sie da ist, ist auch jemand da, der die Musik für mich auswählen könnte. Ich frage sie, ob sie Lust hat, mit hundertprozentigem Zufallssystem eine CD herauszusuchen, die wir dann auch hören.

Sie kneift die Augen zusammen und sagt: »Das könnte schrecklich werden.«

Ich frage sie: »Kannst du dir sicher sein, dass es schrecklich wird?«

»Nö«, sagt sie und kommt mal wieder von selbst auf ein Gegenteil. »Es könnte auch lustig werden.«

»Na dann«, sage ich und schließe die Augen. Die Hüllen klappern, ich höre, wie sie eine herauszieht, wir öffnen die Augen. Oh, ihre Hand hat Krzysztof Penderecki ausgewählt. Sie starrt auf das Cover, dann auf die Rückseite und fragt: »Wer is'n das?«

»Ein moderner Komponist. Er kommt aus Polen und gehört zur Avantgarde.«

Sie schaut skeptisch drein.

»Das sind Menschen, die als Erste etwas Neues wagen. Die sich was trauen.«

Ihr Gesicht hellt sich auf. »Leg rein«, sagt sie, und wir lauschen den ersten Tönen. Ein harmonischer Klangteppich breitet sich aus. Warm und weich fließt die Musik in unsere Küche.

Meine Tochter zeigt auf den unverschämt großen Blumenstrauß, der auf dem Tisch steht. »Von wem sind 'n die?«

»Von mir selber.«

»Ach nee.«

»Ach doch.«

»Wieso?«

»Nur so.«

»*Mami!*«

Sie wird kribbelig und will eine Erklärung. Kannst du kriegen, mein Kind! Sie versteht es, findet es klasse, und ich beginne mit meinem Sportprogramm. Penderecki schafft die Kulisse. Ein paar Dissonanzen mischen sich hinein, und der Rhythmus wechselt unregelmäßig. Ich bin gespannt, wie lange sie das mitmacht. Nach ein paar Minuten höre ich, wie sie die Tür von ihrem Zimmer zuzieht. War wohl nicht so das Richtige für sie. Dann dringt von nebenan Tim Bendzko aus den Boxen. Er will nur noch kurz die Welt retten. Sie hat sich selbst gerettet, mal wieder ein Gegenteil. Brav.

Und, wie war's bis hierher ohne das übliche Glas Wein?

Der Monat ist noch nicht ganz rum, aber schon jetzt kann ich sagen: Ich brauche den Wein nicht zum Entspannen. Ich kann Freunde treffen ohne Alkohol, Filme anschauen ohne Alkohol, und auch Sex und Erotik sind prima ohne Alkohol.

Die kleine Work hat mir geholfen, mich für die angenehmen Seiten des Verzichts zu öffnen. Ich habe mir herrliche Tees gekocht, die von irgendwelchen Gipfeln erleuchteter Gebirge stammen, wo der sauberste Wind der Welt weht. Und mit diesen Bildern im Kopf habe ich die Tasse zum Mund geführt. Als wäre ich auf Reisen gewesen und hätte selbst, Wind und Wasser trotzend, auf dem Gipfel gesessen.

Ich bin morgens nicht besser aus dem Bett gekommen, tut mir leid, da mag ich Ihnen hier nichts in die Tasche lügen. Keine alkoholischen Getränke im Haus zu haben hat auch geholfen. An einem sonnigen Tag habe ich von einem Bekannten eine gute Flasche südafrikanischen Weins geschenkt bekommen, und wie aus Gewohnheit habe ich sie kalt gestellt. Abends, am Schreibtisch, machten meine Gedanken sich selbstständig, wanderten in die Küche, zum Kühlschrank und meldeten gehorsamst: »Vorzüglicher Wein vorhanden. Verzehrfertig auf Idealtemperatur heruntergekühlt.« Welch ein Verlangen hatte ich augenblicklich, dieses freundliche Fläschchen zu öffnen und mir ein Glas zum Abend zu genehmigen!

Was habe ich gemacht? Ich bin an den Kühlschrank gegangen, habe die Flasche herausgenommen und sie auf die Kommode gestellt. So, liebe Gedanken, dort kann sie sich jetzt in Ruhe auf Zimmertemperatur erwärmen. Und Weißwein in Zimmertemperatur ist keine Gefahr.

Mit Freude habe ich festgestellt, dass es mir sogar im Restaurant, bei Freunden und Einladungen angenehm war, einfach nur Wasser zu trinken. Ich konnte klar bleiben, hab mich auch nach drei Gläsern Wasser nicht in etwas Nebulöses verwickeln lassen und hatte trotzdem Spaß! Gut zu sehen!

Ein paar Tage später ist es mal wieder Zeit für mein Sportprogramm. Mein Mann ist zu Hause. Wenn er zu Hause ist, ist jemand da, der mir die Musik auswählen kann. Ja, er will. Seine Hand tastet sich bis zu den kantigen Hüllen vor und fährt darüber. Sie wackeln in ihren Fächern, während er sie berührt. Seine Hand fährt die Reihen hoch und bleibt an einer Stelle stehen. Er nimmt eine CD aus dem Regal, und wir sind gespannt. Oh! Udo Jürgens. Haben wir ewig nicht gehört. Diese CD legen wir ein, keine Widerrede! Und ich beginne mit meinem Sport.

Das ist beschwingt, das ist Gute-Laune-Musik. Passt zu meinen Bewegungen, denke ich, und singe mit, während ich meinen Schwungstab schwinge.

Ich war noch niemals in New York,
ich war noch niemals auf Hawaii,
ging nie durch San Francisco in zerriss'nen Jeans.
Ich war noch niemals in New York,
ich war noch niemals richtig frei,
einmal verrückt sein und aus allen Zwängen fliehn.

Ha! Auch das passt perfekt in diesen Monat. Ich verschnaufe kurz und dehne meinen Rücken auf der Matte. Was hab ich noch nie gemacht? Wo möcht ich mal hin?

Mein Mann kommt um die Ecke, und ich winke ihm. Er setzt sich neben mich. Da kommt wieder der Refrain. Wir singen mit. Dann schaue ich ihn an. »Willst du nach New York? Oder Hawaii?«

Er lacht.

»Nein, sag mal, was haben wir noch nie gemacht?«

Wir überlegen. Schon allein die Gedanken in diese Richtung zu lenken macht Spaß. Meine Gedanken wandern zu allem, was ich mir angenehm vorstelle oder mir schon mal gewünscht habe. Reisen würde ich gern in das unabhängige Königreich Bhutan. Abgesehen von der betörenden Landschaft, hat Bhutan als Alternative zum Bruttoinlandsprodukt das Bruttonationalglück eingeführt. Man achtet dort auf ein nachhaltiges Wachstum der Wirtschaft, die Bewahrung der Umwelt und der Kultur. Das Wohlbefinden der Einwohner steht an erster Stelle. Das würde ich mir gern einmal ansehen.

Mein Mann sagt, er möchte nach Japan, da zieht es mich nicht hin. Ich hätte mal Lust auf einen Kurzurlaub mit Verwöhnprogramm. Das hab ich auch noch nie gemacht. Fünf

Tage vielleicht, in der Natur, mit feudaler Bedienung. Nur rumliegen, Rückenmassage hier, Fußmassage dort, leise plätschert ein Brunnen …

»Phh«, sagt mein Mann, »das ist doch nicht verrückt.«

»Vielleicht«, sage ich und grinse, »ist ja das Geld, das wir dafür hinlegen werden, total verrückt?«

Findet er nicht lustig. Er steht auf und wirft mir im Hinausgehen noch hin: »Paddeltour mit Zelten wolltest du ja auch nicht.«

Da hat er recht. Paddeltour vielleicht. Zelten – nein. Nun, wenn ich jetzt keine stressigen Gedanken glaube, die mir erzählen wollen, dass wir in dieser Frage zusammenkommen sollten und was wir für ein komisches Paar sind, wenn wir nicht das Gleiche wollen – dann kann ich uns nehmen, wie wir sind. Das ist schön. Dann müssen wir gar nichts. Wir haben schon öfter getrennt Urlaub gemacht. Für mich jedenfalls wäre es verrückt, mal viel Geld fürs Rumlungern rauszuwerfen.

Es gibt noch eine spezielle Form der Umkehrung in der Work. Es ist die »gelebte Umkehrung«, wie Byron Katie sie nennt. Durch den Prozess der Work kann ich oft verstehen, welchen Anteil ich an den stressigen Dingen habe, die um mich herum geschehen. Das ist gut, denn das ermächtigt mich, es in Zukunft anders zu machen. Wenn es Dinge gibt, die ich getan habe, und sie in der Tiefe meines Herzens bereue, vielleicht manche Nacht schlaflos liege und mich ein schlechtes Gewissen plagt, habe ich die Chance, es wiedergutzumachen. Habe ich jemanden verletzt? Ihm unrecht getan? Oder mir selbst? Wenn ich es wiedergutmachen kann, bringe ich Ordnung ins Chaos und räume mein Leben auf. Es ist wieder Frieden in mir und dadurch auch etwas mehr in der Welt.

Katie erzählt zum Beispiel, sie habe einmal eine Katze mit ihrem Auto angefahren und sei nicht zurückgekehrt, um zu sehen, ob sie noch lebte oder nicht. Wann immer sie jetzt ein Tier sehe, das verletzt oder in Schwierigkeiten sei, erkenne sie dies und nutze die Gelegenheit zu helfen, wenn dies möglich sei. Oder wenn sie daran denke, dass sie früher ihre Großmutter gelegentlich angelogen habe, falle es ihr heute leicht, andere mit der Wahrheit zu unterstützen, anstatt zu lügen.

Und ich? Wo hab ich so eine Schmutzecke, die etwas Aufräumen vertragen könnte? Mit wem bin ich nicht im Reinen? Hab ich jemandem wehgetan?

Zuerst fällt mir mein Vater ein. Im vorigen Jahr habe ich seinen Geburtstag vergessen. Na ja, also nicht richtig vergessen. Ich hatte ihn mir in meinem Kalender zwei Tage später eingetragen. Wie bin ich wohl darauf gekommen? Seit siebzig Jahren hat mein Vater immer am gleichen Tag Geburtstag! Ich war erschrocken und geknickt, als einen Tag nach seinem Geburtstag eine enttäuschte Mail von seiner Freundin kam. Auweia! Natürlich habe ich gleich angerufen, natürlich habe ich mich entschuldigt, selbstverständlich habe ich ehrlich gezeigt, dass ich bestürzt darüber bin. Mein Vater hat großzügig abgewinkt. Die Sache durfte wieder in den Hintergrund rutschen.

Und doch hatte ich das Bedürfnis, beim nächsten Geburtstag besonders aufmerksam zu sein mit der Wahl des Geschenks. Etwas Besonderes zu finden, um den Fauxpas vom letzten Jahr auszubügeln. Ich habe das Gefühl, mir und meiner Schwester ist etwas wirklich Schönes eingefallen, wir haben es organisiert und umgesetzt. Jetzt, wo ich das schreibe, fällt mir auf, dass ich gar nicht weiß, ob er das auch so empfunden hat. Für mich ist damit mein schlechtes Gewissen jedenfalls wieder ausgeglichen. Und ohne dieses schlechte Gewissen fühlt sich der Kontakt zu meinem Vater viel besser an.

Habe ich auch an mir selbst etwas wiedergutzumachen? O ja. Zu Zeiten, als ich noch viel als Schauspielerin gearbeitet habe, kam es häufiger vor, dass ich kein Zutrauen zu meinem natürlichen Ausdruck hatte. Wenn ich ein Casting hatte, ein Gespräch mit einem Regisseur, ein erstes Treffen, bevor der Dreh losging, oder bei ähnlichen Zusammenkünften. Ein Teil von mir hat mir nicht vertraut und gedacht, ich müsse bei solchen Gelegenheiten mehr strahlen, als ich es auf natürliche Weise tue. Er hat gedacht, ich müsse einfach umwerfend sein, egal wie es mir wirklich geht. Mein stressiger Glaubenssatz war:

»Ich muss ein übergalaktisches, vor Esprit und Witz sprühendes Wunderwesen sein.«

Und auch im Rest meines Lebens wollte ich die unkomplizierte, großartige Ina sein, der nichts etwas ausmacht. Wollte ich gemocht werden? O ja.

Ich kann Ihnen sagen, das war furchtbar anstrengend. Nicht nur, dass es nicht geglückt ist, danach überfiel mich immer eine Schwere, die ich mir nicht erklären konnte. Ich habe mich mies gefühlt, wie betrogen, und so war es ja auch. Ich habe mich selbst und auch die anderen betrogen.

In einer ausführlichen Work-Sitzung habe ich verstanden, dass ich so nicht weitermachen kann und will. Ich habe verstanden, dass niemand anders mir das antut. Niemand hat von mir verlangt, so zu sein. Ich habe auch verstanden, dass ich riskieren muss, Jobs nicht zu bekommen, anderen nicht zu gefallen und im Extremfall alles zu verlieren. Die Umkehrung lautete:

»Ich muss ich sein.«

Das ist das Wichtigste. Von diesem Punkt geht alles erst los. Und von dort kann mein Leben auf eine friedliche, freundliche und stimmige Art und Weise losgehen.

Als ich das verstanden hatte, ging es gar nicht mehr anders, als dass ich diese Umkehrung auch leben wollte. Es ist mir nicht leichtgefallen, weiß Gott nicht. Ich erinnere mich, wie ich eines Tages vor einer Freundin stand und wusste, ich will jetzt nicht mehr alles herunterschlucken. Es gab etwas, was ich ihr sagen musste, wenn ich ehrlich und authentisch sein wollte. Ich stand vor ihr, habe innerlich gezittert, mir war kalt, und trotzdem habe ich geschwitzt. Aber, hurra! Ich habe es gesagt. Irgendwie brachte ich es heraus.

Seitdem habe ich viel geübt. Mal kamen die ehrlichen Worte leicht, dann wieder holprig, nicht immer astrein und manchmal auch verletzend. Es ging nicht gleich alles glatt. Und doch – der Weg war der richtige. Ich habe viel bei mir selbst wiedergutgemacht. Und ich bin immer noch dabei. Ich möchte mir selbst mein bester Freund sein. Wenn es mir heute passiert, dass ich es jemandem recht machen will, gefallen will, und mich selbst dabei übergehe, kann ich das gleich deutlich spüren. Ich kenne diesen Schmerz. Wenn es geschehen ist, ist es geschehen. Ich bin dann mein bester Freund und verurteile mich nicht dafür. Ich nehme mir Zeit für mich, dafür, mich und meine guten Absichten zu verstehen, die hinter meinem Verhalten standen.

Oder ich gönne mir eine kleine Work, finde meinen stressigen Gedanken, stelle mir die vier Fragen und drehe den Gedanken in seine Gegenteile um. Auf diese Weise kann ich meinen Verstand klären. So kann ich mir sehr gut mein bester Freund sein.

Wenn ich jemand anderen verletzt oder gekränkt habe und ich das wiedergutmachen möchte, habe ich auch die Möglichkeit, den anderen zu fragen, wie ich es wiedergutmachen kann. Am Anfang des Monats war ich zum Beispiel bei einer Freundin eingeladen. Es waren einige ihrer Freunde anwesend und auch Arbeitskollegen. Ich war ein bisschen angespannt an dem Abend, habe mich mit mir selbst nicht wohlgefühlt und wollte auf der Feier aber nicht wie eine trübe Tasse herumhängen. Ich geriet in eine Unterhaltung, wurde gebeten, ein bestimmtes Erlebnis zu erzählen, und war mir nicht sicher, ob es nicht zu intim war, um es vor der Gruppe preiszugeben. Ich habe mich gewunden, wurde erneut gebeten, versuchte auszuweichen, wurde nachdrücklicher gebeten, und dann dachte ich, ich könnte die Geschichte ja auch so unverfänglich erzählen, dass ich niemandem damit auf den Schlips trete. Außerdem lädt sich meine Freundin ja sicher keine Leute ein, die ihr total fremd sind. So war mein Gedanke.

Aber ich hatte nicht mit der Gruppe gerechnet, in der ich stand. Kaum hatte ich drei Sätze gesprochen, wurde ich auch schon mit einer Nachfrage von rechts unterbrochen. Mit einer Handbewegung deutete ich an, dass sie mich noch einen Moment in die Geschichte vordringen lassen mögen, dann würde diese Frage gleich beantwortet. Nach zwei weiteren Sätzen wurde ich von links scherzhaft gebeten, jetzt zum Punkt zu kommen. Schon hier spürte ich, dass ich auf diesen Humorzug heute nicht aufspringen konnte. Ich hatte ja auch keinen Alkohol getrunken. Die anderen schon. Kurz, ich kam weiterhin nicht richtig zu Wort, brach irgendwann mitten im Satz ab und sagte: »Entschuldigt, das ist mir heute zu anstrengend.«

Von allen kam enttäuschtes Geraune und das ebenfalls scherzhaft gemeinte Versprechen, dass man ab jetzt garantiert keinen Pieps mehr sagen würde.

Es war schon zu spät. Ich wollte nach meinem Grundsatz handeln und mir selbst mein bester Freund sein. »Tut mir leid«, sagte ich. »Ich möchte hier nicht weiter erzählen. Ich bin heute nicht gut drauf und gehe jetzt nach Hause.« Einfach wegzugehen erschien mir die einfachste Möglichkeit, für mich zu sorgen und nicht in weitere Diskussionen zu geraten. Ich verabschiedete mich von meiner Freundin, umriss ihr die Sache kurz und ging. Aus den Augenwinkeln sah ich noch, wie ungehalten »meine Gruppe« war. In dem Moment war mir das einerlei.

Zu Hause angekommen, kamen auch die »Hätte«, »Wäre« und »Wenn«. Hätte ich das freundlicher sagen können? Wäre es besser gewesen, ich wäre gar nicht erst hingegangen? Ich hoffte, meiner Freundin damit keine Unannehmlichkeiten bereitet zu haben.

Nachdem diese Gedanken in drei Stunden fünfmal aufgetaucht waren, griff ich zum Telefonhörer. Ich erfuhr, dass ihr diese Szene ziemlich unangenehm gewesen war und dass es darum noch Diskussionen gegeben hatte. Ich entschuldigte mich, hatte nach dem Auflegen aber nicht das Gefühl, dass es damit erledigt war. Nach zwei Tagen rief ich wieder an. Sie war immer noch der Meinung, dass ich auf ihrer Feier hätte freundlicher sein sollen. Ich spürte ihre Verstimmung. Sie ist eine gute Freundin, und mir liegt etwas an ihr. Also wiederholte ich aufrichtig, dass es mir leidtue, und dann bat ich: »Sag mir bitte: Wie kann ich es wiedergutmachen?«

»Ach«, sagte sie, »Quatsch«, und wollte das Thema vom Tisch wischen. Ich blieb dran.

»Es ist für mich«, sagte ich, »damit ich mich wieder besser fühle.«

»Na gut. Dann hilf mir doch nächstes Mal beim Vorbereiten.«

Das ist für mich eine wunderbare Lösung. Da freue ich mich schon drauf. So einfach kann das sein.

So, der Monat ist rum. War es nun leicht oder schwer ohne Alkohol? Es war ultraleicht, wenn er nicht in meinen Gedanken war. Wenn kein vorzüglicher Wein vorhanden war, der verzehrfertig auf Idealtemperatur heruntergekühlt bereitstand. Oder Menschen im Restaurant neben mir das Bouquet des

Rotweins lobten und sich die Lippen leckten. Ansonsten war es einfach, ich habe mich körperlich wohlgefühlt und auch besser geschlafen.

Tatsächlich war es herrlich, keine Flaschen runterschleppen zu müssen. Als ich dies hier hinschrieb, dachte ich noch: »Was für ein läppisches Beispiel!« Aber nun, nach einem Monat, muss ich sagen: Ich habe das genossen. Denn auch Besuch, der kam und hörte, dass ich gerade keinen Alkohol trinke, hat sich in den meisten Fällen angeschlossen. Fast waren sie erleichtert. »Ach, dann trinke ich auch Tee«, hab ich meist gehört. Ergo gab es einen Monat lang keine Flaschen runterzuschleppen. Und ich bin nicht abhängig. Das zu sehen eröffnet eine Weite, die mich glücklich macht.

Am letzten Tag des Monats fahre ich mal wieder mit meiner Tochter aufs Tempelhofer Feld. Sie will linksrum.

»Och nö«, sage ich, »jetzt könnten wir mal wieder was Normales machen.« Sie kuckt skeptisch. »Und überhaupt«, setze ich nach, »beim letzten Mal sind wir ja schon linksrum gefahren. Es anders zu machen würde doch heißen, dass wir jetzt wieder rechtsrum fahren. Nicht?« Ich zwinkere ihr zu.

Meine Tochter hat mal wieder die bessere Idee: »Mami, wir machen das so: Ich fahre linksrum und du nach rechts. Das haben wir auch noch nie gemacht.«

Stimmt.

Auf die Plätze! Fertig! Los! Wir zischen in entgegengesetzte Richtungen ab. Mal sehen, wo ich sie treffe.

Guten Morgen, liebe Sorgen

Heute ist Mittwoch. Ein schöner Tag, hell und klar. Die Sonne scheint in mein Arbeitszimmer, und ich muss blinzeln. Ich liebe die Sonne auch durch die geschlossenen Fensterscheiben. Ich sitze am Computer und tippe das Protokoll für Klaus[*], der gerade bei mir in einer Einzelsitzung war. Mein Mailprogramm ist geöffnet, und hin und wieder macht es »Pling«.

»Pling«, eine Mail von meiner Freundin Annette. »Pling«, eine Mail vom Steuerberater. »Pling«, eine Mail vom Agenten. An einer strategisch günstigen Stelle mache ich eine Pause vom Tippen und lese, was da hereingekommen ist. Meine Freundin sagt unser Treffen ab, der Steuerberater will noch Unterlagen, der Agent aktuelle Fotos. In Ordnung, dann weiß ich Bescheid. Weiter im Protokoll. Ich schreibe für Klaus seine stressigen Gedanken auf, die ihn vor der Sitzung noch belastet haben, und was diese Gedanken mit seinem Leben machen, wenn er sie glaubt.

Ich schaue auf meinen Notizblock und tippe seine Gedanken in die Tastatur. Mir gehen die Worte meiner Freundin im Kopf herum. Warum hat sie unser Treffen abgesagt? Soll ich schnell mal in der Mail nachsehen? Nein, jetzt schreib ich das Protokoll fertig. Ich schaue auf meinen Notizblock und tippe. Ich notiere für Klaus, wie sein Leben wäre, wenn er seine stressigen Gedanken nicht glaubt. Schön ist das Leben ohne stressige Gedanken, sogar wunderschön.

---

[*] Dieser Name wie auch einige andere wurden aus persönlichkeitsrechtlichen Gründen geändert.

Mir fällt etwas ein. Könnte es sein, dass meine Freundin unseren Termin absagt, weil ich ihren letzten Geburtstag vergessen habe? Hat sie das gekränkt? Nun, das glaube ich eigentlich nicht. Weiter im Protokoll. Ich tippe in den Computer, wie das Leben für Klaus wäre, wenn er das Gegenteil von dem sehen könnte, was ihm Stress bereitet hat. Wenn er die Perspektive wechselte. Ganz neue Ideen hätte er für sein Leben, die ihm keinen Ärger machten, sondern Freude. All das schreibe ich ihm auf, damit er es immer wieder nachlesen kann. Dann bringe ich es in eine lesbare Form und schicke es ab.

So. Kleine Pause. Ich brühe mir einen Tee. Ist das schlimm, den Geburtstag zu vergessen? Hat sie denn an meinen gedacht? Ich überlege. Mein Geburtstag, mein Geburtstag, was war denn an meinem Geburtstag? Ich habe ihn wunderschön vertrödelt, eine Feier habe ich nicht gemacht. Hat sie mich an dem Tag angerufen? Ich erinnere mich nicht. Ich nehme meinen Tee und gehe wieder an den Schreibtisch. Was ist heute noch zu tun? Ein Blick in den Kalender verrät mir: Ich bin für ein Telefonat mit meinem Internetbastler verabredet. Auf der Webseite müssen Termine erneuert werden. Ich wähle seine Nummer. Wenn ich ehrlich bin, denke ich fast nie an Geburtstage. Es sei denn, ich werde eingeladen, dann habe ich Glück und werde daran erinnert. Er hebt an der anderen Seite ab, und wir klären, was zu klären ist. Ich lege auf und sehe wieder in meinen Kalender. Ich muss einen kleinen Text zum Thema »Innere Ruhe finden« schreiben. Ich öffne ein Word-Dokument und schreibe hin: »Innere Ruhe finden.« Dann steht schon mal was dort. Es ist kein leeres Blatt mehr. Ich lege die Finger auf die Tasten. Ist das denn in unserem Alter noch wichtig, an den Geburtstag zu denken? Als Kind, ja, da war das wichtig. Aber jetzt? Ich richte ja noch nicht mal mehr eine Feier aus.

Plötzlich fühle ich mich nicht so gut. Hab ein mulmiges Gefühl im Magen. Komisch, was ist denn los? Ich lehne mich zurück und schließe die Augen. Ja, ich kann es deutlich spüren, es ist die Mail von meiner Freundin, die mich verunsichert. Ich rutsche an meinen Computer, öffne ihre Mail und bin so klug als wie zuvor. Nein, sooft ich die wenigen Worte auch lese, da steht nur geschrieben, dass sie unser Treffen absagt. Hm. Na gut. Wahrscheinlich hatte sie es eilig und wollte mich nur schnell informieren.

Es ist 15.30 Uhr. Zeit, meine Tochter abzuholen. Ich schwinge mich auf mein Fahrrad. Der Wind weht mir um die Ohren. Ich halte es für möglich, dass es echt nicht nett von mir ist, Geburtstage zu vergessen. Vielleicht sollte ich mich nicht darauf ausruhen, dass es mir selbst nicht viel bedeutet. Ich biege ins Schultor ein. Soll ich mir in Zukunft die Mühe machen und einen ordentlichen Geburtstagskalender führen? Und dann auch immer anrufen und meine Gratulationspflicht erfüllen? Ich schließe mein Fahrrad ab und merke: Diese Gedanken fühlen sich nicht richtig gut an. Da kann was nicht stimmen.

Meine Tochter nimmt mich in ihre Arme, und dann stimmt wieder ganz viel.

Wir fahren in die Bibliothek, schleppen einen Riesenstapel Bücher nach Hause, essen was Kleines und machen uns dann über die Bücher her. Zum Glück ist meine Tochter genauso versessen aufs Lesen wie ich. Was hat sie denn da ausgeliehen? Drei Bücher von Lola, zwei von den wilden Hühnern, Liliane Susewind, Tintenherz von Cornelia Funke und ein Buch von Nulli und Priesemut. Ich liebe Nulli und Priesemut, und immer wenn ich die beiden sehe, habe ich ein warmes Gefühl im Bauch. Beim Anblick dieses Titels spüre ich im Bauch ein Ziehen. Es heißt: *Priesemut hat auch Geburtstag.* Geburtstag! Ich habe Annettes Geburtstag vergessen. Mensch! Ich atme einmal tief ein und puste die Luft laut aus. Dieses Thema schleppe ich nun schon den ganzen Tag mit mir herum. Irgendwie reicht es mir jetzt. Ich möchte wieder richtig fröhlich sein und mit meiner Tochter in den Büchern blättern. Ich beschließe, mich nachher, wenn sie im Bett liegt, um diese Geburtstagssache zu kümmern, später zu irgendeiner Lösung zu kommen. Das erleichtert mich, und ich kann das Geburtstagsbuch als Gutenachtgeschichte vorlesen.

Eine Stunde später sitze ich an meinem Schreibtisch. So, jetzt knöpfe ich mir das Geburtstagsthema aber vor. Ich öffne Annettes Mail. Da steht jetzt auch nicht mehr drin als heute Vormittag. Sie sagt unser Treffen ab, ohne Begründung, warum. Da steht auch kein Bezug zum Geburtstag. Ich habe dieses Thema aufgebracht. Das ist mein Film. Kurz: Ich habe mir Sorgen gemacht. Dass ich sie gekränkt haben könnte, dass ich all die anderen Leute, an deren Geburtstag ich nicht denke, auch kränke, dass ich keine gute Freundin bin. Den ganzen Tag schon haben sich diese sorgenvollen Gedanken in die Zwischenräume geschoben, haben mich grübeln lassen und Bauchziepen gemacht. Ein Gedanke hatte den nächsten im Fahrwasser. Eine Gedankenkette. Sorgen.

Was sind Sorgen? Sorgen sind Gedanken. Ein immaterielles Nichts, man kann sie nicht anfassen, nicht sehen, sie sind nur ein Denkvorgang. Die Auswirkungen von sorgenvollen Gedanken kann ich aber spüren. Bei mir hat's im Bauch geziept, bei anderen drückt es aufs Herz. Sorgen sind ein »Was wäre wenn …?«, ein »Es könnte sein, dass …«, gepaart mit der Befürchtung, dass aus dem, was da geschehen könnte, Konsequenzen erwachsen, die mir das Leben schwer machen. Oft sind Sorgen ein undeutliches Gedankengewaber, das mich durch mein Leben begleitet, die Poren verstopft und Kraft abzieht. Sorgen können die Ursache von Anspannung bis hin zu Kreislaufproblemen und ernsthaften Krankheiten sein.

Niemand hat wirklich Lust auf Sorgen. Aber haben Sorgen nicht einen Sinn? Sind sie nicht wichtig? Ich merke, wenn Sorgen sich nur um sich selbst drehen, stressige Gedanken wieder neue gebären, ich immer mehr in einen Grübelkreislauf verfalle, dann ist das überhaupt nicht sinnvoll. Kann ich durch das Wälzen meiner Sorgen denn verhindern, dass meine Freundin gekränkt ist? Dass alle anderen Menschen, denen ich in den letzten Jahren nicht gratuliert habe, gekränkt sind? Nein. Bekomme ich durch Sorgen ums Geld mehr Geld? Werde ich mehr geliebt, wenn ich mir um die Liebe Sorgen mache? Komme ich beruflich besser voran, wenn ich mich so richtig sorge?

Ich glaube nicht. Ich möchte mich definitiv weniger sorgen. Was hält mich davon ab, die Sorgen leichter zu nehmen?

Ich glaube immer noch, dass Sorgen wichtig sind und ihre Berechtigung haben. Das kann ich mit der Work überprüfen.

Mein Glaubenssatz, der mich davon abhält, die Sorgen leichter zu nehmen, könnte lauten:

»Sorgen sind wichtig.«
Ist das wahr?

Ist es wahr, dass ich Sorgen für irgendetwas brauche? Ich lehne mich zurück und warte auf meine Antwort. Irgendwie glaube ich das, ja. Meine Antwort ist: Ja.

Kann ich absolut sicher sein, hundertprozentig, dass Sorgen wichtig sind?

Nein, hundertprozentig kann ich das nicht wissen.

Wie reagiere ich, wenn ich diesen Gedanken glaube?

Ich fühle mich nicht wohl, bin gestresst, meine Wahrnehmung ist eingeschränkt, und ich finde keine guten Lösungen.

Wer wäre ich, wenn ich diesen Gedanken nicht glaubte?

Ich atme auf. Das fühlt sich auf jeden Fall besser an. Ich glaube, ich könnte spielerischer mit ihnen umgehen. Mal schauen, ob ich sie brauche. Diese Einstellung tut mir gut.

Könnte das Gegenteil meines Stress auslösenden Gedanken auch wahr sein? Eine Umkehrung könnte lauten:

»Sorgen sind nicht wichtig.«

Wie könnte das stimmen? Sorgen sind nicht wichtig, wenn sie mich lähmen, mich lange Zeit bedrücken und nirgendwohin führen als zu noch mehr Sorgen. Wenn sie allerdings dazu führen, dass ich handle, dass ich Vorsorge treffe, Ideen entwickle oder Schwierigkeiten aufkläre, dann könnten sie mir sogar nützen.

Ist es möglich, Sorgen frühzeitig als solche zu identifizieren und sie von sorgenvollen Gedanken hin zu nützlichen Taten zu lenken?

Das möchte ich als Erstes in diesem Monat ausprobieren: sorgenvolle Gedanken schnell als solche erkennen. Sie möglichst nicht einen ganzen Tag schwelen zu lassen.

Oder zwei. Oder länger. Wenn ich sie identifiziert habe, möchte ich ganz praktisch herangehen und mich fragen: Was kann ich da tun?

Ich schaue auf die Uhr. Kann ich damit heute noch anfangen?

Es ist 22.30 Uhr. Ich schicke Annette eine Nachricht: »Kann ich Dich noch kurz anrufen?« Sie schreibt zurück: »Klar.«

Wie schön. Ich wähle ihre Nummer und erkläre die Sache.

Nein, nein, es hat sie überhaupt nicht gekränkt, gar nicht, fast gar nicht, also na ja, vielleicht ein klitzekleines bisschen. Unsere Verabredung hat sie aber nicht deswegen abgesagt, sondern wegen eines wichtigen Arzttermins.

Ich sage ihr mit vielen Worten, wie lieb ich sie habe und dass ich mit Geburtstagen einfach nur schusselig bin. Vielleicht ist das ja eine spezielle biologische Störung. Bei der Legasthenie wusste man bis vor Kurzem auch nicht, dass es sich dabei um eine angeborene Schwäche handelt. Wenn ich so eine »Geburtstags-Merk-und-an-dem-Tag-melde-Schwäche« habe, könnte ich ja quasi gar nichts dafür. Wir lachen und legen auf.

Ach, das fühlt sich gut an. Die Sache ist geklärt. Sicherlich wird es nicht immer so einfach sein wie in diesem ersten Fall, aber mal sehen. Das ist auch nur eine Vermutung. Auch darüber will ich mir jetzt noch keine Sorgen machen.

Am nächsten Tag spüre ich eine freudige Erwartung. Könnte es sein, dass »sich Sorgen machen« nur eine Angewohnheit des Denkapparates ist? Ein Hilfsprogramm, das der Verstand mal gelernt hat, was ihm nützlich erschien und sich dann automatisiert hat? Kann der Mensch so etwas verlernen und mit einem tatsächlich nützlichen Programm überschreiben? Natürlich weiß ich, dass das geht. In der Arbeit mit The Work erlebe ich immer wieder, dass einzelne Befürchtungen und Sorgen nach der Überprüfung verschwinden. Wenn ich diese Gedanken nicht mehr glaube, haben sie keinen Einfluss mehr auf mein Lebensgefühl. Aber kann ich mich grundsätzlich weniger sorgen? Ich bin gespannt.

Meine Top Ten, worüber ich mir Sorgen mache:
1. dass es gesundheitlich schlechter gehen könnte;
2. dass ich mich verzettele und die wichtigen Sachen aus den Augen verliere;

3. dass meiner Tochter etwas Schlimmes passiert;
4. dass ich die Liebe meines Lebens verpassen könnte;
5. dass jemand mir böse ist;
6. dass irgendetwas Nebulöses geschieht und meine Talente über Nacht weg sind;
7. dass es beruflich nicht mehr läuft, obwohl ich alles gebe;
8. dass Männer mich nicht mehr attraktiv finden;
9. dass ich auf dem falschen Weg bin und ich es zu spät erkenne;
10. dass »die Welt« es nicht schafft und in Krieg und Machtgerangel untergeht.

Und das sind die Top Ten der Sorgen, die ich aus meinen Seminaren und Einzelsitzungen kenne:
1. Mein Partner könnte mich verlassen.
2. Andere könnten schlecht über mich denken.
3. Ich könnte tief sinken.
4. Ich genüge nicht, bin nicht liebenswert.
5. Es könnte irgendetwas Schlimmes passieren.
6. Ich muss den Sinn des Lebens finden.
7. Ich werde die Kontrolle verlieren.
8. Ich werde nicht genug Geld haben.
9. Ich werde keine Lösung finden.
10. Ich werde allein sein, von allen verlassen.

Ich gehe durch meinen Arbeitstag und warte gelassen, wann wohl die nächste Sorge auftaucht. Jetzt, wo ich die Sorgen freudig erwarte, will keine bei mir vorbeischauen.

Am folgenden Tag bin ich von morgens bis abends unterwegs. Am Frühstückstisch hatten mein Mann und ich geschwiegen. Wir haben unser Müsli in uns reingeschaufelt, unseren Kaffee geschlürft und dann abgeräumt. Mein Mann hat mich verkniffen angesehen, ein Lächeln drübergespielt und versucht, es humorvoll zu nehmen: »Na, wir haben uns wohl nichts mehr zu sagen?« Ich wollte widersprechen, musste aber losgehen und hatte keine Zeit für ein Gespräch. Auf meinem Weg überlege ich, was er gemeint haben könnte. Sind wir glücklich oder nicht? Mein erster Termin verdrängt diese Gedanken. Aber kaum ist er vorbei, drängeln sie sich ungestüm in den Vordergrund. Jeder einzelne möchte zu Wort kommen. Ich erinnere mich, dass wir neulich abends auch schon mal so dasaßen, schwiegen und dann jeder sein Buch nahm. Sind das die ersten Anzeichen?

Ich muss an Kästners »Sachliche Romanze« denken:

Als sie einander acht Jahre kannten
(und man darf sagen sie kannten sich gut),
kam ihre Liebe plötzlich abhanden.
Wie andern Leuten ein Stock oder Hut.

Sie waren traurig, betrugen sich heiter,
versuchten Küsse, als ob nichts sei,
und sahen sich an und wussten nicht weiter.
Da weinte sie schließlich. Und er stand dabei.

Vom Fenster aus konnte man Schiffen winken.
Er sagt, es wäre schon Viertel nach vier
und Zeit, irgendwo Kaffee zu trinken.
Nebenan übte ein Mensch Klavier.

Sie gingen ins kleinste Café am Ort
und rührten in ihren Tassen.
Am Abend saßen sie immer noch dort.
Sie saßen allein, und sie sprachen kein Wort
und konnten es einfach nicht fassen.

Der Verkehr braust mir um die Ohren, und mich erfasst eine Wehmut. Könnte es sein, dass es vorbei ist? Ich steige auf meinen Roller und brause weiter. Beim nächsten Termin kann ich mich nicht konzentrieren. Immer wieder ziehen mich die Gedanken an ein mögliches Ende von dem Gespräch weg, in dem ich gerade bin. In meiner Mittagspause denke ich und denke und denke, bis mir der Kopf schwer auf den Schultern hängt und die Augen brennen. Was ist hier los? Bin ich am Grübeln? Mach ich mir Sorgen? O ja, so fühlt es sich an. Der Kopf will eine Lösung finden und kann nicht. Ich erinnere mich an meine Aufgabe, mich zu fragen, was ich tun kann, anstatt sorgenvolle Gedanken zu schieben. Ich muss bezahlen und dann weiter in meinem Arbeitstag. Ich kann jetzt hier sowieso keine Lösung finden. Was, wenn ich meiner Sorge einen Termin gebe? Ja, das ist etwas, was ich tun kann. Liebe Sorge, hör zu, ich möchte mich um dich kümmern, kann im Moment aber nicht. Du wirst nicht verdrängt, verniedlicht oder beiseitegeschoben. Du wirst gehört werden. Heute Abend. In Ordnung?

Ich spüre in mich hinein. Ja, das fühlt sich gut an. Kann ich jetzt, gemäß meiner Übung, noch irgendetwas tun? Eine nützliche Tat? Ich möchte die Grübelmonster loswerden. Ist das Gegenteil von Denken oder Grübeln nicht Fühlen? Ich sitze auf meinem Stuhl im Café, warte darauf, bezahlen zu können, und spüre, wie mein Körper auf dem Stuhl sitzt. Wo der Po und die Beine auf der Sitzfläche aufliegen und wo mein Rücken die Lehne berührt. Ganz schön hart, die Lehne, das hatte ich vorher nicht bemerkt. Ein Fuß steht auf der Erde, berührt den Boden, und auch da kann ich etwas spüren.

Ein Bein liegt über dem anderen. Ich fühle die Auflagefläche, dort, wo die Beine sich berühren. Ich sehe die Kellnerin an mir vorbeiwischen, an einem anderen Tisch kassieren. Tassen klimpern, Menschen reden, eine Tür geht auf. Jetzt kann ich bezahlen. Ich fühle mich ruhig. Ich bin Teil dieser Welt, in der so viel geschieht, es unendlich viele Optionen gibt. Zu viele, um unglücklich zu sein. Ich werfe mich in den Stadtverkehr und bin wach und anwesend.

Wenn es ein Gegenteil von Denken gibt, könnte es auch »Wahrnehmen« heißen. Spüren nach innen und außen. Riechen, schmecken, hören, sehen. Meine Sinneskanäle öffnen. Diese Übung hat mir gutgetan. Die nehme ich mir als Zweites mit in diesen Monat. Ich bin wieder entspannt, an die Welt angeschlossen und nicht an sorgenvolle Gedanken. So schnell trennen wir uns nicht. Nur weil mal der Gesprächsstoff ausgeht. Wir können auch mal schweigen, Geliebter.

An einem der nächsten Tage, als meine Tochter schläft, erwische ich mich wieder bei einer Sorge. Beim Betreten meines Arbeitszimmers streift mein Blick den Stapel auf dem Fußboden, der schon seit Monaten dort liegt und den ich eigentlich schon gar nicht mehr sehe. Dieser Stapel besteht aus Rechnungen und Quittungen und liegt da, damit ich nicht vergesse, die Steuererklärung des letzten Jahres einzureichen. Als mein Blick auf diesem Stapel landet, stöhne ich und fühle mich unverzüglich überfordert.

»Wann soll ich das denn jetzt noch machen?«, denke ich klar und deutlich, und ich rechne zurück, wie lange dieser Haufen schon auf seine Bearbeitung wartet. Vier Monate? Fünf? Noch länger? So lange verschiebe ich das schon? Ich erinnere mich an einige Seufzer, die ich angesichts des Stapels bereits ausgestoßen habe. Ich stütze meinen Arm auf den Schreibtisch und den Kopf obendrauf. Das fühlt sich nach einer Sorge an. Welche Gedanken könnten das sein? So etwas wie »Ich schaffe nicht alles; immer so viel Arbeit«? Ja, so etwas habe ich jedes Mal beim Anblick des Stapels gedacht und die Sorge, dass ich nicht alles schaffe, schon mehrmals ein Stück weit in meinen Tag hineingeschleppt.

Ich fahre hoch. Ich finde, diese Sorge habe ich schnell bemerkt. Kaum war sie da, war sie mir auch schon bewusst. Das erfüllt mich wieder mit Leben. Was wollte ich jetzt damit machen? Was war meine Aufgabe? Genau, ich wollte praktisch herangehen und mich fragen, was ich da tun kann.

Ich sehe zu dem Stapel hinunter. Ja, was kann ich da tun? Der Stapel antwortet nicht.

Ich habe einen Steuerberater, aber vorbereiten muss ich den Kram natürlich selbst. Niemand anders weiß ja, warum ich wann und in welcher Mission an welchem Ort war. Das kann nur ich aufschreiben. Delegieren kann ich diese Arbeit nicht. Was kann ich also tun, um die Sorge zu entkräften, dass ich nicht alles schaffe? Zuerst einmal mache ich mir klar, dass das, was ich tatsächlich tue, immer eine Auswahl sein wird. Niemals schaffe ich *alles*, was ich gern machen würde. Niemals, nie. Ich kann nicht ausschlafen *und* meine Tochter zur Schule bringen, zehn Stunden arbeiten, zwei Stunden mit einer Freundin in der Sonne zu Mittag essen, ein Sachbuch und einen Roman gleichzeitig schreiben, nachmittags mit meiner Tochter spielen, Sport machen, einen Schlittschuhkurs besuchen, zeichnen lernen, neue Seminare vorbereiten, viele Bücher lesen, tanzen gehen, jeden Tag Zeitung lesen, abends gemütlich fernsehen und mit Freunden beim Wein sitzen. So ein Tag hat bekanntlich nur vierundzwanzig Stunden.

Einigen wir uns auf die wichtigen Sachen. Das sind entweder die, die mir selbst viel bedeuten, oder Dinge, die gemacht werden müssen, um die ich nicht herumkomme. Gehört die Steuererklärung in einen dieser beiden Bereiche? Die Sache ist leider eindeutig. Das heißt, ich muss die Steuererklärung sowieso machen. Praktisch wäre: so schnell wie möglich. Dann habe ich es weg. Ich schlage meinen Kalender auf. Wo ist das nächste freie Zeitfenster von fünf Stunden, die ich mindestens dafür benötige? Nächste Woche Mittwoch am Nachmittag. Ich nehme einen Stift und trage mir das verbindlich ein. Schon das fühlt sich gut an. Es ist, als wäre diese Arbeit bereits gemacht, der Stapel erfolgreich aus den Augen und damit aus dem Sinn.

Ich lehne mich auf meinem Schreibtischstuhl zurück und gönne mir noch für zwei, drei Minütchen meine Hinfühl-Übung. Warm ist es in meinem Arbeitszimmer, fast stickig, meine Wangen fühlen sich gut durchblutet an, mein Atem geht ruhig. Ich hänge in meinem Stuhl, mein Rücken ist gebogen, und ich spüre eine Dehnung in der Lendenwirbelsäule. Der Lärm von der Straße braust unmerklich zu mir hoch und verwischt zu einem gleichmäßigen Klangteppich. Die Stadt ist da. Ich bin da. Ach, ich atme einmal tief, schöne Übung.

In den nächsten Tagen bin ich erstaunt, wie schnell ich die Sorgen erkenne. Am Anfang des Monats habe ich gemerkt, dass mein Körper mit Bauchziepen reagiert. An diesem Symptom kann ich eine Sorge sofort identifizieren. Wenn es geht, halte ich inne und frage mich, worum ich mich sorge und ob ich etwas Nützliches tun kann. Manchmal passt es nicht sofort, und ich verabrede mich mit meiner Sorge auf die nächste Pause, das Mittagessen oder auf den Abend. Das Bauchziepen lässt, mit einem Termin in der Tasche, ein großes Stück nach und wartet geduldig, bis die kleine Verhandlung beginnt.

Am Mittwoch bin ich eisern und widme mich dem Stapel, der mal eine Steuererklärung werden soll. Ich lasse mich auf keine Diskussion ein, trage den Stapel auf den großen Küchentisch, lege eine beschwingte Musik auf, und los geht's.

Nach zwei Stunden sehe ich auf die Uhr. Mist, wie lange braucht denn so was? Mir fällt ein, dass ich im letzten Jahr drei ganze Arbeitstage dafür gebraucht habe. Das hatte ich erfolgreich verdrängt. Wieso kann ich diese Arbeitszeit eigentlich nicht von der Steuer absetzen? Nach fünf Stunden habe ich alle Rechnungen abgeheftet und in eine chronologische Reihenfolge gebracht. Ich schlage meinen Kalender auf und suche nach einem zweiten Termin. Fühlt sich gut an. Hab ich noch Sorgen, dass ich nicht alles schaffe? Ich setze mich hin und warte auf die Antwort. Nein, hab ich nicht. Prima.

An einem Tag in der Mitte des Monats will ich gerade das Haus verlassen, um meine Tochter abzuholen, da bekomme ich eine SMS von ihr. In abgehackten Sätzen steht da, dass sie nicht abgeholt werden möchte, sie ihr Handy jetzt ausschaltet und sich später bei mir meldet. Ich rufe sofort zurück. Zu spät, ihr Telefon ist schon aus. Ich sehe auf mein Display. Wo ist sie? Mit wem? Wann wird sie sich wieder melden? Ich setze mich kurz.

In meinem Kopf sind Bilder, wie sie mit Schulfreundinnen die Straßen entlangrennt und einer Schnapsidee folgt. Ich sehe eine fremde Person, die sie zwingt, diese abgehackten Sätze an mich zu schicken. Mir wird übel. Weiter will ich nicht denken. Ich stehe auf. Mein Herz klopft. Da hab ich meine dicke, fette Sorge. Und wieder habe ich vergessen, was ich tun wollte in solch einem Fall. Deutlich fühle ich, welchen Stress der Sorgenkreislauf auslöst. Wie er meine Wahrnehmung verengt und wie mein Verstand nur mit einem Bruchteil seiner möglichen Leistungsfähigkeit arbeitet. Ich sehe auf meine Notizen zu dieser Übung. Ach ja, sorgenvolle Gedanken zu nützlichen Taten hinlenken. Gut. Die Frage lautet: Was kann ich tun? Das Erste, was mir einfällt, ist Ruhe bewahren. Mit einem gestressten, ängstlichen Verstand lassen sich keine guten Lösungen finden. Ich setze mich wieder und versuche, die Sache praktisch anzugehen. Ein anderer Film läuft vor meinen Augen ab. Ich sehe meine Tochter wieder in der Schule, sie ist in Eile, will schnell irgendwohin und tippt deswegen nur das Nötigste in die SMS. Vielleicht ist sie nur zum Musikunterricht einer Freundin mitgegangen?

Ich greife zu meinem Telefon. Ich kann alle ihre Freundinnen anrufen oder deren Eltern. Irgendeiner weiß bestimmt, wo sie abgeblieben ist. Mir ist schon leichter. Gleich wird sich die Sache aufklären. Die erste Freundin hat nichts gesehen, nichts gehört und weiß von nichts. Die Mutter auch nicht. Die zweite Freundin geht nicht ans Telefon. Nachdem auch beim fünften Telefonat niemand eine Idee hat, wo meine Tochter stecken könnte, schiebt sich die Sorge wieder in den Vordergrund. Mein Herz klopft bis zum Hals.

Ich stehe vor einem Scheideweg. Ich kann jetzt meinen stressigen Gedanken folgen und mich verrückt machen. Oder ich schließe mich meinen praktischen Gedanken an und gehe davon aus, dass sich in spätestens zwei Stunden alles aufgeklärt hat und wir friedlich beim Abendessen sitzen. Die Wahrscheinlichkeit ist hoch, dass es so kommt, wie sie mir geschrieben hat und sie sich bald meldet. Ich entscheide mich für den praktischen Weg. Das ist ja auch meine Übung.

Kann ich noch etwas tun? Ich könnte in die Schule fahren, durch die Straßen von Berlin irren und sie suchen oder die Polizei einschalten. Das kommt mir übertrieben vor. Geradezu hysterisch. Wegen ein paar sorgenvollen Gedanken.

Ich mache Musik an und schüttle mir den Stress aus den Gliedern. Um wie viel Uhr sollte ich beginnen, mir ernsthaft Sorgen zu machen? Um sieben Uhr wird bei uns immer gegessen. Darauf kann sie kommen, dass sie um diese Uhrzeit zu Hause sein sollte. Kann ich meine Sorge bis dahin vertagen? Ich beschließe: Wenn sie um sieben nicht zu Hause ist, darf ich mir Sorgen machen. Na, sagen wir: praktische Gedanken.

Ich setze mich an meinen Schreibtisch und fühle, wie meine Arme auf dem Tisch aufliegen, meine Hände sich in Bewegung setzen, ich noch einmal aufseufze. Der Computer flimmert mir sein helles Licht entgegen. Auf meinem Desktop liegt ein Foto mit einem Strauß Tulpen. Die Blüten sind weit geöffnet.

Ich mag dieses Bild. Ich höre das leise Rauschen der Lüftung. Nun bin ich ruhig und fange an zu arbeiten. Das Handy liegt neben mir. Eine halbe Stunde beantworte ich Mails und schreibe Rechnungen, sorgenfrei. Dann sehe ich auf mein Handy. Nichts. Ich spüre, wie die sorgenvollen Gedanken wieder angespült kommen: »Du musst doch was tun. Was, wenn wirklich was Schlimmes passiert ist? Was bist du denn für eine Mutter?« Sobald diese Gedanken sich in mir ausbreiten, ist auch das Bauchzwicken wieder da. Ich sehe auf die Uhr. Um halb vier kam die SMS. Jetzt ist es fünf. Ich lehne mich für einen Moment zurück und frage mich: Kann ich noch etwas tun? Hab ich noch eine Idee?

Allein den Gedanken mit einer konkreten Frage eine Richtung zu geben fühlt sich besser an. Sorgen drehen sich im Kreis, weil ich nicht ins Handeln komme. Sorgen blockieren und verengen die Sicht. Sobald ich mir konkrete Gedanken machen kann, löst sich der Stau. Ich bin wieder auf dem Weg, ich sorge dafür, dass etwas Reales entsteht. Nicht nur Luftschlösser oder dunkle Albtraumburgen.

Ich rufe noch drei Eltern aus ihrer Klasse an, die zwar auch nicht wissen, wo meine Tochter ist, aber Ideen beisteuern, wo sie sein könnte. Mit leichterem Gefühl wende ich mich wieder meiner Arbeit zu. Ich fühle, höre, sehe, rieche und schmecke, was es gerade so wahrzunehmen gibt. Zweimal wiederholt sich der Vorgang.

Um sechs geht der Schlüssel in der Tür. »Hallo, Mami.« Ich stürze zur Tür und schließe meine Tochter in die Arme. Wie gut, dass sie da ist. Ein paar Minuten später bitte ich sie, sich mit mir hinzusetzen. Sie war beim Instrumentenvorspiel einer Freundin. In der Schule. Sie war so umsichtig, ihr Handy auszumachen um das Vorspiel nicht zu stören. Ich sage ihr, dass ihre SMS, so wie sie war, Sorgen in mir ausgelöst habe und wie so eine Nachricht aussehen müsste, damit das nicht passiert.

Wir einigen uns darauf, dass sie bei eigenmächtigen Änderungen des Zeitplans immer anruft. Oder schreibt, mit wem sie wo ist und bis wann genau sie sich wieder meldet. Kurze Zeit später sitzen wir friedlich beim Abendessen. Na also.

In den nächsten Tagen zieht es mich immer wieder zu meiner Hinspür-Übung. Es ist einfach ein schönes Gefühl, die Sinne zu öffnen. Die Außen- und Innenwelt wahrzunehmen. Nur hinspüren, ohne zu bewerten. Es ist noch viel mehr da als die Gedanken. Gedanken können so übermächtig werden, so bestimmend, dass ich vergesse, was eigentlich alles schon funktioniert. In mir und um mich herum. Ich kann sitzen ohne Gedanken. Ich kann atmen, ohne Gedanken daran zu verschwenden, mein Körper funktioniert meist automatisch. Nicht jede Bewegung ist bewusst gesteuert. Ich mache diese Übung, wie man einen Pausensnack zu sich nimmt. Wunderbar.

Folgende Sorgen begegnen mir:
1. Jemand bietet mir einen lukrativen Job an. Ich freue mich. Dann meldet er sich nicht mehr. Ich fange an zu glauben, dass da was nicht stimmt, dass er es sich anders überlegt hat. Ich werde sogar schon ein bisschen traurig, weil es nicht geklappt hat. Ich bekomme Bauchziepen. Ich halte inne, bemerke meine Sorge und frage mich, was ich tun kann. Dann klappe ich meinen Computer auf und schreibe ihm eine Mail. Ich rede nicht drumrum und schicke die Mail ab. Die Sorge ist weg. Ich brauche mich nicht mehr zu sorgen, ich werde es bald wissen.
2. Ich bekomme meinen Rentenauszug und knirsche mit den Zähnen, als ich die fettgedruckte Zahl sehe, die da steht. Schnell kann ich spüren, wie sich Sorgen heranschleichen. Was kann ich tun? Ich bestelle mir ein Buch in der Biblio-

thek, spreche mit meiner Mutter, die Rentnerin ist, und vereinbare einen Beratungstermin bei der Verbraucherzentrale. Die Sorge ist weg. Ich kümmere mich um meine Rente. Die Sache ist auf den Weg gebracht, ohne dass ich mir dafür zwei Wochen mit Sorgen den Kopf zermartere.

Ein paar Tage lang fühle ich mich schlapp, graugesichtig und unattraktiv. Ich habe das Gefühl, ich werde alt. Irgendwann muss es ja auch mal losgehen damit. Auf der Straße schaut mich niemand an, und ich sehe auch nicht hin. So ist das also. Die Sorge, dass mich ab jetzt kein Mann mehr attraktiv finden könnte, schiebt sich in mein Bewusstsein. Könnte das wirklich wahr sein? Ich bemerke: Wenn ich das glaube, werde ich gleich noch grauer und schlapper. Was kann ich da tun? Ich atme einmal tief durch, straffe mich, lege für einen Moment ein Lächeln aufs Gesicht und gehe weiter die Straße lang. Ich schaue alle an, auch die Männer. Nach fünfhundert Metern geht's mir besser. Fünf Männer haben gekuckt, zwei zurückgelächelt. Einer hat sich noch einmal umgedreht. Die Sorge ist weg.

An einem Abend ruft meine Tochter aus ihrem Bett: »Mama, ich kann nicht schlafen.«

Ich gehe zu ihr. »Mein Liebling, warum denn nicht?«

Sie nimmt meine Hand. »Ich muss immer an was Doofes denken.«

Mit meiner anderen Hand streiche ich ihr übers Haar. Fühlen ist gut. Fühlen vertreibt die Grübelmonster. »An was musst du denn denken?«

»Na, dass Einbrecher kommen und so.«

Diese Vorstellung hat meine Tochter schon öfter gequält. Ihr zu verdeutlichen, dass sie nun schon zwölf Jahre auf der Welt ist, 4400 Tage fast genau, und nicht an einem einzigen dieser Tage ein Einbrecher kam, hat nichts genützt. Es hat auch nichts genützt, die Rechnung zu vergrößern. Ihr zu sagen, dass es bei mir ja schon über 16 000 Tage sind und zusammen mit ihrem Papa noch mal so viele Tage und sich kein einziger Einbrecher in der Zeit hat blicken lassen. Diese Rechnungsmodelle sind ihr egal. Was aber hilft, ist: »Dann denk doch an was Schönes.«

Sie stöhnt. »An was denn?«

Ich überlege. »An deinen Geburtstag zum Beispiel.« Ich bringe ihre Gedanken auf einen konkreten Pfad: »Was wünschst du dir denn eigentlich? Hast du schon einen Wunschzettel geschrieben? Nein? Na, dann los. Überleg mal, was du gern hättest, und morgen früh schreibst du dir das auf, ja?«

Sie lächelt und nickt. So haben wir sorgenvolle Gedanken in nützliche Bahnen gelenkt.

»Schlaf schön.«

Nein, man muss sich keine Sorgen machen. Keine zermürbenden, quälenden, aufreibenden Sorgen, die einen nachts nicht schlafen lassen. Es ist möglich, die Sorge schnell zu bemerken und dann in ein nützliches Tun zu überführen.

Hier meine Top Ten, worüber ich mir im Moment überhaupt keine Sorgen zu machen brauche:
1. Ich kann von meinen Einnahmen leben, habe keine Schulden und kann meine Rechnungen immer bezahlen.
2. Ich bin gesund.
3. Mein Kind ist gesund und meistens glücklich.
4. Ich habe großartige Freunde.
5. Es gibt keine Erdbeben, Überschwemmungen oder andere Naturkatastrophen da, wo ich lebe.
6. Ich muss mir keine Sorgen machen, vielleicht allein zu sein. Selbst wenn ich der seltsamste, bizarrste Vogel auf

dieser Welt wäre – es würden sich immer noch Leute finden, die genau das mögen.

7. Meine Familie und meine Schwiegerfamilie arbeiten nicht gegen mich. Alle haben ein freundliches Herz.
8. Bis jetzt wurde immer für mich gesorgt. Auch in schwierigen Zeiten war eigentlich immer alles da, was ich brauchte.
9. Um ein Auto sowie dessen Lackierung oder den nächsten TÜV-Termin: Ich habe keins.
10. Ich werde nicht verhungern oder verdursten. Sauberes Trinkwasser gibt's aus der Leitung.

Wie gut, das alles zu sehen.

Ein Glaubenssatz, der allen Befürchtungen meiner Top-Ten-Liste zugrunde liegt, ist:

> »Es können Dinge in meinem Leben passieren, mit denen ich nicht zurechtkomme.«

Immer wieder glaube ich, dass ich nur schlecht damit zurechtkäme, wenn meiner Tochter etwas Schlimmes geschähe. Oder wenn ich ein Pflegefall sein sollte, sodass ich mich noch nicht mal allein aus dem Fenster stürzen könnte. Oder wenn die halbe Welt ernsthaft böse mit mir wäre. Das glaube ich nur schwer ertragen zu können. Irgendwie glaube ich auch, dass es schrecklich wäre, wenn mich kein Mann mehr ansähe und ich vollkommen auf Zärtlichkeiten und Sex verzichten müsste. Und wie soll ich damit zurechtkommen, wenn die Welt untergeht? Ich befürchte, dass das Leben mir Situationen vor die Füße werfen wird, mit denen ich nicht zurande komme. Diese Grundsorge schleicht sich unbemerkt nachts in mein Schlafzimmer, drängt sich in Gespräche und beeinflusst Entscheidungen.

Das letzte Mal ist der Gedanke »Ich werde damit nicht zurechtkommen« aufgetaucht, als ich auf meinem Sofa saß, einen Zeichenblock auf meinem Schoß. Aus so einer scheinbar nichtigen Situation können Gedankenketten eine waschechte Sorge aufbauen. Die Situation war die: Ich habe mit dem Zeichnen angefangen. Zeit meines Lebens habe ich geglaubt, ich könne nicht zeichnen, das zähle nicht zu meinen Talenten. Nun habe ich angefangen, weil ich ein paar Übungen für Seminare aufzeichnen wollte. Ich habe Feuer gefangen, Zeichenbücher gewälzt und war erstaunt, was sich da tut. Eines Abends saß ich auf meinem Sofa, und alles, was ich gezeichnet hatte, sah seltsam aus, Proportionen stimmten nicht, Perspektiven waren unstimmig, und jeglicher Gesichtsausdruck war schief. Ich war entmutigt.

Die Gedankenschleife ging so: »Das bringt doch nichts, lass das, du verschwendest nur deine Zeit.« Ich sah Bilder vor mir, wie ich mich ausgiebig mit dilettantischen Kritzeleien abgebe, während genau diese Zeit fehlt, um mich um das Wesentliche zu kümmern. Zum Beispiel Seminare gründlich vorzubereiten. Ich sah, wie Ausdrucke fehlen, Rechnungen nicht stimmen, ich Anmeldungen durcheinanderbringe und keiner mehr bei mir die Work lernen möchte. »Es wird den Bach runtergehen, wenn du so weitermachst. Du darfst dich nicht verzetteln.« Und dann sah ich im Zeitraffer, wie diese Verzettelung die Arbeit, die ich so liebe, zerstört. Wie ich ohne einen Heller dastehe und die Familie nicht mehr ernähren kann. Der schmerzhafteste Gedanke war: »Ich werde damit nicht zurechtkommen.« Er war so schmerzlich, dass ich beschloss, ihn zu hinterfragen:

»Ich werde damit nicht zurechtkommen.«
Ist das wahr?

Ich atme und warte ab, welche Antworten sich mir zeigen wollen. Ich sehe, wie ich selbst an all dem Elend in meiner Verzettelungsgeschichte schuld bin. Meine Antwort ist: Ja.

Kann ich absolut sicher sein, hundertprozentig, dass das wahr ist?

Nein, hundertprozentig kann ich mir nicht sicher sein. Mein Verstand beginnt, einen anderen Ausgang der Geschichte für möglich zu halten. Das fühlt sich leichter an. Was weiß ich schon, wie alles kommen wird?

Wie reagiere ich, was passiert, wenn ich diesen Gedanken glaube?

Ich sitze auf meinem Sofa. Fakt ist, das Zeichnen ist mir heute Abend nicht geglückt. Alles andere waren nur Gedanken und Bilder, die daraufhin in meinem Kopf entstanden. Wenn ich glaube, dass ich nicht damit zurechtkommen werde, falls ich mich verzetteln sollte und meine kleine Firma den Bach runtergeht, dann spüre ich Unruhe. Der Hals geht zu, mein Herz rast. Ich sehe alle möglichen Katastrophen vor Augen, die zwar nicht da sind, die ich aber bei lebendigem Leibe spüren kann. Ich versetze mich selbst in Angst und Schrecken. Um den Schmerz abzuschwächen, gieße ich mir ein Glas Wein ein, das ich sonst nicht getrunken hätte. Dieser Gedanke bringt eindeutig Stress in mein Leben.

Wer wäre ich ohne diesen Gedanken?

Ich sitze auf meinem Sofa, das Zeichnen ist mir heute Abend nicht geglückt. Ohne diesen stressigen Gedanken würde ich das Zeichenzeug in die Ecke pfeffern, es für heute gut sein lassen und mich etwas anderem zuwenden. Kein Exkurs in eventuell mögliche Horrorgeschichten. Das fühlt sich viel besser an. Es bleibt bei dem, was wirklich da ist. Nah an der Realität.

Ein Gegenteil meines stressigen Glaubenssatzes könnte lauten:

»Ich werde damit zurechtkommen.«

Könnte das auch wahr sein? Ja, das könnte es. Ich atme auf. Da ich nicht wissen kann, was die Zukunft bringt, könnte es tatsächlich sein, dass ich zurechtkomme. Wer weiß, welche Umstände dann herrschen, über welche Mittel ich verfüge und was mich antreibt, wenn es so weit ist? Schon einmal bin ich mit einer ähnlichen Situation zurande gekommen, als ich mit dem Schauspielen aufgehört habe. Und wenn ich's genau bedenke, bin ich bis jetzt mit allem klargekommen, was das Leben mir angeboten hat. Freunde und Verwandte sind gestorben. Ich bin damit zurechtgekommen. Eine Zeitlang hatte ich vor allen möglichen Dingen Angst. Ich bin damit zurechtgekommen. Ich war schon mal vollkommen pleite. Auch damit bin ich zurechtgekommen. Ich hab bereits ungeheure Schmerzen erlitten, war die Zielscheibe von Spott und Intrigen, wurde verlassen, auf der Straße abgegrapscht, bestohlen, und auch mir selbst könnte ich einiges vorwerfen.

Ich bin mit alldem zurechtgekommen.

Die Wahrscheinlichkeit ist hoch, dass ich auch weiterhin mit allem zurechtkommen werde. Wie fühlt sich das an? Ruhig. Gefasst. Froh. Ich traue mir etwas zu und warte erst einmal ab. Sorgen sind unnötig.

Und falls es »mit der Welt zu Ende gehen« sollte, werde ich gar keine andere Wahl haben, als damit zurechtzukommen. Ich gebe mein Bestes, damit sie lebt und gedeiht. Aber das Ende der Welt liegt nicht in meiner Hand.

Schiller ließ Wallenstein sagen (III, 18):

Und wenn der Stern, auf dem du lebst und wohnst,
Aus seinem Gleise tritt, sich brennend wirft
Auf eine nächste Welt und sie entzündet,
Du kannst nicht wählen, ob du folgen willst …

So ist es. Ich kann nicht wählen, ob ich folgen will.

Keine Wahl, keine Qual. Kein Morgen, keine Sorgen.

In den eigenen Angelegenheiten bleiben

Was scheint das Leben manchmal schwer, kompliziert, verwirrend und undurchsichtig! Am laufenden Band klingelt das Telefon. Ich komme zu nichts. Irgendjemand will etwas von mir – und unpraktischerweise nicht das, was ich gerade will. Andere Menschen haben schlechte Laune, kommen unpünktlich, erzählen nicht die Wahrheit und stehlen mit Belanglosigkeiten meine Zeit. Sie verstehen mich nicht, sind anderer Meinung, und ich habe mir doch wirklich Mühe gegeben. Noch dazu ist das Wetter grau, grau, grau. Am Horizont kein Licht. Wenn wenigstens mein Mann glücklicher wäre. Dann wäre nicht nur er selbst glücklicher, er könnte vielleicht etwas davon zu Hause versprühen und auch mich aus meinem Loch holen. Ich versuche, ihm zu helfen, er reagiert genervt. Ist die Welt nicht kompliziert eingerichtet? Ja, manchmal sieht es aus, als gäbe es nichts als Probleme, Arbeit und Mühsal.

In so einem Moment ist Aufräumen dringend notwendig. Es braucht jemanden, der die Ärmel hochkrempelt, die Fenster aufreißt und alles Unnötige wegschmeißt. Er hält einen Gegenstand in die Höhe, fragt: »Brauchst du das?« Und beim kleinsten Zögern meinerseits wirft er es weg. Weg. Weg. Alles weg. Große Tüten werden zum Müllcontainer getragen.

Danach kann ich mich in meinen Räumen wieder wohlfühlen. Es herrscht Ordnung, und alles scheint einfach und leicht.

Wie geht das?

Eine der besten Aufräummöglichkeiten, die ich kenne, heißt »In meinen Angelegenheiten bleiben«. Ich kehre vor meiner

Tür und nicht vor der des Nachbarn. Ich kehre auch nicht die Blumenwiese und sehe gleichfalls davon ab, der Weltbevölkerung zu erklären, wie man den Besen am besten hält. Damit wäre ich ziemlich beschäftigt. Wenn ich nur vor meiner eigenen Tür kehre, bin ich in fünf Minuten fertig. Während ich den Besen schwinge, bin ich mit meinen Gedanken nicht beim Nachbarn, sondern da, wo ich bin – beim Fegen. Ich kann spüren, wie die Borsten über das Pflaster schrubben, den Widerstand bemerken und die kleine Anstrengung genießen. Mein Kreislauf kommt in Bewegung. Körper und Geist sind vereint.

»Die drei Angelegenheiten« sind fester Bestandteil von The Work. Welche Angelegenheiten gibt es denn? Da wäre zunächst *meine*. Ich bin immer in meiner Angelegenheit, wenn es um das geht, was mich selbst betrifft, was ich wirklich in der Hand habe, wo ich handlungsfähig bin. Ob ich dieses Buch schreibe, ist meine Angelegenheit. Wie oft es gekauft wird, nicht. Das ist die Angelegenheit *von anderen Menschen*. Wenn ich versuche, das Buch so zu schreiben, dass möglichst viele es kaufen, dann kommt wahrscheinlich nur Murks dabei heraus. Ich hätte nicht wirklich Spaß am Schreiben, und ich bin nicht bei dem, was *ich* schreiben möchte. Gedanklich hänge ich in der Angelegenheit einer großen Menge von Menschen und versuche, es ihnen recht zu machen. Das ist nicht nur aussichtslos und dadurch frustrierend, es ist auch manipulativ. Freundlich ist das nicht. Und wie geht es mir erst, wenn es nicht gelingt? Bin ich verärgert und sauer auf die, die sich nicht haben manipulieren lassen? Welche Geschütze fahre ich dann auf?

Neben meiner Angelegenheit gibt es also die Angelegenheit der anderen Menschen. Wenn ich ihnen sage, was sie tun oder lassen sollen – und sei es nur in Gedanken –, mische ich mich in ihre Angelegenheiten. Ich bin in ihrem Hoheitsgebiet. Ich kehre vor ihrer Tür. Selbst wenn ich das nur gut meine, stellt es eine Einmischung dar. Ich brauche mich nicht zu wundern, wenn sie verärgert sind und Schilder mit der Aufschrift »Fegen verboten« aufstellen. Aber damit nicht genug. Wenn ich mich auf ihrem Gebiet befinde, dann ist keiner bei mir, der bei mir kehrt. Vor meiner Tür stapeln sich Müll und Schmutz. Und nicht zuletzt mache ich mir furchtbar viel Arbeit, wenn ich für andere ungefragt den Dreck beseitige. Dann komme ich eben zu nichts mehr und frage mich, warum die Welt so komisch eingerichtet ist.

Die dritte Angelegenheit ist die, auf die weder ich noch andere Menschen einen Zugriff haben. Wir nennen sie die Angelegenheit *des Schicksals, der Realität* oder gern auch *Gottes* Angelegenheit. Welche Dinge haben wir menschlichen Wesen nicht in der Hand? Das Wetter zum Beispiel. Ein Vulkan wird ausbrechen, wenn der Druck im Magma einen gewissen Punkt überschreitet. Erdbeben, Überschwemmungen und andere Naturgewalten liegen nicht in unserer Hand. Wenn ich will, dass jetzt die Sonne scheint, und ein Blick aus dem Fenster verrät mir, dass es regnet, dann will ich etwas, was nicht geht. Das bedeutet Frust.

Immer wenn ich mich gedanklich außerhalb meiner eigenen Angelegenheit befinde, sind Stress und Ärger programmiert. Eine Begebenheit heute Morgen hat mich wieder daran erinnert. Ich fahre mein Kind zur Schule, wir sind spät dran. Wir springen ins Auto, geben Gas und können es noch schaffen. Wir nähern uns der nächsten Ampel, es ist grün. Aber warum hält das Auto vor mir nun an? Das ist verdammt ungünstig jetzt. Ich bemerke den Gedanken: »Nun fahr doch mal!« Nö, macht er nicht. Der Wagen hat abgebremst und steht. Und klar, nun ist auch rot. Ich hätte so schön noch über die Ampel fahren können, wenn dieser Wagen vor mir zügig gefahren wäre. Nun ist wieder grün, ich brause um die Ecke, und was muss ich sehen? Drei Zweite-Reihe-Parker auf meiner Seite. Die Autos der anderen Seite fahren flüssig an uns vorbei. Wir stehen. Finde ich Zweite-Reihe-Parker doof? Na klar. Ich schaue auf die Uhr. Verflixt. Beim nächsten Kreisverkehr hab ich grün und kann fahren. Ich muss nur noch die Fahrradfahrer beachten, und da kommt auch schon einer. Er hält seine Hand rechts raus. Prima, dann fährt er rechtsrum, und ich kann auch abbiegen. Ich gebe Gas, und das Fahrrad fährt geradeaus. Mensch! Ich geh auf die Bremse. Das war knapp. Der Fahrradfahrer zeigt mir einen Vogel und schimpft.

Ich schüttle den Kopf. Vorsichtig fahre ich weiter. Meine Tochter sieht mich fragend an. Dann zeigt sie auf ihre Uhr.

»Ich weiß«, sage ich und fahre deswegen nicht unvorsichtiger. »Morgen brechen wir früher auf«, sage ich, anstatt mich zu ärgern. Ein kleines Stückchen Verantwortung kann ich aber doch abgeben: »Kannst du bitte auch mit darauf achten?« Sie nickt.

Ich lasse sie an der Schule aussteigen und bleibe einen Moment im Auto sitzen.

Wie andere Menschen am Straßenverkehr teilnehmen, ist nicht meine Angelegenheit, selbst wenn sie nicht blinken, falsche Handzeichen geben und in der zweiten Reihe parken. Ich könnte mich aufregen, meinen Kreislauf hochdrehen, sie beschimpfen oder belehren. Aber dann ist die Wahrscheinlichkeit hoch, dass ich unter diesem Stress auch nicht mehr der umsichtigste Autofahrer bin.

Manchmal, wenn ich bei anderen im Auto sitze, kommt es mir vor, als wären die Straßen ein großer Verkehrserziehungsplatz. »Mann, Mann, Mann, trag doch das Auto um die Kurve!« Oder: »Hallo? Schon mal was von Blinken gehört?« Gern auch: »Boah! Frau am Steuer!« Die Grundannahme scheint zu lauten:

Wer selbst fährt, weiß, wie es zu sein hat. Alle anderen haben keine Ahnung.

Ich denke: Meine Angelegenheit ist es, umsichtig zu fahren. Vorausschauend. Es so gut zu machen, wie ich kann. Meine Angelegenheit ist es, so aus dem Haus zu gehen, dass ich es auch bei Behinderungen pünktlich zur Schule schaffe. Ich kann von der Welt nicht erwarten, dass sie alle Hindernisse beseitigt, sobald ich die Straße betrete.

In meiner Angelegenheit bleiben fühlt sich gut an. Ich bleibe ruhig und tue das, was ich tun kann. Mein Kopf vernebelt sich nicht durch Schimpfen. Er bleibt klar. Er trägt dazu bei, dass kein Unfall passiert. Wenn ich in meiner Angelegenheit bin, kann ich immer etwas tun. Verstricke ich mich in den Angelegenheiten anderer, denke ich: »Nun fahr doch mal«, und das Auto steht. Oder: »Fahr schneller, Mann!«, und der andere schleicht vor sich hin. Oder: »Das Auto sollte hier nicht parken«, dann kann ich an dieser Stelle nichts tun.

Ich könnte mich natürlich als Hilfssheriff aufspielen, Fernlicht aufblenden, hupen, etwas aus dem Fenster rufen, belehrende Zettel an der Windschutzscheibe anbringen oder bei jedem Kleinstvergehen die Polizei rufen. Aber will ich das? Um Gottes willen. So jemand bin ich nicht, so viel Zeit habe ich nicht, und wie aussichtslos ist es doch, die Welt auf diese Weise ändern zu wollen! Es ist ungemein viel einfacher, in meiner Angelegenheit zu bleiben.

Bis jetzt hat mich noch jede Work, die ich gemacht habe, zu mir selbst gebracht. Weg von dem, was stresst – hin zu dem, was ich selbst tun kann, was mir guttut. In diesem Monat will ich mal nur darauf achten, in meiner Angelegenheit zu bleiben. Ich möchte ausschließlich vor meiner Tür kehren und umgehend bemerken, wann ich dabei bin, mich einzumischen. Ich bin in Vorfreude. Ich weiß ja schon, wie aufgeräumt es sich anfühlen kann.

Zwei Tage später. Ich habe mich um fünf Uhr nachmittags mit einem Freund verabredet. Ich bin vor ihm im Café, suche uns ein schönes Plätzchen mit Sesseln nah am Fenster, hänge meine Jacke über die Lehne und bestelle einen Kaffee. Dann sitze ich da. Ich lasse meinen Blick schweifen. Die Sonne sagt kurz guten Tag. Ich schaue auf die Uhr. Fünf nach fünf. Kein Problem. Mein Blick fällt auf den Zeitschriftenständer. O ja, ich springe auf, mal wieder eine Frauenzeitschrift lesen! Ich angle mir die ansprechendste heraus und setze mich wieder. Mein Kaffee kommt. Wie schön, wie gemütlich. Ich blättere in der Zeitschrift und hoffe insgeheim, dass mein Freund noch ein paar Minuten braucht. Ich lese hier einen Buchtipp und da ein Porträt. Dann langweilt mich die Kosmetikabteilung, die Diätvorschläge überblättere ich, die Mode ist mir zu schräg, und schon ist das Blatt ausgelesen. Siebzehn Uhr sechzehn. Nun, das liegt jetzt schon über dem akademischen Viertel. Ich sehe auf mein Handy. Warum ruft er nicht an? Er könnte doch anrufen, wenn er merkt, dass es später wird, oder?

Jeder würde mir beipflichten. Ja, *man* kommt nicht zu spät, oder *man* ruft an und sagt Bescheid. Schließlich ist das technisch heute alles möglich. Und doch – bei dem Gedanken »Er sollte anrufen« oder gar auf eine generell gültige Ebene gehoben »*Man* ruft an, wenn man zu spät kommt« falle ich aus meiner Kaffeehausruhe. Dieser Gedanke kratzt an seinem Image als guter Freund. Weiter gedacht, kratzt er sogar an unserer Freundschaft. Das tut weh und lässt mich plötzlich ganz verloren im Café sitzen.

Wessen Angelegenheit ist es, ob er anruft? So sehr die Konventionen auch dagegen sprechen, es ist seine Angelegenheit. Wenn ich ihm vorschreibe, was er tun soll, wann und wie er es tun soll, mische ich mich in seine Belange. Dann ist seine Art, es zu machen, nicht in Ordnung. Ich kritisiere ihn und weiß noch nicht einmal, was passiert ist. Ich muss lachen. Was könnte man nicht alles Stressiges denken, wenn jemand zu spät zu einer Verabredung kommt? »Er schätzt mich als Freundin nicht wirklich«, »Ich bin ihm egal« … bis hin zu Grundsatzfragen, wofür Freunde eigentlich gut sind und ob ich überhaupt wirklich gute Freunde habe.

Oder – auf den Gedanken bin ich noch gar nicht gekommen – es ist ihm etwas passiert. Ich greife zum Telefon und wähle seine Nummer. Das ist eine waschechte Umkehrung: »Er sollte mich anrufen.« – »Ich sollte ihn anrufen.« Ja, das bringt mich wieder in meine Angelegenheit. Fühlt sich gut an. Sein Telefon läutet, der Anrufbeantworter geht an, ich lege auf.

Hm. Gibt es noch eine Umkehrung? »Ich sollte mich anrufen«? Auf welche Weise könnte das stimmen? Ah, ich könnte mich fragen, was ich nun tun will, wenn er nicht kommt. Anstatt ärgerlich zu werden oder unsere Freundschaft anzuzweifeln, könnte ich es mir schön machen. Mein Leben ist meine Angelegenheit. Ich habe für unser Treffen zwei Stunden reserviert. Die hab ich quasi frei, wenn er nicht kommt. Ich lehne mich im Sessel zurück. Mein Kaffee ist ausgetrunken, es ist zwanzig Minuten nach fünf. Ich winke der Kellnerin, da kommt er hereingestürzt, außer Atem, verschwitzt. Er hatte einen Platten, hat das Fahrrad, so schnell es ging, geschoben, wollte keine Zeit mit Anrufen vergeuden. Ich freue mich, dass er da ist. Ich bin nicht sauer, ärgerlich oder habe schlechte Laune bekommen. Ich hab es mir schön gemacht. Das ist meine Angelegenheit.

Auf dem Nachhauseweg überlege ich noch mal. Es war so einfach, in meiner Angelegenheit zu bleiben. Was, wenn er tatsächlich gar nicht aufgekreuzt wäre? Was, wenn er unsere Verabredung vergessen hätte? Was, wenn ich herausfände, dass ich ihm tatsächlich nicht viel bedeute? Was wäre dann meine Angelegenheit? Meine Angelegenheit wäre nicht, ihm zu sagen, dass er einen Fehler macht, dass er mich so nicht behandeln darf oder was er tun müsste, damit ich ein gutes Gefühl habe. Damit würde ich mich abhängig machen. Mit diesen Gedanken würde ich ihn dafür verantwortlich machen, dass ich mich gut fühle. Das ist zu viel Last für ihn, und ich gebe meine Macht ab, bin klein und schwach. Nein, das fühlt sich nicht gut an.

In meiner Angelegenheit bin ich, wenn ich in mich hineinspüre, wie viel er mir bedeutet. Ob ich weiter mit ihm verbunden bleiben möchte, egal, wie viel oder wenig ich ihm bedeute. In meiner Angelegenheit bleibe ich bei mir, in meiner Kraft und entscheide selbst. Ich bin mein bester Freund und verlasse mich nicht. Selbst wenn alle meine Freunde sich von mir abwenden – ich bin immer bei mir, kann zu mir stehen und meine Bedürfnisse erfüllen. Ist das nicht eine gute Nachricht?

Eine Weile surfe ich durch meine Tage und denke immer daran, nur bei dem zu bleiben, was mich wirklich angeht. Auch gedanklich. Ich muss anderen nicht helfen, sie nicht unterstützen, nicht für sie da sein, mir nichts für sie überlegen oder auf irgendeine Art für sie mitdenken. Keine Tipps, keine Ratschläge. Das fällt mir schwer. Ich bemerke, wie gern ich helfen und unterstützen möchte, wie sehr ich darauf gepolt bin. Und doch fühle ich mich gut, wenn ich es unterlasse. Aufgeräumt.

Bin ich damit jetzt herzlos, grausam oder verrohe ich gar? Für mein Gefühl kann ich auf diese Weise wesentlich besser zuhören, wenn mir jemand etwas erzählt. Mein Gehirn sucht nicht nach einer Replik, was ich dem anderen jetzt mal Kluges antworten könnte. Aber, könnte man denken, was sage ich denn in den Pausen? Ich muss doch auch mal was sagen. Sonst ist es kein Gespräch. Verstumme ich dann künstlich?

Ich habe einfach abgewartet, was es zu sagen gibt, wenn ich darauf verzichte, meine Meinung kundzutun. Manchmal war es nur ein Nicken, ein »Hm-hm« oder eine Nachfrage. Oder eine Anekdote, wo mir etwas Ähnliches passiert ist. Es ist mehr Raum für Mitgefühl, wenn ich mich weniger einmische. Raum und Zeit, um erst einmal in Gänze zu erfassen, worum es dem anderen geht. Und, erstaunlich, so kann das Gespräch stehen bleiben. Ich habe das Gefühl, den anderen verstanden zu haben, der andere hat das Gefühl, verstanden worden zu sein. Das ist schön. Das ist ganz viel. Das reicht.

Eines Abends komme ich nach Hause, die Tür ist nicht abgeschlossen, und das bedeutet: Mein Mann ist daheim. Ich komme von einem undurchsichtigen Gespräch mit meinem Grafiker. Das beschäftigt mich noch. Wir sind ohne Einigung auseinandergegangen, und in mir ist ein Gefühl zurückgeblieben, als wäre da etwas schiefgelaufen. Mein Mann ist in der Küche und gerade dabei, den Geschirrspüler auszuräumen. Ich drücke ihm einen Schmatz auf die Wange, er sagt: »Hallöchen, wie geht's?« Ich berichte von meinem Erlebnis und bin froh, dass er zuhört. Aber – hört er denn zu? Er klappert mit Tassen, als er sie aus dem Spüler hebt, läuft zum Regal, klappert mit den Tassen, als er sie dort hineinstellt, und als er zurückgeht, sieht er mich nicht an. Auch nicht kurz. Er schaut mich auch nicht an, als ich mitten im Satz aufhöre zu erzählen. Das muss ihm doch auffallen! Nein? Nein, offensichtlich nicht. Er nimmt die Teller aus dem Geschirrspüler. Ich setze mich. Irgendwas ist komisch heute. Zeit, mal kurz in mich hineinzuhorchen. Welche Gedanken fliegen gerade durch meinen Kopf? Was glaube ich hier gerade? »Mein Mann sollte mir zuhören.« Das erwarte ich von ihm. Er sollte ab und zu mal ein Zeichen geben, ein Nicken, einen Blick … am liebsten wäre mir, wenn er von selbst gemerkt hätte, dass mir etwas auf der

Seele liegt, und das Spülmaschinenausräumen für mich unterbrochen hätte. Ach, könnte er mich nicht in den Arm nehmen, sich mit mir hinsetzen, mir in die Augen sehen und liebevoll sagen: »Erzähl mal«?

Mannomann, immer diese Wünsche! Diese realitätsfernen Illusionen! Etwas Aufräumen gefällig?

Gut, krempeln wir die Ärmel hoch. In wessen Angelegenheit befinde ich mich, wenn ich denke: »Er sollte mir zuhören«?

Bei klarer Sicht kann ich sehen: Ob er zuhört, ist seine Angelegenheit. Wenn er das gerade nicht will oder nicht kann, dann könnte ich mich auf den Kopf stellen, schreien, weinen, betteln, drohen oder irgendeine Belohnung in Aussicht stellen – er wird mir trotzdem nicht zuhören. Dieser Wunsch wird mir nicht erfüllt, wenn mein Mann nicht dazu bereit ist. In seiner Angelegenheit zu sein könnte Wut auslösen. Ich bekomme schließlich nicht, was ich will. Oder es macht ein schales Gefühl von Aussichtslosigkeit. Etwa so: »Es hat alles keinen Sinn. Was immer ich tue – ich bekomme nicht, was ich will.«

Wie behandle ich ihn, wenn ich mich in seine Angelegenheiten einmische? »Er sollte mir zuhören« fühlt sich wie eine Forderung an. Wenn ich das denke, scheint mir sein Befinden gar nicht wichtig zu sein. Ist es nicht lieblos und unfreundlich, das von ihm zu fordern? Vielleicht kann er gerade nicht?

Der Geschirrspüler ist ausgeräumt. Fertig, Klappe zu. Ich stehe auf, gehe ihm entgegen und umschlinge ihn mit meinen Armen. Es tut mir leid, dass ich so grob war. Wenn auch nur in Gedanken. Mit einem Auge linse ich zu ihm hoch. Mein Bedürfnis, ihm diese Geschichte zu erzählen, ist immer noch da. Was nun? Wie kann ich mit diesem Bedürfnis in meiner Angelegenheit bleiben? Wie kann ich sie zu meiner Angelegenheit machen? Ich könnte ihn fragen. Ich löse mich aus der Umarmung und schaue ihn an.

»Liebling, ich möchte dir gern etwas erzählen, das ist mir wichtig. Hast du einen Moment?«

Ja, so bin ich ganz klar in meiner Angelegenheit, und das fühlt sich gleich richtig an. Na, was sagt er jetzt? Krieg ich nun, was ich will? Mein Mann zieht die Schultern hoch, kuckt die Lampe an und spricht von lauter Dingen, die er noch tun muss. Er bietet nichts an und fragt auch nicht, wie viel Zeit mein Anliegen in Anspruch nehmen würde.

Was ist jetzt meine Angelegenheit? Ob ich sauer werde oder nicht, ist meine Angelegenheit. Ich entscheide mich für nicht, denn das ist kein Gefühl, was ich mir wünsche. Ich sage: »Okay, wenn's jetzt nicht passt, wann wäre es denn günstig?« Er ist schon auf dem Weg in sein Arbeitszimmer.

Wenn ich jetzt nicht in meiner Angelegenheit bliebe, wäre es wahrscheinlich, dass ich ihm hinterherwerfe: »Na, hör mal, hallo? Du bist schließlich mein Mann! Du wirst ja wohl irgendwann mal Zeit haben, damit ich dir was erzählen kann!«

Zum Glück bleibe ich zurück und in meiner Übung. Die Tür zu seinem Arbeitszimmer schließt sich. Offensichtlich sollte er mir nicht zuhören. »Okay«, denke ich, »so ist mein Mann jetzt gerade.«

Könnte es sein, dass die Umkehrung »Ich sollte ihm zuhören« wahrer ist? Gesagt hat er zwar nicht viel, dennoch habe ich hören können, dass er jetzt nicht für mich da sein will oder kann. Diese Umkehrung hat mindestens die gleiche Berechtigung wie mein Wunsch, dass er mir zuhören soll.

Kann ich noch eine andere Umkehrung finden? »Ich sollte mir zuhören.« Aha, wie könnte das gehen? Wie geht's mir damit, dass er mir nicht zuhört? Wenn ich mich gedanklich nicht auf seiner Baustelle befinde, habe ich Kapazitäten frei, um auf meiner Baustelle nach dem Rechten zu sehen. Dann kann ich bemerken, dass ich unter diesen Umständen selbst nicht mehr so große Lust habe, es ihm zu erzählen. Ich könnte mir auch selbst zuhören, indem ich mich frage, was jetzt gut für mich wäre (außer dass ich meinen Kram bei meinem Mann ablade).

Ich mache mir einen Tee. Das ist schon mal schön. Während ich über die Tasse puste, höre ich mir aufmerksam zu, was in dem Gespräch mit dem Grafiker komisch war. Das tut auch gut. Ich versuche, mich selbst zu verstehen. Das ist praktisch. Das kann ich immer machen, wenn andere gerade verhindert sind. Natürlich auch einfach so.

Wenn mein Mann mir niemals zuhörte, niemals ein Ohr für mich hätte, müsste ich aber auch keinen Streit vom Zaun brechen. Ich könnte ihm, sagen wir, zehnmal klarmachen, dass mir sein Zuhören fehlt. Das wäre meine Angelegenheit. Nun könnte es sein, dass er immer noch nicht zuhört und mir das weiterhin fehlt. Meine Angelegenheit wäre es, jemanden zu finden, der mir zuhört. Mich vielleicht nach einem Partner umzuschauen, der zu mir passt. Und die Frage, ob ich ihn finde, könnten sich ausnahmsweise mal alle drei Angelegenheiten teilen. Es wäre meine, seine und auch die des Schicksals. Es erleichtert mich, das zu sehen. Ich müsste es nicht allein machen. Ich könnte mich auch finden lassen. Das klingt stressfrei. Oder?

Ein paar Tage später hat meine Tochter eine Freundin zum Übernachten eingeladen. Sie machen Hausaufgaben, spielen, wir haben ein lustiges Abendessen, und dann gehen sie ins Bett. Ins Bett gehen ist kein Problem, wenn die Mädels zu zweit sind. Eins, zwei, fix liegen sie in den Federn. Sogar die Tür soll zu sein. Ich schaue auf die Uhr. Um neun ist Schlafenszeit. Das heißt, sie sollen nicht mehr reden, spielen, lesen, Musik hören oder rumhampeln. Bei Freundinnenbesuch habe ich mir angewöhnt, zweimal die Zeit anzusagen. Eine Viertelstunde vor neun und dann noch mal um neun. So können sie sich auf das baldige Ende von Reden, Spielen, Lesen, Musikhören oder Rumhampeln vorbereiten.

Als ich kurz nach neun ihre Tür wieder schließe, reden sie immer noch. Sie hören noch nicht einmal damit auf, als ich die Tür wieder öffne und sie an die Zeit erinnere. Da erhebe ich meine Stimme. Das geht auch, ohne ärgerlich zu sein. Es ist ein Mittel, ich spreche eine Art Machtwort. Sie verstummen, ruckeln sich zurecht und ziehen die Decken bis zum Kinn. Dann sitze ich im Zimmer nebenan. Hab ich sie gerade flüstern hören? Ich seufze und versuche mit aller Kraft hinüberzulauschen. Sicher bin ich mir nicht, aber ich glaube schon, dass sie noch reden. Ich stehe auf und gehe näher zur Tür. Ich stelle mir vor, wie sie morgen nicht aus dem Bett kommen, in der Schule müde sind, nicht richtig lernen, nachmittags knatschig sind und wie ich jetzt dafür sorgen muss, dass sie aufhören, sich zu unterhalten.

Ich setze mich wieder auf mein Sofa. Schöner stressiger Glaubenssatz:

>»Ich muss jetzt dafür sorgen, dass sie aufhören, sich zu unterhalten.«
Ist das wahr?

Könnte es sein, dass das nicht meine Angelegenheit ist? Auf den ersten Blick ist die Sache nicht ganz eindeutig, wie oft bei Kindern, denen man weisungsberechtigt ist. Wie wäre es, wenn es nicht meine Angelegenheit wäre? Ich bin ja morgen in der Schule nicht müde, ich bin am Nachmittag nicht knatschig. Kann ich die beiden diese Erfahrung machen lassen?

Ich beschließe, dass dreimal mahnen reicht. Und dass eine eigene Erfahrung machen besser wirkt, als gepredigt zu bekommen, dass man müde sein wird. Noch dazu, wo ich keinerlei Lust verspüre, die Rolle des Predigers zu übernehmen.

Was sind meine Angelegenheiten als Mutter? Kann ich nicht eine Menge Stress aus unserem Leben herausnehmen, wenn ich mich nicht so viel einmische? In der Schule, bei den Hausaufgaben, den Freunden, der Freizeitgestaltung, der Kleiderordnung oder der Auswahl der Bücher, die meine Tochter liest. Das muss keine tatsächliche Einmischung sein. Auch gedanklich kann ich mich aus vielem heraushalten. Das Leben wird gleich sommerwolkenflöckchenleicht, wenn ich mich nicht einmal in meinen Gedanken mit den Angelegenheiten anderer beschäftigen muss. Ich kann einfach abwarten, bis ich gebeten werde, mich einzumischen. Ich habe meine Angelegenheiten als Mutter schon vor Jahren auf folgende abgespeckt:

Thema Essen: Ich achte darauf, dass meine Tochter auch etwas Gesundes isst. Ohne Druck. Ich beziehe sie in die Essensplanung ein. Sie hat verstanden, dass es wichtig ist, etwas Gesundes zu essen. Was davon sie sich aussucht, ist ihre Sache.

Es ist nicht meine Angelegenheit, sie zum Vegetarier zu erziehen. Aber sie hat mich gefragt, warum es bei uns kein Fleisch mehr gibt. Ich habe ihr die Gründe erzählt, und nach einem halben Jahr hat auch sie sich kein Fleisch mehr im Restaurant bestellt.

Es ist nicht meine Angelegenheit, ihr Süßigkeiten zu verbieten. Bei uns steht Süßkram immer rum. Wenn ich gesehen habe, dass sie sich darüber hergemacht hat, habe ich sie lediglich gebeten, zwischen den süßen Stückchen einen Moment zu warten und auf ihr Bäuchlein zu hören, wann es genug ist. Das hat ihr Spaß gemacht, und sie hat sich nie mit Süßem übergegessen.

Thema Gefahren: Ich betrachte es als meine Angelegenheit, sie mit den wichtigsten Gefahren vertraut zu machen. Ihr zu zeigen, dass Autos Menschen überfahren können. Dass unsere Körper verletzbar sind. Natürlich zeige ich ihr auch, wie man diese Gefahren vermeidet.

Ihre Angelegenheit ist, was sie sich trauen möchte. Wenn sie auf eine hohe Mauer klettern will, auf einen wackligen Stuhl oder einen Baum, und mir scheint das gefährlich, ist es nur im allergefährlichsten Fall meine Aufgabe, nein zu sagen. Wenn es irgendwie machbar ist, sage ich nicht: »Lass das, das ist gefährlich. Hör auf deine Mutter, die weiß es besser.« Oder gar: »Ich verbiete es dir!« Sondern: »Willst du wirklich dort hochklettern? Ich glaube, ich würde mich das nicht trauen. Schau dir bitte vorher an, wie das Ding beschaffen ist, auf das du klettern willst, teste es aus, bevor du loslegst.« Und dann stehe ich unauffällig daneben, bereit, sie aufzufangen, falls etwas passiert. Ich gebe ihr Hilfestellungen, damit sie Gefahren selbst besser einschätzen lernt. Ich betrachte es als meine Angelegenheit als Mutter, dazu beizutragen, dass sie so selbstständig wie möglich wird.

Thema pünktliches Losgehen zur Kita / zur Schule: Immer wieder höre ich, dass dieses Thema geplagten Eltern die letzten Nerven kostet. Ich sehe es so: Meine Angelegenheit ist es, meiner Tochter klar zu sagen, um welche Uhrzeit wir losgehen. Ich gebe ihr die Möglichkeit, dass sie eine Uhr im Blick hat. Ich achte darauf, dass ich selbst pünktlich bereit bin, loszugehen.

In einer Phase, in der das mit dem Losgehen bei uns nicht so gut geklappt hat, hab ich sie vorwurfsfrei gefragt: »Ist dir egal, ob du zu spät kommst?«

»Nein, nein«, hat sie geantwortet, »das ist total doof, zu spät zu kommen. Alle kucken einen an, wenn man zur Tür reinkommt …«

»Gut zu wissen«, sagte ich. »Wie können wir es denn hinbekommen, dass du es schaffst, pünktlich zu sein?«

Dann hat sie selbst Ideen gehabt, die haben wir umgesetzt und waren danach immer pünktlich.

Es ist nicht meine Angelegenheit, wie ein Sklaventreiber

hinter ihr zu stehen und zu mahnen, zu schimpfen zu drohen und über dieser Prozedur die Nerven zu verlieren.

Ich sehe es als meine Angelegenheit an, ihr eine Schule zu suchen, in die sie auch gern geht. Ich möchte ihr einen guten Weg bereiten. Gehen muss sie ihn allein. Meine Angelegenheit ist, welche Werte ich ihr vorlebe und dass sie von mir Liebe und Schutz erhält, wann immer sie erkennen lässt, dass sie Liebe und Schutz braucht.

An einem sonnigen Morgen stehe ich, nachdem ich meine Tochter zur Schule gebracht habe, noch mit Christin, einer befreundeten Mutter, vorm Schultor. Sie erzählt, dass ihr Freund schwer krank ist und sie gerade verlassen hat. Mit Mühe verdrückt sie sich die Tränen. Ich nehme sie in den Arm. So stehen wir auf der Straße vor der Schule. Ein leichter Wind geht, und Autos brausen vorbei.

»Magst du erzählen?«, frage ich nach einer Weile, und sie versucht, ihr Chaos in zehn Minuten zu pressen. Ich höre nur zu. Fragen über Fragen, alles offen und ungeklärt.

Mein Gefühl ist, dass sie sich Hilfe wünscht. Wenn ich in meiner Angelegenheit bleibe, überschütte ich sie nicht mit guten Ideen, was sie alles machen könnte. Ich frage erst einmal, ob ich mit meinem Gefühl richtig liege und sie Hilfe möchte. Sie möchte. Jetzt kann ich nachdenken, mitdenken, in einem schlauen Buch nachschauen, eine Freundin fragen, die etwas Ähnliches erlebt hat, oder gar den Kontakt herstellen.

Im Verlaufe dieses Experiments haben Freunde und Bekannte auf die Frage, ob sie Hilfe möchten, auch gesagt: »Ach nein, lass mal. Es war schon gut, es einfach mal erzählt zu haben.« Ich war erstaunt. Offenbar geht es ihnen häufig gar nicht darum, direkte, praktische Hilfe zu bekommen.

Als Christins Tränen getrocknet sind, fragt sie, wie es mir geht. Ich erzähle etwas aus meinem Leben, was auch gerade nicht so hinhaut. Das tut gut. Ich teile gern mit anderen, was mich wirklich bewegt. Das ist mir lieber, als solche herzergreifenden Dialoge: »Na, wie geht's?« – »Oh, danke gut. Und selbst?« – »Jo, gut. Alles bestens.« – »Na dann … ich muss mal wieder …«

Ich erzähle ihr die Geschichte mit dem Grafiker. Zwischenzeitlich hat sie sich zugespitzt, und mein Gefühl ist nicht besser.

Sie sagt: »Such dir doch einfach einen anderen. Grafiker gibt's wie Sand am Meer.«

Das stimmt, ich könnte mir einen neuen suchen. Aber ist mein Problem damit gelöst? Ich möchte mich mit meinem Grafiker verstehen. Er ist mir ans Herz gewachsen und macht wirklich gute Arbeit.

Sie sagt: »*Der* muss *dich* verstehen. Das ist schließlich ein Dienstleister.«

Ich überlege, bin mir nicht sicher, ob das für mich auch so stimmt, und Christin sagt: »Mach dir da nicht so viele Gedanken. Das ist doch nur Arbeit. Ich würde da nicht lange rumdiskutieren.«

»Ja«, denke ich, »das würdest *du* machen. Aber passt das für mich?« Ich kann spüren, wie freundlich sie es meint. Sie möchte mir helfen. Es ist nett, dass sie sich Gedanken macht. Andererseits erreicht mich keiner ihrer Vorschläge.

Ich höre ihr zu, prüfe, ob nicht irgendeine Idee nützlich sein könnte, und höre mich immer wieder sagen: »Danke, aber das möchte ich nicht tun, das passt nicht zu mir, das passt nicht zu uns, so bin ich nicht, nein danke.« Bis ich irgendwann auf meine Uhr zeige und sage: »Na dann … ich muss mal wieder …«

Auch für mich als »Beschenkten« ist es anstrengend, wenn jemand ungefragt vor meiner Tür kehrt. Der Staub wedelt herein, ich muss das Fenster schließen. Dadurch höre ich nicht mehr, was der andere mir sagt. Ich linse durch einen Schlitz in der Tür, wann sie wohl fertig ist; und wenn sie so weit ist, muss ich feststellen, dass sie es nicht so gemacht hat, wie ich möchte. Ich bin unzufrieden und muss noch mal selbst ran.

Was ist meine Angelegenheit, wenn andere in meiner Angelegenheit sind? Nun, was immer die anderen auch tun – wie ich reagiere, ist meine Angelegenheit. Wenn ich mich mit anderen verbunden fühlen möchte, dann kann ich mich respektvoll aus ihren Angelegenheiten heraushalten. Bis sie mich um Einmischung bitten. Ich kann entscheiden, ob ich persönlich werde. Ich entscheide, welchen Besen ich benutze und wie lange ich vor meiner eigenen Türe kehren möchte.

Gegen Ende dieses Monats liege ich eines Nachts wach. Ich drehe mich von rechts nach links und wieder zurück. Ich versuche, mich schwer zu machen, in den Schlaf zurückzudriften. Ich sehe die Wiese, die Schäfchen, die Brücke, über die sie hübsch einzeln gehen. Vier, fünf, sechs … na gut. Ich stehe auf, öffne das Fenster. Klare Nachtluft strömt herein. Ich schlüpfe wieder ins Bett und ziehe die Decke bis an die Lippen. Mein Herz schlägt kräftig. Hab ich was geträumt? Wo sind denn meine Gedanken?

Schlagartig bin ich wach. Körper und Geist haben sich gleichzeitig erinnert. Am Nachmittag war mir eine schmerzhafte Stelle im Rücken bewusst geworden, die ich drei Wochen lang locker beobachtet hatte. Es hätte ja auch von allein wieder weggehen können. Heute Nachmittag aber war mir aufgefallen, dass sich dieser Schmerz anders anfühlt als alles, was ich an Rückenschmerzen bisher kannte. Drei Wochen war dieser Schmerz weder stärker noch schwächer geworden, auch das war ungewöhnlich. Meine Gedanken waren gewandert, bis ich beschlossen hatte, einen Arzt aufzusuchen. Diese Wanderung hatte meine Gedanken zur Terminvergabe beim MRT geführt,

an Menschen in weißen Kitteln vorbei, auf quietschende Lino-
leumböden, in enge Kammern, wo ich meine Kleidung ablege,
und in Sprechzimmer, in denen Ärzte etwas zum Ergebnis
sagen. Auf dieser Gedankenreise habe ich es für möglich gehalten, dass ich nicht immer mit Kleinigkeiten davonkomme.
Ich könnte auch mal etwas Schlimmeres haben als Verspan-
nungen, Verzerrungen oder fehlendes Bandscheibenmaterial.
Im Vollbewusstsein des Tages wog der Gedanke nicht schwer,
und ich habe ihn fast gar nicht geglaubt. Im Schlaf jedoch, dem
Land, wo das Unterbewusstsein regiert, wurde dieser Gedanke
wohl abgefangen und weiterbearbeitet. Mitten in der Nacht
hatte ich mich bereit gemacht, aus dem Leben zu scheiden.
Nur für den Fall, dass es bald so weit sein sollte.

Wessen Angelegenheit ist es, wenn ich aus dem Leben scheide?
In dem Spezialfall, dass ich mir selbst das Leben nehmen will,
bin ich in meiner eigenen Angelegenheit. Das ist allerdings
nicht meine Absicht.

Und in allen anderen Fällen? Natürlich kann ich etwas für
meine Gesundheit tun. Ich kann Sport treiben (schaffe ich
nicht immer), aufs Rauchen verzichten (mach ich längst), ausreichend schlafen (ab und zu) und mich gesund ernähren
(schon sehr oft). All das ist meine Angelegenheit. Dennoch bekommen auch Menschen, die ihr ganzes Leben lang gesund
gelebt haben, ernsthafte Krankheiten und sterben vorzeitig.
Durch eine gesunde Lebensweise kann ich das Risiko mini-
mieren. Verhindern kann ich tödliche Krankheiten nicht. Wessen Angelegenheit ist es also, wenn ich aus dem Leben scheide?
Andere seltene Spezialfälle ausgenommen, ist es weder meine
Angelegenheit noch die von anderen Leuten. Es ist die Angelegenheit des Schicksals, wenn es Zeit ist zu gehen. Wie fühle ich
mich, wenn ich mich in der Angelegenheit dieses mächtigen,
rätselhaften Dingsbums befinde, das wir nicht greifen und de-

finieren können? Wenn ich mich dem entgegenstellen will, mich wehre und sage: Nein! Nein! Nein! Das darf nicht sein!?

Dann wird der Tod zu einer wirklich schrecklichen Sache. Zu einem Monster, einem Scheusal, das es zu bekämpfen gilt. Angst und Leid sind die Folge. Ich verderbe mir das Leben, in dem ich gerade noch ganz lebendig bin.

Ich sehe auf die Uhr. Es ist halb vier, mitten in der Nacht. Was ist meine Angelegenheit? Ganz praktisch gesehen, ist es meine Angelegenheit, wie ich meinen Schmerz im Rücken bewerte. Zu einem Zeitpunkt, an dem noch alles offen ist, kann ich mir natürlich die schlimmstmögliche Variante herauspicken. Mit der Folge, dass ich nicht schlafen kann, Stress spüre und Angst. Ebenso kann ich aber auch für möglich halten, dass der Schmerz nichts Schlimmes bedeutet. Es ist meine Angelegenheit, ob und wann ich zum Arzt gehe. Ob ich dem Arzt vertraue, mich mit einer Meinung zufriedengebe oder mir weitere Behandlungsmethoden anschaue. Das alles habe ich einigermaßen in der Hand und kann es entscheiden und beeinflussen. Aber den Zeitpunkt meines Todes habe ich nicht in der Hand. Vielleicht wache ich morgen früh nicht wieder auf? Soll ich deswegen gar nicht erst einschlafen? Meine Angelegenheit ist mein Leben *vor* dem Tod. Ich kann die Idee, den Zeitpunkt meines Todes steuern zu müssen, loslassen, wenn ich sehe, dass das gar nicht geht. Es ist schlicht unmöglich. Es ist nicht meine Angelegenheit.

Mein Herz schlägt jetzt ruhig. Aufgeräumt kann ich endlich die Augen schließen und in den Schlaf sinken.

Oft bin ich auch mit gefühlten Kleinigkeiten in den Angelegenheiten anderer Menschen. Wenn ich auf der Straße einem Mädchen hinterhersehe und denke: »Oh, oh! Mit solchen Beinen sollte sie aber keinen kurzen Rock tragen!« Oder jemandem, der gerade verstimmt ist, sage: »He, lach doch mal!« Und selbst wenn ich das nicht wirklich sage und nur denke – mit solchen Ratschlägen spiele ich mich als Besserwisser auf. Ich sage den anderen, was gut für sie ist. Immer wenn ich mich dabei ertappe, spüre ich sofort, wie falsch sich das anfühlt. Wie überheblich und anmaßend. Selbst wenn es gut gemeint ist.

Nun ist es ja so, dass diese Gedanken aus mir kommen. Es sind meine Gedanken. Könnte es nicht sein, dass meine Ratschläge sich gut als Ratschläge für mich selbst eignen würden? Dass ich meine Gedanken nur ins Gegenteil umzukehren brauche, und schon habe ich einen prima Tipp für mich? Quasi aus erster Hand? Komme ich damit nicht leicht in meine eigene Angelegenheit?

Das habe ich an vielen Begebenheiten in diesem Monat ausprobiert. Hier einige Beispiele:

Ich steige in einen Bus. Der Busfahrer hat schlechte Laune. Er kann meinen Zehn-Euro-Schein nicht wechseln und ist der Meinung, ich müsste es passend haben. Er sagt: »Junge Frau« zu mir, verschränkt die Arme und fährt nicht los. Er schimpft auf alle, die er heute schon befördern musste, und mault, dass Berlin ein Moloch sei. Dann will er, dass ich aussteige. Schließlich könne ich mein Ticket nicht bezahlen.

Mir geht durch den Kopf: »Ein Busfahrer sollte nicht so schlechte Laune haben.«

Könnte das ein Ratschlag für mich selbst sein? Bei solch einer Behandlung kann es passieren, dass ich selbst schlechte Laune bekomme. Wie wäre es, wenn andere Menschen schlechte Laune haben könnten, und ich muss nicht automatisch auch schlechte Laune bekommen? Ich bleibe in meiner Angelegenheit und lasse ihn schlechte Laune haben. Das ist gut. In meiner eigenen Angelegenheit verwickle ich mich nicht in Diskussionen mit ihm, ob ich es nun passend haben müsste oder er in der Lage sein müsste zu wechseln.

Mein Kopf bleibt klar, und ich habe eine Idee: »Ich frage mal im Bus, ob jemand wechseln kann.« Er grunzt und fährt los. Jemand im Bus wechselt meine zehn Euro, ich kann zwei Stationen später für meine Beförderung aufkommen und habe meine gute Laune behalten.

Ich will die Meinungsverschiedenheit mit meinem Grafiker klären. Ich verabrede mich mit ihm auf einen Kaffee. Mein Wunsch ist:

»Mein Grafiker sollte mich verstehen.«

Wie sagte Christin? »Er ist doch ein Dienstleister.« Aber nein, ich möchte, dass er meine Beweggründe versteht. Zuallererst stimmt es mich traurig, dass er mich nicht versteht. Nicht tieftraurig, aber so einen Anflug von Traurigkeit verspüre ich schon. Dann denke ich: »Vielleicht habe ich mich nicht richtig verständlich gemacht«, und versuche es noch einmal. Ohne Erfolg. Zehn Minuten rede ich am Stück, und er versteht mich immer noch nicht, sagt aber, dass auch er es gern hätte, wenn ich ihn verstehen könnte. Ich bitte ihn, mir ein weiteres Mal zu erklären, woran es bei ihm hakt. Ich höre in Ruhe zu, quatsche ihm nicht rein, rechtfertige und erkläre mich nicht. Er versucht, mir alles mit neuen Worten zu schildern. Wenn ich ehrlich bin, verstehe ich am Ende immer noch nicht, warum das für ihn ein Problem darstellt.

Fazit: Er versteht mich nicht. Ich verstehe ihn nicht. Wir haben uns wirklich Mühe gegeben, und es hat nicht zum Verständnis geführt. Beide sind wir des Erklärens müde.

Kann ich von meinem Bemühen ablassen? Die Umkehrung könnte lauten:

»Er sollte mich nicht verstehen.«

Wie wäre es, wenn er mich nicht verstehen müsste? Ich spüre sofortige Erleichterung. Wie ich sehe, liegt es nicht in meiner Hand, ob er mich versteht. Was er versteht, ist seine Angelegenheit. Ich habe mich bemüht und kann nun damit aufhören und eine praktische Lösung finden.

Er ist einverstanden, dass wir mal eine Weile getrennte Wege gehen. Wir geben uns die Hand, friedlich.

Seit einer Woche hängt mein Mann zu Hause rum. Er ist blass, hat zu nichts Lust und weiß auch nicht, warum. Wie gern möchte ich ihm helfen. Ich umarme ihn, stelle ihm Fragen, koche was Schönes – die Blässe bleibt.

Am Tag sechs bemerke ich den Gedanken »Ich möchte, dass du glücklich bist«. Ich frage ihn, ob ich noch irgendetwas tun könne, damit er wieder glücklich ist, und er schüttelt den Kopf. So lieb ich ihn auch habe – ist es meine Angelegenheit, ob er glücklich ist? Ist nicht eher die Umkehrung wahr: »Ich möchte, dass ich glücklich bin«? Und dass er unglücklich ist, stört mich dabei? Wie wäre es, wenn ich in meiner Angelegenheit bliebe? Auch das fühlt sich aufgeräumt an. Ich kann mich um mich selbst kümmern und um mein Glücklichsein. Das klappt auf jeden Fall besser, wenn ich mir keine unlösbaren Aufgaben aufhalse und bei dem bleibe, was ich wirklich tun kann.

Eines Abends bleibt meine Mama bei meiner Tochter und bringt sie ins Bett. Ich hatte eine Besprechung, war um 23.30 Uhr wieder da und habe mich dann zu ihr aufs Sofa gesetzt. Sie hat mich etwas gefragt, ich habe geantwortet, und nach ein paar Sätzen wurde das Gespräch intim. Gerade durchzog mich ein warmes Gefühl, dass wir mal wieder dazu kommen, solche Sachen zu besprechen, da erhebt sich meine Mama vom Sofa. Sie entgegnet noch etwas, schlüpft im Flur aber schon in ihre Schuhe, drückt mich, sagt tschüs, und weg ist sie.

Seltsam berührt stehe ich hinter der geschlossenen Tür. Wollte sie das nicht hören? Warum geht sie so unvermittelt? Bestimmt war ihr das Thema zu persönlich. Ich gehe mir die Zähne putzen und suche nach dem Grund. In meiner Kindheit und Jugend kam es vor, dass ich ihr sagte, sie solle sich nicht in meine Angelegenheiten mischen. Sicherlich hängt ihr das noch nach, und sie versucht, sich daran zu halten. Oder vielleicht …

Auf dem Weg ins Bett fällt es mir auf. Gedanklich bin ich seit Minuten in den Angelegenheiten meiner Mutter. Ich analysiere, rätsle herum, unterstelle ihr Dinge, von denen ich gar nicht weiß, ob sie stimmen.

Das ist eine Sackgasse. Da komme ich nicht weiter.

Was ist meine Angelegenheit? Ich habe geglaubt: »Sie will das nicht hören.« Eine Umkehrung: »Sie will das hören.« Könnte das auch sein? Am nächsten Morgen greife ich zum Telefon. Ich frage sie einfach, das ist meine Angelegenheit. Und siehe da, die Umkehrung ist wahr. Sie wollte nur nicht so spät nach Hause kommen. So einfach.

An einer Ampel hält neben mir ein rotes Cabrio. Offenes Dach, Mucke bis zum Anschlag. Das dröhnt kilometerweit. Alle kucken. »Er sollte mit seinem dicken Auto nicht so angeben.« Eine Umkehrung: »Ich sollte nicht so angeben.« Das ist meine Angelegenheit. Ein Auto besitze ich nicht. Aber auch damit gebe ich manchmal an. Schaut mal, wie fortschrittlich ich bin, wie ökologisch aufgeklärt …

Welche guten Ratschläge habe ich noch für andere gehabt?
- Er sollte nicht so viel plappern.
- Sie müsste nur Yoga machen, dann wäre sie entspannter.
- Wenn sie sich etwas mehr Mühe gäbe, hätte sie bessere Chancen, eine gute Arbeit zu finden.

- Es wäre besser für ihn, wenn er sich einen Therapeuten suchte.
- Sie sollte nicht solche Groschenromane lesen, sondern mal was Anspruchsvolles.
- Mein Freund Ferdinand sollte sein Geld nicht so zum Fenster rauswerfen.
- Ein anderer Freund sollte nicht so geizig sein.

Solche Gedanken bemerke ich am Ende dieses Monats, sobald sie auftauchen. Meist muss ich lachen. Wie absurd ist es doch, anderen sagen zu wollen, was sie tun sollten. Wieso habe ich mal geglaubt, es besser zu wissen als sie? Es ist eine Erleichterung, das sein zu lassen. Da wird viel Platz frei, in dem ich mich produktiv um das kümmern kann, was bei mir anliegt. Auf diese Weise fällt gar nicht viel Müll und Dreck an, der dann weggekehrt werden müsste.

Ärgerlicher Ärger

Jeden Tag sehe ich, dass Menschen sich ärgern, sich zuweilen oft, viel und lange ärgern. Manche behaupten sogar, sie würden sich gern ärgern. Meist machen sie mit ihrem Ärger auch noch andere ärgerlich, und die miese Stimmung wird weiter in den Tag hineingetragen. Um den Ärger abzubauen, braucht es im Anschluss Gespräche mit Dritten, Sport, Alkohol und / oder Zigaretten oder ein irgendwie anders geartetes Abreagieren. Im Notfall Anwälte.

Solange ich auch darüber nachdenke – mir fällt nichts ein, wofür Ärger gut sein könnte. Außer, dass er den Kreislauf anregt. Und dafür gibt es nun wahrlich Besseres.

Dieses Zitat von Kurt Tucholsky erscheint mir passend: »Das Ärgerliche am Ärger ist, dass man sich schadet, ohne anderen zu nützen.«

Ist es nicht so? Hat Ihnen Ärger schon mal irgendetwas eingebracht? Hat ein Kollege, Freund oder Familienangehöriger sich über Ihren Ärger gefreut? Hat er oder sie gesagt: »Oh, herrlich! Wie schön, dass du sauer bist. Das kommt mir gelegen. Kannst du den Ärger bitte heute mal an mir auslassen? Ja, schrei mich an! Das hab ich echt verdient. Du hast ja sooo recht!«?

Natürlich kann es sinnvoll sein, Ungerechtigkeiten anzusprechen, Missstände aufzudecken oder etwas ändern zu wollen, was nicht funktioniert. Ich bin keineswegs der Meinung, dass man sich für nichts mehr einsetzen sollte. Aber im Ernst: Der Ärger, mit dem ich diese Informationen transportiere, schadet mir selbst am meisten. Ich spüre ihn zuerst, und er vergällt mir den Moment. Wenn ich ihn rauslasse und andere damit infiziere, fällt das in irgendeiner Weise auch wieder auf mich zurück. Manchmal ganz direkt, manchmal erst später.

Es hat mir schon sehr geholfen, deutlich zu sein. Deutlich und klar. Aber Ärger hat mir noch nie genützt.

Ich möchte über dieses Thema schreiben, weil es mir so häufig begegnet. Lustigerweise glaube ich, dass ich mich selbst gar nicht mehr ärgere. Nicht im klassischen Sinne, dass ich mich aufrege, hochspule und dann eine Weile genervt bin. Ich kann mich noch gut an diesen Mechanismus erinnern, ich erkenne ihn, er steckt mir im Blut. Oft erschien er mir wie ein Automatismus. Wie eine Gewohnheit. Eine Lawine, die, war sie erst einmal losgegangen, von nichts und niemandem mehr aufzuhalten war.

Über den Ärger an sich hatte ich Glaubenssätze, die ich heute noch von anderen höre, zum Beispiel:

»Wenn …, dann muss ich mich ja ärgern.«
»Ärger gehört zum Leben dazu.«
»Ärger ist normal, ist menschlich.«

In diesem Monat bin ich erstens gespannt, ob das stimmt, dass ich mich nicht mehr ärgere. Mache ich mir da was vor? Jetzt, wo ich das hier hinschreibe, kann ich mir das selbst nicht glauben. Ich lehne mich auf meinem Schreibsessel zurück und suche nach dem letzten Ärger. In Gedanken durchstreife ich die vergangenen Tage, eine Woche, ein paar Monate – das letzte Mal, an das ich mich erinnern kann, liegt schon über ein Jahr zurück. Lüge ich mir da vielleicht etwas in die Tasche?

Zweitens mache ich mich auf die Spur: Wie habe ich mir diese Gewohnheit denn abgewöhnt? Denn ich erinnere mich genau: Es gab eine Zeit, in der auch ich mich oft, viel und lange geärgert habe.

»Pling«, es kommt eine Mail herein. Die Telekom. Eine Rechnung. Die Telekom bucht den dritten Monat nach meiner Kündigung immer noch Rechnungsbeträge von meinem Konto ab. Ich ärgere mich nicht. Irgendwie gibt es in mir ein Vertrauen, dass sich das schon regeln wird. Ich greife zum Telefonhörer, reihe mich in die Warteschlange und lege den Hörer beiseite. Meist habe ich bei solchen Telefonaten sogar Freude. Ich kann etwas Interessantes erfahren oder einen Bonus aushandeln. Ja, so was macht mir Spaß.

Im Auto ärgern sich viele Menschen über andere Menschen und haben dann die Standardsprüche auf Lager. Selbst dann, wenn wie heute, gerade ich am Steuer sitze und der sich Ärgernde nur Beifahrer ist. Ich warte einfach, bis das Auto vor mir um die Kurve getragen wurde, oder spüre, dass der Verkehrsteilnehmer vor mir einen Parkplatz sucht, auch wenn er nicht vorschriftsmäßig blinkt. Ich gehe davon aus, dass auch ich mich nicht immer vollkommen vorschriftsmäßig verhalte. Und wer ist in so einem Fall nicht froh, wenn er tolerant behandelt wird?

Eine Freundin ruft an. Ich frage sie, wann ich mich das letzte Mal geärgert habe. Auch sie überlegt lange. Ich unterbreche sie nicht.

»Hm …«, sagt sie. »Ich erinnere mich, dass du dich mal über deinen Mann geärgert hast. Ist schon ein bisschen her – da warst du außer dir. Was war das bloß?« Sie überlegt.

Außer mir? Mensch! Daran müsste ich mich doch erinnern!

»Es war irgendwas mit deiner Uhr und mit Kino«, sagt sie.

Aha, hm-hm. Plötzlich dämmert mir was. O ja. Das Bild wird deutlicher. »O Gott«, sage ich, »wie lange ist das denn her?« In meinem Gefühl ewig.

»Zwei, drei Jahre vielleicht?«, rätselt meine Freundin. »Was war da noch mal los?«

»Wir wollten ins Kino gehen und hatten uns für 19.30 Uhr, glaube ich, im Flur unserer Wohnung zum Losgehen verabredet. Um acht sollte das Kino beginnen.«

»Ja, genau«, sagt sie. »Ich erinnere mich.«

»Ich bin um kurz vor halb acht in den Flur gekommen, da stand er schon fix und fertig angezogen dort.«

Sie lacht. »Ja, es war Winter, nicht? Er stand da mit Schal, Mütze und Handschuhen und hat auf dich gewartet.«

»Ja«, sage ich. »So war's. Wer weiß, wie lange schon?«

Wir lachen ein bisschen. Im Nachhinein geht das leicht.

»Als ich dann fertig angezogen war, Schuhe, Mütze, Schal, Jacke und Handschuhe, hat er gemeint, ich wäre immer unpünktlich.«

»Ha!«, gluckst sie. »Genau, das war's. Du und unpünktlich!«

»Ja«, sage ich, »in meinem Weltbild bin ich auch ein pünktlicher Mensch. Und er hat das Gegenteil behauptet. Ich hab das erst nicht so ernst genommen, aber ihm war es offenbar bitterer Ernst. Bis ich das verstanden hatte, waren schon wieder ein paar Minuten vergangen.«

Sie kichert. »Und dann? Dann hat er doch behauptet, man könnte auf die Sekunde pünktlich sein?«

»Na ja«, sage ich. »Auf die Sekunde nicht. Aber auf die Minute. Das hat schon gereicht. Ich dachte erst, er wäre etwas gereizt, weil ihm so warm gewesen ist, fertig angezogen und auf mich wartend. Aber nein! Vorm Kino hat er immer noch auf dem Standpunkt gestanden, wenn ich erst um halb acht in den Flur komme und mich dann noch anziehen muss, dann bin ich eben nicht um 19.30 Uhr zum Losgehen fertig. Sondern erst eine Minute nach 19.30 Uhr. ›Und das nennst du unpünktlich?‹, habe ich ihn gefragt. Und er meinte, ja, das wäre für ihn unpünktlich. Da ist mir mal kurz der Deckel hochgegangen.«

»Hm, krass«, sagt meine Freundin am anderen Ende der Leitung. »Und dann?«

»Oje – daran erinnere ich mich nicht gern –, ich bin aus der Schlange, die bis vors Kino stand, ausgeschert und habe ihn angemaunzt, wie das denn überhaupt gehen soll. Alle Leute dort haben gekuckt! Die Uhren in unserer Wohnung gingen ja alle schon unterschiedlich. Ich habe in dem Moment echt das Gefühl gehabt, meine Sicherungen brennen durch.«

»Ach, ich weiß«, sagt meine Freundin und lacht, »und er hat daraufhin gesagt, er hätte 'ne Atomuhr.«

»Ja, also nein. Er sagte dort in der Schlange vor allen Leuten, er würde seine Uhr täglich nach einer Atomuhr stellen und das wären im Moment die genauesten Uhren der Welt. Dafür hätten sogar zwei Amerikaner zu unterschiedlichen Zeiten den Nobelpreis bekommen.«

»Boah«, sagt meine Freundin. »Da bist du platt. Nobelpreis … was soll man da sagen?«

»Ja, genau«, sage ich, »was soll man da sagen? Richtig blöd war dann noch, dass wir keine Kinokarten mehr bekommen haben, also quasi tatsächlich zu spät waren. Und ich war schuld.«

»Na«, sagt meine Freundin, »dann weißt du ja jetzt, was du schreiben sollst.«

Ich bedanke mich bei ihr und lege auf.

Mein Mann hatte ein Konzept von Pünktlichkeit, das mir, obwohl wir schon viele Jahre ein Paar waren, bis dahin unbekannt geblieben war. Und ich hatte meinerseits eine Idee von Pünktlichkeit, bezeichnete mich selbst als pünktlich, glich das aber nicht mit der Atomuhr ab. Warum hat mich seine Argumentation so geärgert? Welche Glaubenssätze, Ansichten, Meinungen hatte ich dazu?

Ehrlich gesagt, habe ich damals gedacht: »Wie kann man nur so ein Konzept von Pünktlichkeit haben? Das ist engstirnig, kleinkariert, besserwisserisch!«

In dem Moment, als ich ihn der Besserwisserei bezichtigt habe, wollte ich es besser wissen. Genau das Gegenteil, die Umkehrung, war wahr. Ich war so überzeugt, dass er falsch liegt und ich richtig, dass ich unbewusst von ihm verlangte, dass er sein Konzept ändern soll. Dass er doch sehen muss, wie absurd seine Ansichten sind.

Wie reagiere ich, wenn ich diese Gedanken glaube?

Ich rege mich innerlich auf und verlange, dass er sofort und auf der Stelle von seinem Konzept ablässt. Das fühlt sich hart und fordernd an. Ich bin nicht freundlich mit mir, ich bin nicht freundlich mit ihm. Ich ärgere mich.

Wer wäre ich ohne diese Gedanken?

Ich spule den Film zurück und stehe mit meinem Mann wieder im Flur. Es ist 19.30 Uhr (auf einer meiner Uhren). Er ist fertig. Ich nicht. Er sagt, ich sei immer unpünktlich und ich solle bitte auf die Minute pünktlich sein. Ansonsten sei ich eben unpünktlich.

Wer bin ich, wenn ich nicht glaube, dass sein Konzept von Pünktlichkeit engstirnig, kleinkariert und besserwisserisch ist? Ich versuche, mich auf dieses Gedankenexperiment einzulassen. Wer wäre ich in dem Moment mit ihm im Flur ohne diesen Gedanken? Ich sehe ihn da stehen, in Schal, Mütze und Handschuhen. Ich wäre auf jeden Fall nicht ärgerlich. Seine Äußerung wäre für mich kein Angriff, sondern lediglich ein Ausdruck seines eigenen Pünktlichkeitskonzepts. »Aha«, würde ich sagen. »Auf die Minute pünktlich zu sein ist dir wichtig?« Und dann würde ich ihn bitten, ab jetzt meine Atomuhr zu sein und mir rechtzeitig Bescheid zu sagen. Oder ich würde ihn bitten, für alle Uhren im Haus zu sorgen, dass auch sie immer genau gehen. Daran hätte er sicherlich seinen Spaß. Ohne meinen stressigen Gedanken wäre ich ruhig, offenen Herzens und kein bisschen verurteilend. Ich seufze. Das fühlt sich viel besser an. Eine mögliche Umkehrung wäre:

»Mein Konzept von Pünktlichkeit ist engstirnig, kleinkariert, besserwisserisch.«

Nun, solange ich glaube, mein Konzept sei richtig, und darauf beharre, ist das engstirnig und besserwisserisch. Ich kenne Leute, die kommen immer (wirklich immer) zehn bis fünfzehn Minuten später, als wir ausgemacht haben, und sind auch der Meinung, sie seien pünktlich.

Solange ich auf meinen Ansichten bestehe, kann ich seine nicht wirklich sehen, und ein Teil von ihm bleibt mir verschlossen. Ich klebe auch noch an dem »Vorwurf« fest, ich sei unpünktlich, und will das nicht hören. Das ist ebenfalls engstirnig. Rein technisch gesehen bin ich, verglichen mit ihm, unpünktlich. Es gibt halt Leute, die sind pünktlich, und solche, die sind pünktlicher. Meine Mutter kommt zum Beispiel oft zu früh, weil sie nicht zu spät sein möchte. Ist das dann pünktlicher?

Und die Idee, er solle sofort sein Konzept fallenlassen, ist wahnsinnig engstirnig. Wieso muss er nach meiner Pfeife tanzen? Niemand muss nach meinen Konzepten leben. Auch nicht mein Mann. Ich spüre, dies war die Quelle meines Ärgers. Er speiste sich aus der Forderung, dass mein Mann

1. einsehen soll, dass sein Konzept engstirnig ist,
2. es fallenlassen und im Idealfall gegen meins eintauschen soll,
3. das alles ohne Widerstand tun soll, am liebsten mit Dankbarkeit.

In dem Moment, in dem wir in unserem Flur standen, war mir nicht bewusst gewesen, dass ich knallharte Forderungen an ihn hatte. Auch nicht in der Kinoschlange. Und auch später nicht. Das ist mir erst durch die Work richtig klar geworden. Nun sitze ich hier und spüre deutlich den Unterschied zwischen einem Wunsch und einer Forderung.

Ich glaube, in einer Beziehung kann ich überhaupt nichts fordern. Fordern ist nicht liebevoll, respektiert die Welt des Partners nicht und macht Druck, den ich garantiert in irgendeiner Form zurückbekomme.

Wenn ich darüber nachdenke, will ich auch in allen anderen Teilen meines Lebens nichts fordern. Selbst in einer Geschäftsbeziehung mit wasserdicht ausgehandelten Verträgen möchte ich, dass nur Dinge im Vertrag stehen, die beide Seiten auch einhalten möchten. Eine weitere mögliche Umkehrung lautet:

>>Sein Konzept von Pünktlichkeit ist nicht engstirnig, kleinkariert, besserwisserisch.<<

Sein Konzept ist sein Konzept. Es ist sehr genau, und vielleicht liebt er Genauigkeit? Ja, stimmt, da fällt mir ein, in seinem Beruf ist Genauigkeit ungeheuer wichtig, und auch in dem, was er sich als Hobby ausgesucht hat, die Fliegerei, ist Genauigkeit Voraussetzung. Ja, sogar lebensnotwendig.

Während ich das schreibe, recherchiere ich im weltweiten Netz >>Atomuhr<< und habe beim Anblick dieser technischen Geräte sofort das Gefühl zu verstehen. Klar, dass ihm das gefällt.

Könnte es sein, dass jeglicher Ärger aus dem Trugbild einer Forderung entsteht? Aus der Idee, mit irgendetwas im Recht zu sein?

Wenn ich mich über einen anderen Verkehrsteilnehmer ärgere, dann fordere ich in dem Moment, er solle sich gemäß der Straßenverkehrsordnung verhalten. Selbst wenn er mich gar nicht hören kann, weil er in einem anderen Auto sitzt. In dem Fall glaube ich, im Recht zu sein, denn ich habe ja die StVO im Rücken.

Wenn ich mich ärgere, weil jemand zu langsam, zu schnell, zu laut, zu leise, zu grob, zu blöd, zu passiv, zu blond, zu emotional, zu locker, zu korrekt, zu vorsichtig, zu anspruchsvoll, zu berühmt, zu individuell, zu perfekt, zu freizügig, zu selbstsicher oder zu sensibel ist – ja, immer wenn ich mich über jemanden ärgere, dann habe ich ein abweichendes Konzept davon, wie der andere oder »man« sein sollte, und fühle mich damit im Recht. Ich will, dass der Betreffende nach meinem Konzept handelt. Nach meiner Idee, wie die Welt sein sollte.

Und was habe ich mich in meinem Leben schon über mich selbst geärgert! Ich wollte nicht so blauäugig gewesen sein, ich wollte im Nachhinein, dass ich dies oder jenes nicht gesagt hätte oder gar nicht erst hingegangen wäre, dass ich nicht die dicke Lippe riskiert hätte oder mal mehr hätte riskieren sollen. All dies waren Forderungen an mich, anders zu sein, als ich war. Mein Verstand glaubte, im Recht zu sein, und mein Körper tat etwas anderes. Das ergibt eine schöne Zerrissenheit. Einen satten Ärger.

Heute Morgen bin ich mit den falschen Handschuhen losgefahren. Dünn gestrickte Handschühchen für den Herbst. Jetzt ist aber Winter. Schon nach ein paar Minuten kroch die Kälte in die Ritzen, der Wind pfiff hindurch, und ich gedachte meiner gefütterten, winddichten Handschuhe, die zu Hause im Regal lagen. Klar, jetzt hätte ich mich ärgern können. Hab ich aber nicht. Zusätzlich zur Kälte hätte ich mich geißeln und mir sagen können, was ich für eine dumme Kuh bin und dass ich es falsch gemacht habe. Aber wozu? Was hätte ich davon? Nur Ärger.

Als ich nach Hause gekommen bin, habe ich meine warmen Handschuhe herausgelegt, und seitdem trage ich sie.

Kann ich nicht Respekt haben vor allem, was vorgeht? Egal, wie absurd und abwegig mir das auch erscheinen mag. Ist es denn wahr, dass mein Verstand im Recht ist, wenn er fordert?

Könnte ich mit dem Verkehrsteilnehmer, der sich nicht korrekt verhält, ein freundliches Gespräch führen (anstatt zu fordern), würde ich vielleicht erfahren, dass er gerade niesen oder husten musste oder Rückenschmerzen hatte und deshalb nicht geblinkt hat. Schon hätte ich Verständnis.

Würde ich mit mir selbst ein freundliches Gespräch führen, könnte ich erfahren, dass ich keine Lust hatte, mir Vorwürfe anzuhören, als mein Mann schon angezogen im Flur auf mich gewartet hat. Ich hatte außerdem keine Lust, mir ausreden zu lassen, dass ich pünktlich bin. Das möchte ich lieber weiter von mir glauben und ein, zwei Minuten Karenzzeit für angemessen halten. Wenn mir das klar ist, habe ich mit mir Verständnis. Und hätte ich ein freundliches Gespräch mit ihm geführt, anstatt einen Vorwurf zu hören, hätte ich auch Verständnis für seine Position gehabt. Wenn ich nicht glaube, im Recht zu sein, ist viel Platz für Verständnis.

Meine Antwort ist: Nein, es ist nicht wahr, dass mein Verstand im Recht ist, wenn er fordert. Also auch nicht, wenn er sich ärgert.

Wie reagiere ich, wenn ich glaube, mit meiner Forderung im Recht zu sein?

Ich spüre eine Härte im Brustraum, Anspannung, etwas Unerbittliches, und ich bin bereit, zu kämpfen, mein Schwert zu ziehen, anzugreifen, zu verteidigen und, ja, auch zu verletzen. In so einem Zustand habe ich plötzlich Feinde, und die Welt ist ein unsicherer Ort. Ich muss auf der Hut sein vor meinen Gegnern und stets die richtigen Argumente parat haben. Um die zurechtzulegen, geht viel Zeit ins Land. Stressige Zeit.

Wer wäre ich ohne den Glauben, dass ich mit meiner Forderung im Recht bin?

Wenn es gar nicht möglich wäre, etwas zu fordern, wenn es so etwas wie »im Recht sein« gar nicht gäbe, dann wäre die Härte aus meinem Körper verschwunden. Das allein fühlt sich gut an. Ich sehe mein Gegenüber als eigenständigen Menschen, mit eigenen Konzepten, Vorlieben und Beweggründen für sein Handeln. Er ist nicht mein Erfüllungsgehilfe, nicht der Bestätiger meiner Konzepte. Ich fühle eine offene Neugier und frage eher, als dass ich vom anderen etwas will. Das fühlt sich warm und respektvoll an. Dann geht es überhaupt nicht darum, im Recht zu sein, recht zu bekommen, recht zu haben. Es geht um Austausch, um Verständigung und darum, ob mein Herz offen ist. Für mich, den anderen und für alles, was vorgeht. Kein Kampf, kein gezogenes Schwert, keine Feinde. Eine Umkehrung ins Gegenteil könnte sein:

»Mein Verstand ist nicht im Recht, wenn er fordert.«

Nein, ich bin nicht im Recht. Mein Verstand ist nicht im Recht. Und vor allem tut es mir selbst nicht gut, im Recht sein zu wollen. Dies ist nicht der Weg, der sich für mich und andere gut anfühlt, mit dem ich in die Welt tragen kann, was ich hinaustragen möchte.

Mein Verstand ist eben deshalb oft nicht im Recht, weil er das Bedürfnis hat, recht zu haben. Wenn ich etwas von jemandem möchte, kann ich nur bitten oder mir etwas wünschen. Und das bedeutet auch, dass der andere nein sagen darf. Dass ich diese Möglichkeit einräume, damit zurechtkomme, es als normal ansehe, dass andere Menschen etwas anderes wollen, wünschen, denken und tun als ich. Jeder hat seine Ansichten, Meinungen, seinen Stand der Dinge, seinen Stand der Erkenntnisse. Und so ist es mit allen Lebewesen, ja, sogar mit allen Dingen. Wieso soll ich es besser wissen? Woher kommt die Idee, dass irgendjemand es besser wissen kann? Vielleicht ist meine Auffassung, in dem Moment, wo ich sie denke, schon längst wieder überholt? Die Menschheit findet ständig Neues heraus, es ist ein unablässiges Verbessern oder Aufstocken unseres Wissensstandes. Oft werden Erkenntnisse auch zurückgenommen und das Gegenteil behauptet. Also was können wir wirklich wissen oder sogar besser wissen als andere? Und gibt es nicht Wichtigeres als das?

Eine liebevolle Art, die Welt zu sehen – zum Beispiel? Ein Vertrauen, dass das, was gerade geschieht, einen Sinn und eine Richtigkeit hat. Ein offenes Herz?

Auch in diesem Punkt mag ich die Arbeit mit The Work. Ich, als Coach, gebe keine guten Tipps und Ratschläge. Ich weiß es nicht besser als der Klient. Ich stelle Fragen und halte den Raum, dass seine Antworten auftauchen können. Ich vertraue völlig, dass derjenige, der bei mir sitzt, die Antwort in sich trägt, dass er sie schon ahnt, kennt oder gespürt hat und dieses Wissen nur verschüttgegangen ist. Ich kann ihm helfen, seine eigene Weisheit anzuzapfen, aber ich mische mich nicht ein. Das fühlt sich respektvoll an.

Das letzte Ereignis, bei dem mir einfällt, dass ich mich spürbar geärgert habe, war folgendes: Vor einem Jahr war ich auf einer Geburtstagsfeier bei einer Freundin eingeladen. Um die zwanzig Gäste wollten sich bei ihr zu Hause treffen, einen Aperitif und einen Snack nehmen und später noch tanzen gehen.

Ich werde eingelassen, Musik und Stimmengewirr schlagen

mir entgegen. Ein paar Leute sind schon da, ich begrüße alle, lege ab und finde das Geburtstagskind. Großes Hallo, ich überreiche mein Geschenk. Ich frage, ob ich was helfen kann, und ja, kann ich. In der Küche gibt es Schüsselchen zu füllen und Flaschen zu öffnen. Ich mache das gern. Während ich Salzstangen in Gläser stecke, Nüsse und Oliven in Schüsseln fülle und Baguette aufschneide, komme ich mit anderen Gästen ins Gespräch. Die meisten kenne ich, manche aber auch nicht. Jemand möchte ein Bier. Das habe ich schon im Kühlschrank gesehen. Ich nehme ein Bier heraus und suche nach dem Öffner. In der ersten Schublade finde ich keinen. Ich öffne zwei weitere Schubladen – kein Flaschenöffner. In dem Moment kommt meine Freundin in die Küche. Ich berühre ihren Arm und frage: »Wo hast 'n du einen Flaschenöffner?«

Sie schaut mich kurz an, dreht sich weg und redet mit einem Gast. Ich warte einen Moment, und als das Gespräch zwischen den beiden eine Pause macht, frage ich noch mal lauter: »Hast du hier einen Flaschenöffner?«

Sie dreht sich in dem Getümmel zu mir um und ruft: »Was?«

»Einen Öffner?«, rufe ich zurück und halte ihr die Bierflasche entgegen. »Hast du keinen Öffner?«

Sie kuckt irritiert, dreht sich weg, dreht sich wieder zu mir und sagt: »Natürlich habe ich einen Flaschenöffner! Wieso sollte ich keinen Flaschenöffner haben? Jeder hat einen Flaschenöffner!«

»Okay«, sage ich. »Ich wollte bloß wissen, wo er ist.«

Sie schaut mich immer noch irgendwie seltsam an. Ich schaue fragend zurück. »Gibst du ihn mir mal bitte?«

Sie öffnet eine Tür vom Hängeschrank, zeigt in die Ecke und sagt: »Da. Da liegt er schon seit eintausend Jahren.« Ich ernte einen seltsamen Blick, und dann ist sie raus aus der Küche.

Ich nehme mir den Öffner, öffne die Bierflasche, reiche sie weiter und denke: »Irgendwas war komisch.« Dann wird auch schon nach Wein gefragt, ich öffne Weiß- und Rotwein, gebe Gläser heraus und habe die Sache vergessen.

Eine halbe Stunde später sind alle Gäste da. Jeder weiß, wo der Wein steht, das Bier und wo der Öffner liegt. Ich nehme mein Glas und wechsle den Ort. Ich schlendere ins Wohnzimmer, treffe auf eine Bekannte, die gerade mit niemandem redet, und stelle mich dazu. Wir plaudern ein bisschen. Meine Freundin ist auf dem Sofa ins Gespräch vertieft, und als sie einmal hochblickt und ihr Blick den meinen streift, verengen sich ihre Augen kurz zu Schlitzen. Dann schaut sie an mir vorbei, springt auf, um etwas zu holen, lacht, und ich verwische den Eindruck. Das habe ich mir sicher nur eingebildet.

Als ich das nächste Mal hinschaue, sitzt sie allein auf dem Sofa. Ich setze mich zu dem Geburtstagskind, lächle sie an, will gerade fragen, wie es ihr geht, da schüttelt sie den Kopf. Schaut mir direkt in die Augen und schüttelt den Kopf. In mir wächst ein Fragezeichen. Ich frage: »Was ist denn?«

»Was ist?«, fragt sie zurück, als wäre es das Selbstverständlichste auf der Welt, dass mir das klar wäre.

Mein Kopf sucht nach einem Fauxpas, den ich begangen haben könnte. Mir fällt nichts ein.

»Ja«, sage ich. »Hilf mir mal.«

Sie schnappt nach Luft. »Du kommst hier rein, reißt alles an dich, als wärest du der Gastgeber …«

Ich schaue meine Freundin an. So erregt habe ich sie bestimmt zehn Jahre nicht sprechen hören. Was hat sie nur?

»… Und dann machst du mir Vorwürfe, ich hätte keinen Öffner zu Hause. Das ist so krass!«

Ich schaue sie an. Mein Gehirn läuft auf Hochtouren. Bilder rasen an meinem inneren Auge vorbei. Ich bin hier hereingekommen, habe ein paar Leute begrüßt, mein Geschenk übergeben, gefragt, ob ich etwas helfen könnte, die Antwort war ja. Oder? Ich habe Nüsse, Oliven und Salzstangen in Gläser gefüllt, Bier im Kühlschrank gefunden und den Öffner gesucht. Hab ich ihr deswegen einen Vorwurf gemacht? Ich habe keine Ahnung, was …

»Ja, und jetzt kuckst du wieder, als wüsstest du von nichts.« Sie springt auf. »Oh, das nervt. Echt.« Sie geht aus dem Zimmer. Ich sitze auf dem Sofa, mein Kopf ist leer, andere Gäste sehen zu mir herüber, da setzt sie sich wieder zu mir. »Sag mir das jetzt mal! Wieso ist das so schlimm, keinen Öffner zu haben? Hm? Abgesehen davon, dass ich ja einen habe …« Sie schaut mich auffordernd an.

Es ist ihr Geburtstag. Die Bude ist voll. Ich bin mir keiner Schuld bewusst. »Ich wollte dir keinen Vorwurf machen, ich hab dich nur gefragt …«

»Hast du aber!«, sagt sie hastig. »Ja, du willst immer nur freundlich sein, aber wenn du ehrlich bist, schaffst du das auch nicht.« Sie schenkt sich ein weiteres Glas Rotwein ein.

Ich fühle mich überrumpelt, will helfen, deeskalieren, die Party gut weitergehen lassen.

»Du tust immer so …«, sagt sie, über ihr Glas gebeugt.

Ich denke noch: Irgendetwas stimmt nicht, warum fühlt sie sich verletzt, warum zettelt sie das an? Nehme mir vor, nicht weiter darauf einzugehen.

Da beendet sie ihren Satz: »… scheinheilig.«

»Was?«, höre ich mich sagen. »Scheinheilig? Was meinst du denn damit?« Ich spüre eine Kraft, die mich auch vom Sofa aufspringen lassen möchte. Ärger. Meine Stimme wird lauter. »Ich wollte dir unter die Arme greifen, dich entlasten, weil du Geburtstag hast. Ich habe dich gefragt, ob du Hilfe möchtest, und du hast ja gesagt …«

Schon während mir diese Worte entgleiten, ahne ich, dass das Problem nicht auf dieser Ebene liegt. Nicht auf der Diskussionsebene. Ergo kann es auch dort nicht gelöst werden. Weitere Worte fallen, sie verschwinden in einem Nebel. Ich will, dass sie aufhört. Sie sagt was, ich sage was – bestimmt eine Minute lang. Eine Minute, in der ich nicht klar denken kann. In der ich schon weiß, dass ich das, was geschieht, gar nicht will, und dennoch geschieht es. Ich verstumme. Zum Glück ist mir das eingefallen. Kein weiteres Wort soll von meinen Lippen kommen. Kein weiteres Wort, das diesen Diskurs schürt, der sinnlos scheint, sich um nichts dreht oder jedenfalls nicht um das, worum es im Kern wirklich geht. Ich bleibe sitzen, spüre nur, atme. Ich höre weitere Worte, die ich nicht verstehe. Ich höre auf, mich zu verwickeln. Das fühlt sich erst mal richtig an. In meiner Erstarrung spüre ich: Ich verstehe hier gerade gar nichts. Keine Ahnung, wer hier recht hat, keine Ahnung, worum es eigentlich genau geht. Das ist, was gerade ist. Plötzlich Stille. Meine Freundin ist verstummt, kein Gast mehr im Wohnzimmer. Wir sind allein. Ich schaue sie an. Ihre Augen werden glasig, füllen sich, Tränen kullern heraus.

»Scheiße«, sagt sie.

Und nach einer Weile: »Entschuldige.«

Ich nehme sie in den Arm, sie schluchzt.

Mein Gefühl kehrt zurück, meine Gedanken auch. Natürlich könnte es sein, dass ich irgendetwas Ungünstiges gemacht habe, was mir selbst nicht aufgefallen ist. Ich liege nicht immer richtig. Ich bin kein Engel, und ich bekomme nicht alles mit. Ich bin auch unaufmerksam, manchmal tollpatschig, schätze Situationen falsch ein oder liege mit meinem Humor nicht auf der gerade herrschenden Wellenlänge.

Und doch hatte ich die ganze Zeit über das Gefühl, dass ihre Verzweiflung nichts mit mir zu tun hatte. Weder mit meiner Hilfe noch mit dem Öffner. Dennoch habe ich mich geärgert. Hatte ich Forderungen an sie? Ja, ich wollte von ihr, dass sie ihren Frust nicht an mir auslässt. Sie sollte ihre Geburtstagsfeier nicht sprengen. Und schon gar nicht über meine Bande. Geärgert habe ich mich, weil all das passiert ist, obwohl ich es nicht wollte. Wenn ich diese Dinge von ihr möchte, befinde ich mich nicht in meiner Angelegenheit.

Es liegt nicht in meiner Hand, was sie tut. Und ich will nicht derjenige sein, der ihr sagt, was sie tun soll. Derjenige, der sich im Recht fühlt. Viel wichtiger für mich ist die Umkehrung:

> »Wahr ist: Ich will nicht in eine aufgeladene Diskussion einsteigen. Ich will meinen Frust nicht an ihr auslassen. Ich will keine Forderungen an sie haben.«

Warum bin ich dennoch auf einen Wortwechsel eingestiegen? Warum habe ich Ärger gespürt? Meine Freundin ist jedenfalls nicht der Grund dafür. Ich habe meine Grenze nicht gespürt, bis zu welchem Punkt ich die Unterhaltung vertragen konnte. Diese Grenze habe ich selbst überschritten, und das war es, was mir wehgetan hat. Dass ich mich über meine Freundin ärgere, während sie verzweifelt ist. Ich gebe meine Macht ab, indem ich will, dass sie aufhört. Wenn ich etwas von ihr fordere, was sie gerade nicht kann, fühlt sich das in meinem Herzen lieblos an. Abgesehen davon, dass es auch ein Gefühl von Ohnmacht auslöst, da es unmöglich ist, etwas zu bekommen, was gerade nicht geht.

Seit diesem Ereignis mache ich bei aufsteigendem Ärger immer sofort die Umkehrung. Erst atme ich, wenn ich das Gefühl bemerke, reagiere nicht sofort, und dann frage ich mich, wie ich für mich sorgen kann. Was ich jetzt brauche. Ich mag einfach nicht mehr auf jemand anderen zeigen und sagen: Der soll irgendetwas tun, in irgendeiner Weise sein, nett sein, freundlich, warmherzig, zuvorkommend und so weiter. Die allermeisten Menschen sind manchmal so, wie ich es gern hätte – und manchmal eben nicht. Natürlich kann ich erwarten, dass andere freundlich zu mir sein sollen, aber dann werde ich mit ständiger Enttäuschung leben müssen. Auf diese Weise organisiere ich mir bis ans Ende meines Lebens Probleme. So bin ich stets verwickelt.

Die Umkehrung zu mir selbst ist ein geniales Mittel für weniger Ärger. Der andere muss gar nichts. Ich kann ehrlich hinspüren, wie ich mich mit ihm fühle. Und dann kann ich entscheiden, ob oder wie lang ich ein Gespräch führe, ob ich gehen oder bleiben möchte, ob ich ehrlich bin oder lieber lügen möchte. Wenn ich mich nicht verwickle, kann ich besser spüren, was ich gerade brauche. Ob ich überhaupt Kontakt zu diesem oder zu irgendeinem Menschen möchte. Könnte es nicht sein, dass ich unter den Bedingungen, die auf der Straße herrschen, einfach nicht gern Auto fahre? Vielleicht können alle anderen so bleiben, wie sie sind. Nur *ich* brauche eine Pause? Luft? Besseres Essen? Ruhe? Einkehr? Bewegung? Ein gutes Buch? Ein Etwas, das ich mir selbst geben kann? Oder etwas, worum ich bitten kann. In der Umkehrung zu mir selbst ermächtige ich mich voll und ganz. Ich bin der Schöpfer meiner Gefühle, ich kann für mich sorgen.

Manche Menschen, die ich in ihrem Lernprozess mit The Work begleite, sagen, wenn sie die Work eine Weile anwenden: »Ach, am Ende kommt immer heraus, dass ich alles selbst tun muss, mir alles selbst geben. Das ist irgendwie auch öde.«

Meine Antwort ist: »Ihr müsst gar nichts. Ich muss gar nichts. Niemand muss irgendwas.«

Aber wir *können*. Das ist die gute Nachricht. Es ist möglich, das ist ein gangbarer Weg. Ich kann mir selbst etwas geben, wenn niemand anders bereit ist, das zu tun. In meinem Leben habe ich so oft gesagt, gedacht oder gewünscht, andere sollten anders sein. Fast immer war das eine Forderung. Es war immer Schmerz. Immer Ärger. Immer Verwicklung. Denn: Es ist unmöglich. Niemand kann anders sein, als er jeweils gerade ist.

Mit diesem Wollen gebe ich meine Lebensenergie an andere ab. Der Glaubenssatz, der bei mir dahintersteckte, hieß: »Solange die noch nicht so sind, wie ich es brauche, so lange kann ich noch nicht glücklich sein.« Das tut weh und hält mich in selbstgewählter Abhängigkeit fest. Ein einfacher Weg aus diesem Schmerz ist die Umkehrung zu mir. Ich bin zu einhundert Prozent für mich, meine Gefühle und mein Glück zuständig. Sobald Ärger aufsteigt, hilft es, bewusst zu atmen und die einfache Frage zu stellen: Was brauche ich jetzt gerade? Etwas, was ich auch selbst tun oder lassen kann. Etwas, was ich mir geben kann.

Manchmal brauche ich aber auch noch nicht mal die Umkehrung. Ich brauche dann einfach gar nichts. Weder von mir noch von anderen. Ich kann mich und die Welt einfach mal in Ruhe lassen. In Frieden sein mit dem, was ist.

Und wenn es mir dennoch passieren sollte, dass ich denke, Menschen sollten anders sein, als sie sind, dann kann ich zum Glück ein Blatt Papier hervornehmen. Oder die Memofunktion meines Smartphones. Dort schreibe ich mir alle Glaubenssätze über den Betreffenden auf. Denn dort gehören sie für mich hin, diese Gedanken: »Er/sie sollte … Ich will, dass er/sie … Ich brauche vom ihm/ihr … Er/sie ist …«

Wenn ich meinen ganzen Frust herausgelassen habe, lese ich alle Glaubenssätze noch einmal; und den, bei dem ich am meisten Stress empfinde, der am meisten Ladung hat, der am heftigsten an mir klebt – den suche ich mir aus und hinterfrage ihn mit den vier Fragen der Work. In Ruhe. Ich stelle mir eine Frage, atme und warte die Antwort ab. Erst wenn ich die Antwort spüre, stelle ich die nächste Frage und warte wieder auf die Antwort. Am Ende drehe ich den stressigen Gedanken in sein Gegenteil und finde Beispiele für diese Umkehrung. Ja, und meist erinnere ich mich dann wieder an die Lebensweise, die mir guttut. Ich komme zurück in mein Element, bin wieder ganz bei mir. Egal, was die anderen tun.

Andere können mit ihrem Verhalten etwas in mir auslösen. Ihr Handeln ist aber nicht die Ursache für meine Gefühle. Die liegt immer bei mir. Ich ärgere mich definitiv nicht, weil jemand anders irgendetwas getan hat, sondern weil *ich* meine Grenze so spät gespürt habe. *Ich* habe es so weit kommen lassen, *ich* habe mir etwas länger angehört, als ich wollte, *ich* habe etwas gestattet, was mir eigentlich nicht recht ist, *ich* habe mich zu etwas bewegen lassen, wonach mir gar nicht war – und so weiter. Meine einzige Aufgabe gegen Ärger (und vieles andere) lautet: achtsam mit mir selbst zu sein.

Gut im Kontakt mit mir, meinen Gefühlen und Bedürfnissen sein. So kann ich rechtzeitig das Gespräch beenden, nein sagen, wenn ich »Nein« meine, mich nicht überreden lassen, keine Dinge tun, die ich nicht tun will. Auf diese Weise muss ich mich weder über mich noch über andere ärgern. Die Welt ist unvollkommen und vollkommen zugleich. Jeder macht Dinge auf seine Weise. So, wie es jetzt gerade richtig ist für ihn oder sie. Jeder gibt sein Bestes.

Solange Sie an dem Gedanken festhalten, dass andere Sie ärgern und wütend machen können, so lange machen Sie sich zum Opfer und müssen immer wieder in die Ärgerfalle tappen, die Sie selbst aufgestellt haben.

Die Umkehrung zu mir ermächtigt mich, ich zeige nicht auf andere und gebe ihnen nicht die Schuld. Sie zeigt mir, welchen Anteil *ich* an der Sache habe.

Ein Beispiel: Vor einer Weile habe ich lange darauf hingearbeitet, die Leselizenz für einen bestimmten Autor zu bekommen. Ein halbes Jahr habe ich mit dem Verlag und der Agentur verhandelt, neue Angebote gemacht, sie in Ruhe gelassen, wieder angerufen und in Kauf genommen, dass sie genervt sind.

Am Ende kam die Absage. Sie können mir die Lizenz nicht geben. Ohne Begründung. Früher hätte ich nun gedacht (mit Ärger):

> »Ich bin sauer, weil der Verlag sich keine Mühe gibt. Ich bin enttäuscht, weil die Agentur das Potenzial nicht erkennt.«

Heute denke ich (ohne Ärger):

> »Ich finde es schade, dass ich jetzt nicht aus den Büchern dieses Autors lesen werde. Und ich bin nicht bereit, noch weiter zu baggern. Wenn es mir wichtig wäre, könnte ich den Autor aufsuchen. Das wäre sicher lustig. Ob er persönlich mir die Lizenz erteilen würde, wenn ich ihn direkt frage?«

Und wenn ich wirklich alles versucht hätte und immer noch nicht aus seinen Büchern lesen dürfte, dann würde meine Umkehrung zu mir lauten:

> »Ich bin ärgerlich, weil ich nicht akzeptieren kann, dass es keinen Weg gibt, oder ich gerade keinen sehe.«

Der Fakt ist der gleiche. Ich werde nicht aus den Büchern des gewünschten Autors lesen. In der ärgerlichen Variante bin ich das Opfer. In der Umkehrung nicht. Das fühlt sich kraftvoller an. Und nicht zu vergessen, ich ärgere mich nicht – oder auf jeden Fall viel weniger. Auch greife ich niemanden an, denn damit holt man sich meist nur neue Probleme ins Haus.

Ein weiteres Beispiel: Die Mutter einer Schulfreundin meiner Tochter war eines Tages ärgerlich, man könnte sogar sagen: Sie war aufgebracht. Und hat diesen Ärger bei mir abgeladen. Ständig wolle die Schule Geld von ihr haben. Für Ausflüge,

Schulmaterialien, Bastelzeug, Extras, für dies und für das. Das könnten sie nicht verlangen, das wäre unverschämt und so weiter. Ich fragte sie, ob sie denn nicht gewusst hätte, dass diese Kosten auf sie zukämen. Sie sagte, doch das hätte sie gewusst, und trotzdem würde das nerven. Ich fragte, wie es in ihrem Geschäft gehe, und sie wurde still. »Nicht gut«, war ihre Antwort.

Von der ärgerlichen Variante »Ich bin sauer, weil die Schule so viel Geld verlangt« kam sie zu der Umkehrung: »Ich bin sauer, weil ich mein Geschäft nicht ins Laufen kriege.« Das ändert an dem Fakt, dass sie klamm ist, erst einmal nichts. Aber es führt sie an die Wurzel des eigentlichen Problems. Dorthin, wo sie wirklich etwas tun kann und möchte. Ihr Kind sollte auf dieser Schule bleiben, daran gab es keinen Zweifel, und dass man dort pro Jahr eine bestimmte Summe Geld von ihr haben wollte, war ihr bekannt. Sie sagte, würde ihr Geschäft mehr abwerfen, würde sie sich über die Schulzahlungen nicht ärgern.

Und ein letztes Beispiel: Bis vor vier Jahren habe ich eine schöne Wohnung in Berlin-Kreuzkölln bewohnt. Im zweiten Stockwerk. Eines Tages zog über mir ein neuer Mieter ein, und ab da war es aus mit meiner Ruhe. Ich konnte nicht mehr so schlafen, wie ich wollte, wurde, wann immer es für ihn passend war, von seinen Geräuschen aufgeschreckt. In Gesprächen war er nicht für meine Wünsche zugänglich. Eine Weile dachte ich (mit Ärger):

> »Ich bin genervt, weil er machen darf, was er will. Ich bin sauer, weil er mein Leben bestimmt.«

Einige Works habe ich zu diesem Thema gemacht, die mich auch nicht dahin geführt haben, den Lärm von oben besser ertragen zu können oder den Menschen über mir in freundlicherem Licht zu sehen.

In der Umkehrung zu mir konnte ich meinen Anteil erkennen (ohne Ärger):

> »Ich weiß, dass ich lärmempfindlich bin. Dennoch bin ich in eine Wohnung im zweiten Stockwerk gezogen. Dort wird immer irgendjemand über mir wohnen; und ob das laut ist oder nicht, ist immer Glückssache.«

Als ich das erkannt hatte, fand ich eine schöne Wohnung in der Nähe der alten. Für denselben Preis, sogar noch größer und natürlich ganz oben! Ich konnte den Mieter nicht dazu bewegen, leiser zu sein, aber ich kann für mich eine Wohnung organisieren, in der niemand über mir wohnt.

Wenn Sie möchten, probieren Sie das einmal aus. Von »Ich bin sauer / unzufrieden / unglücklich, weil XY …« zu »Ich bin sauer, unzufrieden, unglücklich, weil *ich* …«.

Diese Umkehrung zu mir selbst führt mich in meine Kraft zurück, zeigt mir, was es für mich aus dem Vorfall zu lernen gibt und was ich in Zukunft besser machen kann. Diese Umkehrung ist nicht etwa dafür da, mir selbst eine eventuelle Schuld in die Schuhe zu schieben. Sie ist ein gutes Mittel, um mich handlungsfähig zu machen, mich in meiner Angelegenheit zu halten und um mich nicht zu ärgern.

Heute bin ich in Berlin in der Bergmannstraße unterwegs. Ich habe dort einen Friseurtermin, und später halte ich um die Ecke einen Vortrag. In der Bergmannstraße gibt es gefühlt einhundert Restaurants, fünfzig Boutiquen, zehn Schuhläden, zwanzig Geschäfte mit Krimskrams und exakt drei Läden, die Postkarten verkaufen. Dort will ich vorbeigehen und meine kleine Postkartenkollektion anbieten. Ich betrete den ersten Laden, zupfe mein Zellophantütchen mit den Postkarten heraus, spüre mein Herz klopfen und trete an die Kasse. Ich spreche mit dem Verkäufer. Er ist zufällig auch der Besitzer des Ladens. Ab der Sekunde, in der ihm klar wird, dass ich nichts kaufen, sondern etwas verkaufen möchte, trübt sich sein Blick, und seine Stimme bekommt einen milchigen Schleier. Er schaut sich meine Karten nicht an, sagt, sein Lager sei voll, er könne nicht: Überangebot – und überhaupt. Dann wendet er sich dem nächsten Menschen zu, der an die Kasse tritt und ein wahrhaftiger Käufer ist. Ich sage danke schön und gehe.

Früher hätte ich mich wahrscheinlich geärgert. Hätte den Laden mit Gedanken verlassen wie:

>>Er hat meine Karten noch nicht mal gesehen.<<
>>Er kann wenigstens freundlich sein.<<
>>Ich will, dass meine Karten Erfolg haben.<<
>>Wenn keiner meine Karten will, dann hab ich auf diesem Gebiet versagt.<<

Heute verlasse ich den Laden und habe meinen Teil getan. Keine Spur von Ärger. *Ich* habe die Karten gezeichnet, beschriftet und drucken lassen. *Ich* liebe meine Karten. *Ich* gehe in die Welt und biete meine Karten an. Alles andere ist nicht meine Angelegenheit. Ich habe keine Forderungen an die Postkartenwelt. Eher spüre ich ein Vertrauen, dass sich alles von allein regelt, wenn ich meinen Teil erst einmal getan habe. Warum sollte ich mich ärgern? Wenn niemand meine Postkarten mag, ist es sinnlos, sich zu ärgern. Dann ist es eine Tatsache, dass sie nicht gefallen, und auch ärgern verändert absolut gar nichts daran. In diesem Fall kann ich mir überlegen, ob ich Lust habe, nur so für mich allein und zu meiner eigenen Freude zu zeichnen. Oder am Stil etwas zu verändern. Und wenn nicht, kann

ich es sein lassen. Dann wird an diese Stelle etwas anderes treten. Dieses Vertrauen lässt mich ganz ruhig die Dinge erwarten, die da kommen mögen. Was immer es sein wird – ärgern
muss ich mich nicht.

Das Ja im Nein –
aufrichtig kommunizieren

Ach, wie einfach wäre die Welt, wenn jeder ehrlich sagen könnte, was anliegt, wie es so geht, was nervt, was er möchte und was nicht. Wenn Menschen durch Worte anderer nicht beleidigt wären oder sich verletzt und zurückgewiesen fühlten. Dann wäre es leicht, ehrlich zu sein. Und ist ehrlich zu sein, wenn es von Herzen erwünscht ist, nicht wunderbar?

Oder ziehen Sie es vor, sich zu verstellen, sich in Gesprächen ob der Wortwahl die Zunge zu verknoten, Ihre Mimik zu überwachen und ja nicht zu vergessen, am Ende des Gesprächs noch etwas abschließend Positives, Relativierendes, Aufbauendes zu sagen? Wir besuchen Rhetorikkurse, lesen Kommunikationsbücher, winden uns den ganzen Tag über in diesen Vorgaben und Regeln und sind überrascht, wenn wir abends wie erschlagen sind.

Wie viel Zeit und Kraft geht dabei drauf, die Suppen auszulöffeln, die ich mir einbrocke, wenn ich mal wieder zu irgendetwas ja gesagt habe, obwohl ich das gar nicht wollte?

Häufig frage ich auch gar nicht erst nach dem, was ich gern hätte, in dem Glauben, es sowieso nicht zu bekommen. Aus der Vermutung, dem anderen damit vielleicht lästig zu sein. Und was erst, wenn er nein sagt? O Gott! Was könnte der andere von mir denken? Was würde dieses Nein bedeuten? Es könnte bedeuten, dass ich bedürftig bin, nicht allein klarkomme, ich absurde Wünsche habe, nicht geliebt werde, mich der Welt nicht zumuten kann – und dergleichen stressige Glaubenssätze mehr.

Oft habe ich die Erfahrung gemacht: Ein ehrliches Nein zu einer anderen Person kann ein Ja zu mir selbst sein. Und letztlich ist es auch ein Ja zum anderen.

Unter der Überschrift »Aufrichtig kommunizieren« möchte ich in diesem Monat nein sagen, wenn ich ein Nein fühle, und nach dem fragen, was ich möchte (ohne Geschichten darüber, dass es den anderen verletzen könnte).

Mir kommt eine Mail in den Sinn, die noch unbeantwortet in meinem Postfach liegt. Denn immer wenn ich sie beantworten wollte, hatte ich nicht die passenden Worte gefunden, hatte das Gefühl, dafür brauche ich mehr Ruhe und Zeit, und hab die Antwort immer wieder aufgeschoben. Die Mail kommt von meinem Freund Lukas, und darin lädt er mich und seine Freunde ein, ihm beim Umzug behilflich zu sein. Ich habe Lukas schon zweimal beim Umzug geholfen, in seiner jeweils neuen Wohnung Wände verspachtelt, gestrichen und hinterher sauber gemacht. Irgendwie will ich diesmal nicht. Wie kann ich das beibringen? Mein Rücken wäre ein Argument, aber letztlich nur vorgeschoben, ich könnte ja auch was Leichtes tragen. Wahlweise könnte ich das Umzugsauto fahren oder für Verpflegung sorgen. Ich merke, ich habe einfach keine Lust.

Für mich ist die Zeit vorbei, da man Freunden beim Umzug hilft. Als Student – okay. Man muss Kosten sparen, und es kann unterhaltsam sein, dieses Erlebnis zu teilen. Zwei-, dreimal, vielleicht auch fünfmal. Aber nun verdient Lukas gutes Geld und könnte sich ein Umzugsunternehmen leisten, das ihm sein Gerümpel runter- und wieder raufbuckelt. Dafür muss man seine Freunde in unserem Alter nicht mehr benutzen. Bin ich vielleicht sogar ein wenig bockig? Hm, ja, könnte sein. Ich will nicht, nö, echt nicht, und habe keine Ahnung, wie ich es ihm beibringen soll. Ich nehme mir einen Moment

Zeit, meine dazugehörigen stressigen Glaubenssätze zu finden, und frage mich: Was befürchte ich denn? Wie würde der Satz »Wenn ich ehrlich bin ...« weitergehen? Das Erste, was mir in den Kopf springt, ist:

> »... dann halten meine Freunde mich für einen Spießer.«

Oje! Das klingt wirklich schrecklich. Ein Spießer wollte ich noch nie sein. Das sollen andere auf keinen Fall über mich denken. Weitere Glaubenssätze hängen hintendran. Meine Freunde könnten denken: Sie scheut sich vor schwereren Aufgaben, ist jetzt arriviert, etwas Besseres, abgehoben, hat den Bezug zu ihren Wurzeln verloren, will nur noch angenehme Dinge tun, will bedient und gepudert werden – und so weiter, und so fort. Befürchte ich noch etwas?

> »Wenn ich aufrichtig bin und nein sage, dann bin ich kein guter Freund.«

So, so. Dieser Glaubenssatz überrascht mich jetzt. Denn natürlich gehört Ehrlichkeit für mich zu einer guten Freundschaft. Was glaube ich denn da? Wie sieht ein guter Freund aus?

> »Ein guter Freund sollte da sein, wenn man ihn braucht, immer ein offenes Ohr und Verständnis haben.«

Ah, das klingt nach einem anstrengenden Konzept über Freundschaft. Wahrscheinlich wünscht sich jeder solche Freunde. Aber sind diese Wünsche nicht realitätsfern? Wie hoch ist die Chance, dass ich mit diesen Wünschen enttäuscht werde? Und wie ich diese Sätze noch mal lese, bemerke ich, dass ich das von den anderen gar nicht erwarte. Die Gedanken, die mich wirklich stressen, haben mit *mir* zu tun. Denn um ein guter Freund zu sein,

- muss *ich* immer da sein, wenn man mich braucht,
- muss *ich* immer ein offenes Ohr haben,
- muss *ich* mich regelmäßig melden.

Schöne stressige Gedanken und eine gute Gelegenheit, um mir mal wieder eine Work zu gönnen. Ich lese all meine Glaubenssätze zu dem Thema noch einmal und spüre dabei, welcher in mir am meisten Widerstand oder Stress auslöst. Ich entscheide mich für:

»Wenn ich nein sage, dann bin ich kein guter Freund.«

Der tut mir weh. Ich nehme mir eine halbe Stunde Zeit, einen Zettel und einen Stift und setze mich auf mein Sofa. Ich atme ein paarmal tief durch und überprüfe, ob ich auf irgendeine bestimmte Lösung hinauswill. Habe ich eine Vorstellung, wohin diese Work mich führen soll?

Um die Work zu machen, braucht es einen freien Geist. Einen, der bereit ist, unvoreingenommen Antworten zu finden. Auch welche, die er vorher noch nicht kannte und die nicht in bestehende Konzepte passen. Das mache ich mir noch einmal klar, dann fange ich an:

»Wenn ich nein sage, bin ich kein guter Freund.«
Ist das wahr?

Ich stelle mir selbst diese Frage, und dann warte ich, welche Antwort sich zeigen will. Ich muss mir keine Mühe geben oder mich dafür anstrengen. Ich lehne mich entspannt zurück und warte auf Bilder und Ideen, die auftauchen. Auf ein Ja oder ein Nein. Ich stelle mir vor, wie ich Lukas ehrlich sage, dass ich keine Lust habe, ihm beim Umzug zu helfen. Bedeutet das, dass ich kein guter Freund bin? Ich erinnere mich an eine Situation, in der ich ehrlich zu ihm war, er das in Ordnung fand, und meine Antwort lautet: »Nein. Das ist nicht wahr.«

Wie reagiere ich, was passiert, wenn ich glaube:
»Wenn ich nein sage, bin ich kein guter Freund«?

Zum Beispiel immer dann, wenn ich am Computer sitze, seine Mail sehe und die Antwort vertage: Dann hab ich einen Druck im Bauch. Nicht schön. Und das Gefühl, mich lang und breit und mit vielen Worten erklären zu müssen. Auch nicht schön. Eher kompliziert und anstrengend.

Und ich sehe Lukas vor mir, wie er den Kopf schüttelt und all die schlimmen Sachen über mich denkt: Spießer! Prinzessin! Sie ist nicht da, wenn ich sie brauche!

Das tut weh. Wie behandle ich ihn in Gedanken, wenn ich glaube, dass er so auf ein Nein reagieren wird? Jedenfalls nicht wie einen Freund. Ich traue ihm nicht zu, dass er mich versteht. Ja, ich halte es für möglich, dass unsere Freundschaft an einem dünnen Fädchen hängt. Ach nein, gar nicht schön.

Und wie gehe ich mit mir selbst um, falls ich glaube, dass ich kein guter Freund bin, wenn ich nein sage? Wenn ich es für möglich halte, dass es besser wäre, ich würde ein bisschen lügen. »Na jaaa!«, schreie ich da innerlich auf. »Lügen!« Auch das müsste ich mir dann wieder zurechtbasteln. Lügen klingt furchtbar. Ich könnte mich mit mir auf das verträglichere »Schummeln« einigen und wüsste: Das wäre geschummelt. Nein, ich gehe gar nicht gut mit mir um. Mit meinem Bedürfnis nach Ehrlichkeit zum Beispiel. Und allein, dass diese Mail und ihre Antwort schon ein, zwei Wochen in meinem Kopf herumschwirren, Platz wegnehmen und ich mich innerlich verrenke, ist nicht angenehm.

In wessen Angelegenheit befinde ich mich denn, wenn ich denke, dass ich kein guter Freund bin, wenn ich nein sage? Ha! Ob er mich dann noch als einen Freund empfindet, ist seine Angelegenheit, nicht meine. Das kann ich sowieso nie beeinflussen. Ich könnte mich auch, wenn es denn möglich wäre, obersuperkorrekt verhalten, und er könnte dennoch der Meinung sein, dass ich ihm kein guter Freund bin. Mit jedwedem Verhalten hätte er diese Möglichkeit. Ob ich mich als guten Freund sehe, ist jedoch meine Angelegenheit.

Gut. Ich atme einmal tief durch, bevor ich zur nächsten Frage übergehe. Die vierte Frage der Work braucht etwas Vorstellungskraft und dafür Raum.

Wer wäre ich ohne den Gedanken?

Ich stelle mir vor, wie ich an meinem Laptop sitze und zum zehnten Mal seine Mail lese. Ohne meinen stressigen Gedanken würde ich sehen, dass da »Einladung« steht und eine Bitte, dass die Mail freundlich geschrieben ist. Ich könnte unverändert meine Unlust wahrnehmen, dieser Einladung zu folgen, und ihm das eben zurückschreiben. Dann wird er darauf irgendwie reagieren, ich bin weiterhin sein Freund oder eben nicht. Ich würde mir nicht meinen Kopf zerbrechen – das wäre herrlich. Ich würde einfach leben. Alles wäre im Fluss. Wie wäre mein ganzes Leben, wenn der Gedanke »Wenn ich nein sage, bin ich kein guter Freund« nicht mehr auftauchte? Oder er dürfte auftauchen, ich würde ihn aber nicht glauben?

Oh, das wäre schön. Dann dürfte ich immer nein sagen, wenn ich ein Nein fühle. Und zwar ohne langes Herumzuckeln. Das wäre direkt, klar, unverstellt, ehrlich. Das fühlt sich gut an. Die Umkehrung ins einfache Gegenteil lautet:

»Wenn ich nein sage, bin ich ein guter Freund.«

Könnte das auch wahr sein? – Ja klar. Das spüre ich sofort. Habe ich dafür auch ein Beispiel? Ich bin jemandem ein guter Freund, weil ich meine ehrlichen Gefühle nicht verheimliche, ihn teilhaben lasse, mich zumute und davon ausgehe, dass ich so etwas äußern kann, ohne dass die Freundschaft daran zerbricht. Dass es gerade mit wirklich guten Freunden möglich ist, ehrlich nein zu sagen.

Kann ich auch ein ganz konkretes Beispiel finden? Ich lehne mich zurück und lasse die Gedanken durch mein bisher gelebtes Leben fliegen. Mir fällt ein, dass ich schon dreimal mit meiner besten Freundin verreisen wollte. Mal allein, mal mit unseren Kindern, und immer fand sie die Idee erst schön und hat nach etwas Nachdenken doch wieder nein gesagt. Und jedes Mal war ich kurz traurig und dann doch froh, weil sie mir ehrlich gesagt hat, dass sie nicht fahren will und warum nicht. Wie dumm wäre es gewesen, wenn wir gemeinsam verreist wären, obwohl sie es nicht wirklich gewollt hätte. Nur weil sie einmal ja gesagt hatte. Nicht auszudenken, welche Schwierigkeiten durch so etwas entstehen können. Zum Glück hat sie nein gesagt, und sie ist immer noch meine beste Freundin.

Sogar dafür, dass jemand sich für ein Nein bedankt hat, kann ich ein Beispiel finden. Vor einer Weile trug ein Bekannter ein Buchprojekt an mich heran, wollte eine Meinung von mir und dieses Buch vielleicht sogar mit mir gemeinsam schreiben. Ich habe mir seine Idee angehört, sein Exposé gründlich gelesen, mir darüber Gedanken gemacht, sie mit ihm besprochen, wieder nachgedacht und dann gesagt, dass ich nicht dabei bin. Ich hatte die Geschichte nicht für tragfähig gehalten, und auch sonst passte das Projekt nicht zu mir. Er war zerknirscht und hat allein angefangen. Nach zwei Monaten rief er an und bat mich, meine Kritik noch einmal zu wiederholen. Sein Projekt laufe zäh und er käme nicht voran. Ich habe gesagt, woran ich mich noch erinnern konnte, und einen weiteren Monat später hat er mich zum Essen eingeladen und danke gesagt. Nicht nur für die kritischen Worte, die ihn in seinem Projekt weitergebracht hätten, sondern auch dafür, dass ich mich getraut hätte, sie zu äußern, und dass ich standhaft geblieben sei dabei, nicht mitzumachen. Er wisse jetzt, dass er alles an mich herantragen könne, und ich würde für mich selbst sorgen. Das gebe ihm ein Gefühl von Leichtigkeit im Umgang mit mir. Eine andere Umkehrung lautet:

»Wenn ich nicht nein sage, bin ich kein guter Freund.«

Ist das nicht auch wahr? O ja. Vor allem bin ich mir dann selbst kein guter Freund. Wie fühlt es sich denn an, Lukas nicht ehrlich zu sagen, dass ich keine Lust auf seinen Umzug habe? Jedes Mal gedanklich herumzueiern und mögliche Ausflüchte zu suchen? Auf diese Weise stehe ich nicht zu mir, meinen Impulsen und Gefühlen.

Würde ich jetzt weder ja noch nein sagen, wären dieser Umzug und Lukas und mein Drumherumreden weiter in meinem Kopf, würde mich beschäftigen, und Lukas wüsste nicht, ob er auf mich zählen kann.

Würde ich jetzt ja sagen, obwohl ich ein Nein fühle, hätte ich entweder schlechte Laune am Tag des Umzugs, denn ich will ja nicht da sein – oder ich muss mir Mühe geben, meine Unlust zu überspielen. In jedem Fall mache ich Lukas etwas vor. Und bin ich mit diesem Versteckspiel ein guter Freund? Ich glaube, nicht.

Durch diese Work konnte ich klar sehen, dass es niemandem nützt, wenn ich nicht ehrlich bin. Damit würde ich mir selbst wehtun und dem anderen auch. Also greife ich zum Hörer und wähle die Nummer von Lukas. Direkt. Ohne große Vorbereitung, ohne mir einen Text zurechtzulegen. Er nimmt ab.

»Hey! Na?«, lautet seine Begrüßung, aus der ich nun wirklich gar nichts entnehmen kann.

»Hey!«, sage ich zurück und: »Hast du mal fünf Minuten?«

»Klar«, sagt er. »Geht's um den Umzug?«

»Genau.«

»Na, dann schieß mal los!«

»Ja, also, weißt du, ich hab noch nicht auf deine Mail geantwortet, weil ich nicht so richtig wusste, wie ich's dir sagen soll. Ich habe nämlich keine Lust mehr auf Umzüge. Wir sind alle fast fünfzig, du verdienst gut, und in mir gibt's 'n kleinen Bock, der nicht will.«

So. Das Wichtigste war gesagt. Ich lasse eine Pause.

»Ja«, sagt er. »Weißt du, was lustig ist?«

»Nö.«

»Keiner will.«

»Wie jetzt?«

»Ich habe zehn Freunde angeschrieben«, sagt Lukas, »fünf haben mir gleich einen Vogel gezeigt, und die anderen fünf haben sich vor der Antwort gedrückt. So wie du.« Lukas lacht.

»Ach«, seufze ich erleichtert. »Und nun?«

»Wirst du schon sehen«, sagt Lukas.

»In Ordnung«, sage ich, und wir wechseln das Thema.

War er sauer? Böse? Nicht mehr mein Freund? War ich ihm kein Freund? Nein! Zwei Tage später kommt eine Mail von Lukas, wieder an seine zehn Freunde adressiert, mit dem Betreff: »Korrektur«. In dieser Mail lädt er alle ein, am Abend nach seinem Umzug ein Glas mit ihm in der neuen Hütte zu trinken, und merkt an, dass er sich über Anregungen, wie die Wohnung gestaltet werden kann, freuen würde. Denn dafür hatte er vorher keine Zeit. Ich muss grinsen und bin froh, ihn zum Freund zu haben. Wieder einmal fühlt sich die Freundschaft mit Lukas wie eine echte, solide Freundschaft an.

Gestern Abend hat mein Freund Ulrich mich bei einem Glas Wein gefragt, was ich gerade schreibe. Ich hab's ihm erzählt, und er meinte, dass nein zu sagen ja auch nicht gerade seine Stärke wäre. Dass er insgesamt dazu neigen würde, sich zu viel gefallen zu lassen, und oft nicht sagt, wenn ihm was nicht gefällt. Erst wenn es ihm so richtig stinkt. Und wenn er sich dann äußert, wird daraus gleich eine dicke Stinkbombe.

Ich kenne das von ihm, allerdings ist es bei der Arbeit und mit seinen männlichen Freunden wohl stärker ausgeprägt. Die Stinkbomben landen niemals bei mir. Ich habe ihn eingeladen, sich dem Experiment für den Rest des Monats anzuschließen, und er hat eingewilligt. Nun bin ich ganz kribbelig, noch jemanden mit im Boot zu haben, und gespannt, welche Erfahrungen er damit macht.

Ein paar Tage später hat meine Mutter Geburtstag und lädt in ein schönes Café, das etwas ganz Besonderes ist. Kaffeespezialitäten aus aller Welt stehen auf der Karte. Ich bestelle einen Kaffee, schön heiß. Mein Mann sagt immer, ich werde mir die Speiseröhre ruinieren, wenn das nicht gar schon geschehen ist. Der Kaffee kommt und ist nicht heiß. Ich warte einen günstigen Moment ab, an dem ich mich vom Tisch entfernen kann. Mit meinen Sonderwünschen möchte ich die Feier meiner Mutter nicht stören. Ich schlendere zur Bedienung, heute in persona die Kaffeehausbesitzerin, und bitte sie um einen neuen, heißen Kaffee. Sie sieht mich erstaunt an.

»Der Kaffee war so heiß, wie er gehört.«

»Hm, ja«, sage ich, »ich hätte ihn gern heißer. Geht das? Ich mag den Kaffee wirklich heiß.«

Sie zieht die Augenbrauen hoch und erklärt mir, dass sie hier ein Kaffeespezialitätencafé seien, ergo mit Kaffee bestens Bescheid wüssten, und dass es nicht gut für das Aroma sei, wenn der Kaffee zu heiß wäre.

Nun könnte ich angesichts der Geburtstagsfeier meiner Mama und der enormen Kenntnisse der Kaffeehausbesitzerin klein beigeben und den Kaffee so trinken, wie er gebracht wird. Allerdings … Ich befinde mich im Monat, in dem ich üben möchte, nein zu sagen und mich aufrichtig zu äußern. Ganz aufrichtig: Ich möchte keinen lauwarmen Kaffee.

Ich versuche es mit einer Prise Humor: »Wäre es Ihnen möglich, ausnahmsweise eine Ausnahme zu machen?«, frage ich und füge an: »Ich mag den Kaffee gern heiß.«

Die Besitzerin des Spezialitätencafés tippt etwas in die Kasse, schaut auf Zettel, dreht sich zu mir um und sagt: »Nein! Wir verkaufen hier guten Kaffee!« Dann rauscht sie an mir vorbei.

Ich bin beeindruckt. Sie hat nein gesagt. Obwohl ich der Kunde bin, wir hier eine Geburtstagsfeier haben und es sicher ein Leichtes wäre, einen heißeren Kaffee zu brühen. Ein klares Nein. Ein Nein, das mein Nein zu dem lauwarmen Kaffee in den Schatten stellt. Sicher, wir sind hier nicht auf einem Nein-sag-Wettbewerb, dennoch kann ich mir vielleicht in der Klarheit noch etwas von ihr abkucken.

Ich begebe mich zurück an den Geburtstagstisch und bin gespannt, wie die Sache sich entwickeln wird. Wir reden, Mama packt Geschenke aus, die Besitzerin des Spezialitätenkaffeehauses bringt den Kuchen und fragt, ob wir noch etwas möchten. Beim Blick über den Tisch bleibt sie an meiner Tasse hängen. Randvoll steht sie noch da, quasi unberührt. Sie seufzt.

»Und was möchten Sie nun?«

Ich schwanke zwischen den Antworten »Am liebsten einen heißen Kaffee« und »Was hätten Sie denn so an Heißgetränken?«. Beides fänd ich zwar witzig, gleichzeitig aber auch eine Spur unfreundlich. Zugegeben, ihre Priorität lag auch nicht gerade auf dem Freundlichsein, aber meine liegt da durchaus.

Wenn ich damit immer jemanden vor den Kopf stoße, werde ich das Neinsagen nicht etablieren können.

Ich als aufmerksamer Glaubenssatzhörer höre da aus meinem eben Gedachten einen Glaubenssatz heraus:

»Wenn ich nein sage, muss ich das freundlich sagen.«

Oder noch schwieriger:

»Ich muss Kritisches auf eine Weise anbringen, dass der andere es gut annehmen kann.«

Diese Glaubenssätze haben schon so einiges an Aufrichtigkeit verhindert und mich manches Nein verschlucken lassen.

»Was können Sie mir denn anbieten?«, frage ich und merke, dass ich ausweiche. Ihr Blick gleitet zur Menükarte hinunter, die auf dem Tisch liegt. Als wollte sie andeuten, dass dort alle Getränke, die sie anbieten, aufgeschrieben stünden und sie mir die jetzt nicht alle vorlesen könnte.

Dann schaut sie zu mir und fragt: »Möchten Sie einen Tee?«

Ha! Jetzt kommt's. Ich öffne meine Lippen, atme und sage freundlich: »Nein.«

»Ein Kaltgetränk?«

»Nein.«

»Tja«, sagt sie, »was denn dann?«

Mittlerweile sind die Gespräche am Tisch verstummt, und die Kaffeehausbesitzerin und ich haben die ganze Aufmerksamkeit der Geburtstagsgäste. Gut, denke ich, dann traue ich mich mal. Auch war es mir in den letzten Minuten immer unverständlicher erschienen, wieso es so abnorm sein sollte, den Kaffee heiß zu bekommen.

»Heiß und süß muss er sein«, hatte meine Oma immer gesagt und dabei auf eine Weise gelächelt, die unterstrich, dass es sich hier um eine doppeldeutige Botschaft handelte. Und »kalter Kaffee« ist ein eingebürgerter Begriff für etwas, was keinen hinterm Ofen hervorlockt.

Nein, ich wollte nichts Abgedrehtes. In Zeiten, in denen man an jeder Ecke Kaffee mit fettarmer oder laktosefreier Milch bekommen konnte, mit Karamell, geeist, geflippt, flavored, macchiato oder mit Sahne – da wollte ich lediglich einen Kaffee. Einziges Extra: schön heiß.

Ich gebe mir einen Ruck: »Am liebsten hätte ich einen heißen Kaffee.«

Das ist ehrlich und aufrichtig. Denn tatsächlich hätte ich jetzt am allerliebsten einen heißen Kaffee. Ich bin glücklich. Das fühlt sich total stimmig an, nicht rumzueiern, auszuweichen oder übermäßig auf Stimmigkeit zu achten. Egal, ob ich meinen Kaffee jetzt bekomme, ich habe mich klar geäußert. Die Kaffeehausbesitzerin dreht sich um und geht, ohne ein Wort. Es bleibt spannend. Ich habe auch keinen Groll, sie darf ihr Kaffeehaus natürlich und selbstverständlich so führen, wie sie möchte. Ich hätte nur gern einen heißen Kaffee.

Bei der nächsten Runde schaut sie durch mich hindurch. Aha, ich bin nicht mehr da, in Ordnung, Kunde aussortiert. Ich bedeute meiner Schwester mit den Augen, ob sie Lust hat, mal eben vor die Tür zu gehen. Sie will. Wir entschuldigen uns für zehn Minuten, und ich hole mir drei Häuser weiter einen heißen Kaffee. Super. Einmal mehr kann ich spüren, wie sehr ich richtig heißen Kaffee liebe. Und aufrichtig sein ist wunderbar, wenn ich es nicht zu unfreundlich tue.

Ich finde, ich war in einem Maße unfreundlich, wie Kunden unfreundlich sein dürfen, wenn sie nicht bekommen, was sie sich wünschen. Oder was meinen Sie?

In den folgenden Tagen fällt mir immer wieder auf, dass ich auch in Alltäglichkeiten selten nein sage. Ich will unkompliziert sein und es auch anderen nicht unnötig schwer machen. Ich kaufe das Parfum mit der beschädigten Verpackung, denn die schmeiße ich ja nachher sowieso weg. Ich winke ab, wenn der Hund meiner Buchhändlerin mir die Hose vollsabbert. Ich verzichte in Verhandlungen auf eine scharfe Preisdiskussion. Bin ich so nett? Oder was habe ich davon?

Ach! Da, wo es mir nicht wehtut, ist es einfach so schön, nett zu sein. Nett zu sein macht Spaß. Freundlichkeit in die Welt zu tragen ist herrlich, wenn sie echt ist. Es erspart jede Menge Kampf und Diskussionen, es verhärtet Situationen nicht, sondern gibt ihnen Weite. Sie bringt Freude in die Herzen. Allerdings nur, wenn sie wirklich aufrichtig so gemeint ist.

Ein paar Tage später erwache ich am Morgen und fühle mich schlapp. Irgendwie aufgedunsen, als hätte ich einen »Schlabberigkeitstrunk« zu mir genommen. Ich stelle mich vor den Spiegel. Zu sehen ist nichts. Ist nur ein Gefühl. Okay, wer weiß, also mache ich heute mal halblang.

Meistens ist halblang ja gar nicht halb so lang. Ich mache einfach alles ganz in Ruhe und schaffe doch fast alles. Sicher ist so ein Tag gut geeignet, um zu ein paar Dingen nein zu sagen. Ich surfe durch den Tag und sage nein zu diversen Anrufern, die ich auf dem Display erkenne. Fühlt sich gut an. Ausnahmsweise sage ich mal nein, als der DHL-Bote mich an der Gegensprechanlage fragt, ob ich runterkommen kann. Ich sage nein zur dritten Tasse Kaffee, denn ich sage ja zu einem Mittagsschläfchen. Abends sage ich nein zu einer aufwendig gekochten Mahlzeit und lege mich ins Bett, als mein Töchterlein auch im Bett liegt.

Mein Mann sagt: »Aha«, als er mich im Schlafanzug vorbeigehen sieht. Als er sich zehn Minuten später an mich kuschelt, merke ich an der Art, wie er sich ankuschelt, dass er mein frühes Ins-Bett-Gehen anders interpretiert hat. Er schnurrt und gurrt und drückt seinen Alabasterkörper an meinen. Ich liebe das. Heute lasse ich mir das einfach gefallen und tue nichts, was das Feuer schüren könnte. Er schlingt seine Hand um meine Taille, dann um meinen Bauch. Ach, das ist heute nicht so angenehm. Das drückt. Ich nehme seine Hand weg, er legt sie woandershin. Er möchte Sex, das ist klar. Und was will ich?

Wenn ich das wüsste. Im einen Moment will ich, im anderen wieder nicht. Ich könnte ihm auch zuflüstern, dass mir heute eine sanfte Variante recht wäre. Dann wieder hab ich das Gefühl, einfach schlafen zu wollen. Ja. Nein. Vielleicht. Na gut. Mal sehen. Ach nein, doch nicht. Oder?

Ich bemerke meine Gedanken, die meinen, dass ich mich, wenn ich mich auf der Kippe befinde, auch für das einfachere Ja entscheiden kann. Interessant. »Das einfachere Ja.« Wieso ist das Ja einfacher? Scheinbar gibt es in mir die Vorstellung, dass unser Leben sanfter weitergleitet, sich entspannter gestaltet, wenn wir »es« machen. Auch wenn mir mal nicht so waaahnsinnig danach ist. Ach ja? *Ist das wahr?* Da fällt mir ein, dass ich in meinem Nein-sagen-Monat bin. Kann ich die Weiche nicht einmal anders stellen?

Er dreht mich auf den Rücken und beugt sich über mich. Guter Moment, um zu sagen: »Ich mag heute nicht.«

»Hm?«

»Ich mag heute nicht.«

Vielleicht hatte er mich in seiner Erregung nicht verstanden, vielleicht ist er aber auch nur erstaunt, denn ich mag sonst immer. Meistens.

»Du magst heute nicht?«, fragt er erstaunt und rückt ein Stückchen ab. »Nanu.« Er schüttelt sein Kissen auf, klopft es links und rechts und mittig und dann wieder flach. Dann legt er sich neben mich. Zeit genug, um die Nachricht zu verdauen. »Warum denn nicht?«

Ich nehme seine Hand und lege sie auf meinen Bauch. Kurz

erzähle ich ihm, wie ich mich heute gefühlt habe und immer noch fühle, und er nimmt mich in den Arm.

»Du bist doch nicht aufgedunsen«, sagt er. »Und kein bisschen schlabberig.«

»Wohl«, sage ich, um die Sache aufzulockern.

»Quatsch«, sagt er, lüftet die Bettdecke und sieht nach. Ernsthaft. Gewissenhaft. Ohne Scheu. Fährt meinen Körper mit den Händen ab, verweilt, spürt, lässt los, geht weiter.

Das ist neu. Und schön. Als könnte er mich behüten.

Als wir am Morgen erwachen, erinnere ich mich nicht, wie wir eingeschlafen sind. Über den Tag trage ich ein warmes weiches Gefühl in mir und die Bilder vom Abend im Bett. Als es wieder Abend ist und das Töchterlein schläft, gehe ich im Schlafanzug durch die Küche und halte den Blick geradeaus, an meinem Mann vorbei. Er schaut mir hinterher und sagt: »Aha.« Kurz darauf liegen wir im Bett und haben Sex. Auch das fühlt sich wieder neu an. Kurz bevor der Schlaf mich zu sich zieht, denke ich noch, wie gut es tut, mal nein zu sagen und Gewohnheiten zu durchbrechen.

Ulrich kommt zum Tee und berichtet. Als er das Experiment begann, war er zerrissen. Einerseits traf diese Aufgabe genau seinen Punkt. Er war sich bewusst, dass er sich oft darum drückte, das auszusprechen, was er wirklich dachte, meinte und wollte. Er hatte sich angewöhnt, Unangenehmes herunterzuschlucken und in der Folge diffus auf die anderen oder sich selbst ärgerlich zu sein. Das war ihm unangenehm.

Auch war er immer der Meinung gewesen, auf so einen Moment des Aufrichtigseins gut vorbereitet sein zu müssen. Das ließ die Sache anstrengend aussehen. Schon im Vorfeld kam ihm sein Aufrichtigsein vor wie eine Kritik am anderen. Er fiel ins Grübeln, legte sich Sätze zurecht, die sich dann, wenn er sie aussprach, hohl anfühlten. In solchen Momenten war ihm, als wäre er getrennt von anderen, von sich selbst und vom echten pulsierenden Leben abgeschnitten. Die Vorstellung, an diesen Stellen freier sein zu können, eine nützlichere Gewohnheit etablieren zu können, stimmte ihn froh.

Andererseits sagte er, dass es wohl nicht sinnvoll sei, *immer* aufrichtig zu sein. Ulrich ist Arzt und meinte, er könne sich beim besten Willen nicht vorstellen, einem Patienten, der gerade zu ihm in den OP geschoben wird und der ihn fragt, wie es ihm gehe, zu antworten: »Danke der Nachfrage, ich bin hundemüde, abgeschlagen, habe Ärger mit einem Kollegen, das schlechte Wetter steckt mir in den Knochen, und ich könnte mir echt was Besseres vorstellen, als Sie zu operieren.«

Ich war froh, dass er das ansprach. Natürlich geht es mir nicht darum, dogmatisch immer und überall aufrichtig zu sein. In seinem Beispiel ist es nützlich, nicht absolut aufrichtig zu sein. Ich kann aufrichtig unaufrichtig sein, wenn von ultimativer Aufrichtigkeit kein Nutzen zu erwarten ist.

Folgendes hat er bis jetzt beobachtet: Meist geht ein innerer Dialog voraus, in dem er abwägt, ob es jetzt wirklich unabdinglich wichtig sei, sich aufrichtig zu äußern. Er würfelt einiges hin und her, und es braucht Mut, um dann mit dem herauszurücken, was ihm auf der Seele liegt. Immer wenn es dann heraus ist, fühlt es sich erst mal gut an. Erwachsen, irgendwie rund und richtig. In neunzig Prozent der Fälle wurde er verstanden, und er war froh darüber, sich aufrichtig geäußert zu haben.

Seine Freundin fand es gewöhnungsbedürftig, dass er plötzlich begann, seinem Ärger Luft zu machen, und hatte Sorge, er würde nun beständig seine schlechte Laune in die Beziehung hineintragen. Er weihte sie in sein Projekt ein, sie verstand, worum es ihm ging, und hatte daraufhin kein Problem mehr mit seinen Unmutsäußerungen über langsame Computer, den Abwasch oder die Telekom. Wenn ihm etwas besonders schwer gefallen war, konnte er sich im Nachhinein nicht mehr gut erinnern, was sein Gegenüber zu seiner Aufrichtigkeit gesagt hatte. Er stand noch so unter Strom, noch ganz unter dem Einfluss dieser neuen Erfahrung, dass er ein paar Stunden später sagen musste: »Du, entschuldige, kannst du mir noch mal sagen, was du mir vorhin geantwortet hast?«

Menschen bitten um alle möglichen Dinge. Manchmal so offensichtlich wie Lukas, der um Hilfe beim Umzug bittet, oder meine Tochter, wenn sie mit mir spielen will, eine Freundin sich ein Buch von mir borgen möchte oder ich einen Freund frage, ob er mir schwere Pakete nach oben trägt.

Manchmal sind die Bitten diffuser, schwerer zu erkennen. Als Bitte um Verständnis, Aufmerksamkeit, Zuwendung, Zustimmung oder Liebe. Lauter kleine Alltagsfragen, die sich in die Zwischenräume der Verrichtungen schieben, die wir alle zu tun haben. Auch wenn ich eine Kleinigkeit anders haben möchte, ist das ein Nein. In diesem Monat wollte ich mich auch mit diesen Feinheiten auseinandersetzen. Ich war bei Freunden zum Essen eingeladen, und es gab Chili con Carne. Wusste ich nicht. Mag ich nicht. Als der Topf auf den Tisch kam, war das Nein in mir bereits vorhanden. Muss ich mir etwas reinquälen, wenn es mir nicht schmeckt? Nein! Als ich zur Schule ging, wurde das noch gefordert. Aber heute? Fünfunddreißig Jahre später? Und unter Freunden? Gekostet habe ich natürlich. Das Nein war immer noch da. Im Sinne meiner Aufgabe habe ich mich nicht vor einer klaren Ansage gedrückt. Ich habe nicht gewartet, bis jemandem aufgefallen ist, dass ich immer nur ganz wenig auf meinem Löffel habe und mit spitzen Zähnen esse. Ich habe nicht demonstrativ unauffällig in die Runde gekuckt oder mit wehleidiger Miene an einem Stück trockenen Brotes gekaut. Auch habe ich keine unklare Unter-

haltung über allgemeine mittel- bis norddeutsche Essens-
gewohnheiten begonnen – und natürlich kann man das so
machen. Nein, ich habe mich aufrichtig geäußert. Ich bin aufgestanden, zu meinen Freunden gegangen und habe ihnen ins
Ohr geflüstert, dass es mir leidtue, ich aber Chili con Carne
nicht möge. Und ob es eine Alternative gäbe. Natürlich gab es
eine. Und siehe da: Es gab noch jemanden am Tisch, der Chili
con Carne nicht mochte und froh war, dass ich mich getraut
hatte, Farbe zu bekennen.

Bei einem Spaziergang mit meinem Mann wollte ich gern
einen anderen Weg einschlagen als er. Hab ich gesagt. Er hatte
die besseren Argumente, in Ordnung. Aber ich hab's gesagt, es
war raus, ich musste es nicht mehr in mir herumwürfeln, und
ich habe ihn in das eingeweiht, was in mir vorging. Sie sind der
Meinung, das sind Kleinigkeiten? Ja, das sind Kleinigkeiten.
Minikleine Kleinigkeiten, die sich häufen können, stapeln, zu
einem Berg anwachsen und furchtbar drücken können, wenn
ich mich nicht traue, mich anderen damit zuzumuten.

In einem Laden hat mich die Musik, die gerade lief, echt ge-
nervt. Hab ich gesagt. Ich hatte ein Nein zur Musik. Ich war die
Einzige im Geschäft, und man wollte die Musik nicht ändern.
Da hatte ich ein Nein zu dem Laden, ganz friedlich. Und tschüs.

Eine Frau rief mich an, hatte Fragen zur Work und begann,
mir ihre Lebensgeschichte zu erzählen. Natürlich sind Lebens-
geschichten interessant, und ich höre sie gern. Aber ich möchte
auch Zeit haben, um zu arbeiten. Ich fragte sie, ob sie eine Einzelsitzung möchte. Sie fuhr fort zu erzählen. Ich fragte, ob sie
sich für ein Seminar interessiert, sie erzählte. Ich erkundigte
mich, wie ich ihr denn helfen könnte, und bekam keine Antwort. Nach zehn Minuten eröffnete ich ihr, dass ich mich nun
wieder meiner Arbeit widmen wolle. »Interessiert Sie das
nicht?«, fragte sie erstaunt. Ich entschied mich für ein klares

Nein. Ich hätte viel erklären, ihr das Für und Wider abwägen können. Ich wollte mich aber nicht verstricken, und ich hatte Lust, dieses klare Nein einmal auszuprobieren. Ohne eine gehäkelte Borte drumrum. Ich sagte: »Nein«, und dann war erst einmal Ruhe am anderen Ende. Gefühlte zehn Sekunden. Dann bot ich ihr noch mal an, was ich anzubieten habe, und fragte, ob sie eine konkrete Frage dazu hätte. Sie sagte, sie würde es sich überlegen, und legte auf. So war die Sache klar und fühlte sich gut an.

Natürlich könnte ich es immer für die anderen vereinfachen, ja sagen, mitmachen, durchwinken, drübergehen, gut finden, Mund halten. Aber wozu? Was hab ich davon? Was die anderen?

Maßstab kann immer mein Gefühl sein. Ist es einfach und fällt es mir leicht, das Parfum mit der beschädigten Packung zu kaufen? Ja? Dann tue ich es. Juchhu, ich kann so unkompliziert sein! Will ich eine unversehrte Packung? Will ich sie verschenken oder hinstellen? Oder vielleicht will ich die Verpackung ohne Grund? Einfach so. Oder gern auch aus Prinzip. In Ordnung. Dann: Juchhu, ich darf kompliziert sein! Oder einfach nein sagen. Ich darf umständlich, unbequem und sogar widersprüchlich sein! Und wenn das für mein Gegenüber schwierig ist, dass ich nein sage, ist das erst mal seine Angelegenheit. Was nicht heißt, dass das Gespräch damit zu Ende ist. Aber es kann nicht in meiner Verantwortung liegen, es allen recht zu machen. Das ist doch kein Leben!

Am Ende des Monats treffe ich Ulrich auf ein Resümee. Er war überrascht, wie oft er nicht wirklich aufrichtig war. Denn auch mit der Häufigkeit der Unaufrichtigkeit war er sich selbst gegenüber nicht aufrichtig gewesen. Verstecken, Rauswinden und Durchhalten waren so zur Gewohnheit geworden, dass es ihm gar nicht mehr aufgefallen war.

Nach dem Experiment unterschied er folgendermaßen: Bei Menschen, die er liebte oder die ihm viel bedeuteten, war ihm Aufrichtigkeit wichtig. Um Nähe zu empfinden und zu ermöglichen, ist Aufrichtigkeit unerlässlich. Das ist ihm klar geworden. Liebe und Aufrichtigkeit sind ein Paar.

Mit allen anderen Menschen zieht er es vor, weiterhin auszuweichen. Er möchte sich mit diesem Personenkreis nicht anlegen und Zeit vergeuden, indem er dort die Konfrontation und Auseinandersetzung sucht. Bei diesen Menschen möchte er Schwierigkeiten lieber vermeiden. Obwohl er sich bewusst für die Unaufrichtigkeit entscheidet, ist sie ihm nicht angenehm. Er sagt: »Die Unaufrichtigkeit ist ein schweres Gepäck. Wie zwei Koffer, die ich immer mit herumtragen muss. In dem einen steckt kompliziertes Denken, in dem anderen das Sich-verstecken-Müssen.«

An dieser Stelle fiel mir meine Work vom Anfang des Monats ein. Auch für Ulrich gilt also, dass Aufrichtigkeit oder Neinsagen einen guten Freund auszeichnen. Und es sich für ihn auch nur bei guten Freunden lohnt, aufrichtig zu sein und mal nein zu sagen. Da habe ich ein weiteres Beispiel dafür, dass meine Umkehrung »Wenn ich nein sage, bin ich ein guter Freund« auch stimmt.

Ulrich berichtet weiter. Auch sich selbst gegenüber war er oftmals nicht aufrichtig gewesen. Er hatte sich nie richtig eingestehen können, dass er schüchterner war, als er es gern hätte. Er war nicht der starke Mann, der er gern gewesen wäre. Immer wenn er jetzt aufrichtig mit sich selbst war, fühlte sein Leben sich richtiger an. Es spülte ihn nicht mehr an Ufer, an denen er gar nicht sein wollte.

Während des Experiments war er einmal mit seinem Freund Stefan aneinandergeraten, der ihn gern abfällig behandelt. Bei einem gemeinsamen Einkauf hatte Stefan ihm einen Vortrag darüber gehalten, dass er zu schwach sei, zu blass, langweilig und unattraktiv. Früher hatte Ulrich über solche Worte hinweggehört, sich aufgerichtet und einen überlegenen Gesichtsausdruck aufgesetzt. Diesmal überdeckte er den Schmerz nicht auf diese Weise. Er blieb bei sich und traute sich, seinem Freund zurückzumelden, dass ihn diese Äußerungen verletzten. Ulrich hat ein bisschen geschwitzt vorher, aber als die Worte heraus waren, hat er sofort Erleichterung verspürt. Er hat sich nicht versteckt, musste die Kraft nicht aufbringen, die es sonst immer kostete, dem anderen und sich selbst etwas vorzuspielen. Überrascht war er, dass ihm die Reaktion seines Freundes tatsächlich gar nicht so wichtig war. In dem Moment, da er zum anderen und gleichzeitig zu sich selbst aufrichtig ist, ist seine Welt schon in Ordnung. Ja, sagte Ulrich, Stefan hätte sich im Supermarkt noch ein bisschen aufgeregt, hätte ihm klarmachen wollen, wie sehr er im Recht sei – Ulrich ist bei sich geblieben, bei seinem Nein zu Stefans kränkenden Worten, und so war's für ihn richtig. Er sagte, hinterher fühlte es sich an, als stimme alles in seinem Körper – und seine Seele hätte schöne Kleidungsstücke an.

»Und?«, frage ich. »Wie ist die Sache denn ausgegangen?«

Ulrich grinst. Stefan hätte zwei Tage gebraucht, um seine neue, aufrichtige Art zu verarbeiten. Dann hätten sie lange miteinander telefoniert und das schönste Gespräch seit langem gehabt. Aufrichtig, ehrlich, verbunden.

»Super Übung«, sagte Ulrich zum Schluss. »Alle Daumen hoch.«

Am Abend stehe ich mit meinem Mann in der Küche. Wir kochen uns was Leckeres und haben eine Flasche Prosecco geköpft. Ich nehme einen Schluck. Er ist verantwortlich für den Salat, ich für die Pilz-Sahne-Soße, die es zu den Nudeln geben soll. Das Olivenöl in der Pfanne ist schon heiß.

»Sag mal, hast du Lust, nachher die Lampe zu reparieren?«, frage ich und werfe die ersten Pilzstreifen ins Öl. Es zischt. »Welche Lampe?«, fragt er zurück.

»Die Lampe im Flur, die seit zwei Wochen darauf wartet, repariert zu werden.« Zisch. Ich blinzle zu ihm rüber. Er steckt sich ein Stück Paprika in den Mund, kaut und sagt: »Nö.«

Ich schneide die nächsten Pilze in Streifen. Hab ich richtig gehört? Hat er nein gesagt? Ich rühre die Pilze einmal um und schlendere zu ihm hinüber. »Was, du willst nicht?«, frage ich in Anlehnung an den Film mit Barbra Streisand und Ryan O'Neal, bei dem wir vor ein paar Tagen eingeschlafen sind.

»Nö«, sagt er, grinst und schiebt ein weiteres Stück Paprika in seinen Schlund.

»Aha!«, sage ich und »So, so …«, gehe zu meinen Pilzen zurück und öffne die Sahne. »Nö« ist eine klare Ansage. Nun kann ich die Lampe reparieren oder warten, bis er Lust darauf hat. Als ich die Sahne über die Pilze gieße, zischt es richtig. Mein Mann nimmt mich von hinten in seine Arme, wartet, bis das Zischen sich gelegt hat, und flüstert mir in Anlehnung an den US-Schinken, bei dem wir vor ein paar Tagen eingeschlafen sind, ins Ohr: »Weißt du, Schätzchen, es ist mir nicht entgangen, was du hier treibst. Du bist ein widerborstiges kleines Scheusal geworden, das andauernd nein sagt. Und weißt du, was …?« Er dreht mich zu sich um und sagt, nun wieder mit seiner eigenen Stimme: »… das find ich cool. Das erlaubt mir, auch öfter mal nein zu sagen.«

In Anlehnung an den US-Schinken, bei dem wir vor ein paar Tagen eingeschlafen sind, wirft er mich schwungvoll über seinen Arm, küsst mich wie in einem guten US-Schinken, und damit ist das Thema besprochen und erledigt.

Und wissen Sie was? In solchen Momenten erscheint es mir nicht übertrieben zu behaupten, das Leben wäre fett und prall und wunderschön!

Das Geschenk der Kritik

Womit können andere Menschen Sie verletzen? Was könnte jemand zu Ihnen sagen, das Sie sehr treffen würde?

Ich habe mich lange Zeit davor gefürchtet, dass jemand von mir denkt – oder es gar ausspricht –, ich sei gemein, fies, hartherzig und nur auf mein eigenes Wohl bedacht. Auch hatte ich keinen Spaß daran, zu hören, ich sei unsensibel, schwerfällig im Denken oder lieblos. Wenn solche Worte an mich gerichtet wurden, hatte ich Schweißausbrüche, mein Herz raste, und ich war bereit, alles dafür zu tun, um den anderen vom Gegenteil zu überzeugen.

Was hätte ich denn gern gehört?

Ach, wie gern wollte ich doch hören, ich hätte ein weites Herz, sei feinfühlig, intelligent oder weise und liebevoll.

Was davon ist denn nun wahr? Könnte es sein, dass beides stimmt? Alles?

Als Schauspielerin glaube ich, dass in jedem Menschen alle Facetten stecken, die das Menschsein hergibt. Natürlich in unterschiedlichen Gewichtungen, aber doch vorhanden. Ich könnte nicht glaubhaft eine Figur verkörpern, wenn ich nicht ihre Haupteigenschaften auch in mir selbst finden könnte. Zum Beispiel habe ich in einem Berliner »Tatort« eine rumänische Prostituierte gespielt. Nun habe ich mich noch nie prostituiert, noch niemals für Sex Geld bekommen, verlangt oder gewollt. Kann ich die Rolle deswegen nicht spielen? Oder muss ich diese Erfahrung erst machen, bevor ich glaubhaft in die Figur schlüpfen kann? Ich glaube, es genügt, die grundsätzlichen Emotionen zu kennen, die Motive dieses Menschen. Es reichte mir, mich an ähnliche Situationen zu erinnern. Zum Beispiel daran, dass ich vor vielen Jahren dreimal mit einem Filmproduzenten essen war, den ich widerlich fand. Ich habe mir das angetan, weil ich eine bestimmte Rolle von ihm haben wollte. Und er war der, der sie vergeben konnte. Ich habe seine schlechten Witze ertragen, seine abfälligen Äußerungen, sogar den Mund zu einem Lächeln verzogen und es geschafft, ihm das Gefühl zu geben, ich möge ihn. Ich habe das nicht für Geld getan, aber für eine Rolle. Es war nicht sexuell und doch prostituiert.

Ich kann auch von mir sagen: Ich bin ein ehrlicher Mensch. Aber um ehrlich zu sein: Ich lüge auch manchmal. Ich kenne beides. Könnte es sein, dass ich liebevoll bin und auch gemein? Dass ich hartherzig sein kann und auch ein weites Herz besitze? Kann ich nicht mal schwerfällig im Denken sein und dann wieder intelligent?

Wie geht es mir, wenn ich all das Unerwünschte ausklammern will? Wenn ich Eigenschaften, die ich habe, als unerwünscht abstemple? Wenn ich nur die schönen, guten, angenehmen, vorbildlichen Seiten an mir mag und auch nur die nach außen zeigen will? Alles andere verstecke ich …?

Bin ich dann noch komplett? Ein vollständiger Mensch? Und wie viel Kraft und Energie kostet mich mein Versteckspiel?

Ich habe irgendwann angefangen, auch das willkommen zu heißen, was ich an mir ablehne. Es ist da, es ist Realität, das bin auch ich. Ich kann unendlich viele Beispiele dafür finden, wo mein Herz weit offenstand, und bestimmt genauso viele dafür, dass es verschlossen war. Und auch dafür, dass ich gemein war, gibt es Beispiele und dafür, dass mein Denken schwerfällig lief. Ich war schon blitzgescheit und auch schon überheblich. Es gab Momente, da war ich nur auf mein eigenes Wohl bedacht, und solche, in denen ich mich für andere bemühte.

Wie wäre es, wenn ich mich vor Kritik nicht mehr fürchten müsste? Nicht vor meiner eigenen und nicht vor der von anderen Menschen? Wäre das nicht herrlich?

Welche Glaubenssätze haben mich früher davon abgehalten, Kritik offen entgegenzunehmen?

»Wenn andere mich kritisieren, heißt das:
Sie mögen mich nicht.
Ich bin nicht richtig.
Ich bin nicht gut genug.
Ich muss mich verändern.
An mir ist etwas falsch.
Ich habe irgendetwas noch nicht ganz verstanden.
Ich bin nicht gut für die Welt.«

Ich glaubte, meine Welt wäre erst in Ordnung, wenn mich niemand mehr kritisierte. Durch meine vielen Jahre, die ich nun schon mit der Work arbeite, habe ich einerseits verstanden, dass Kritik von anderen Menschen in erster Linie ihre Gedanken sind. Kritik entspringt aus ihren Konzepten über die Welt und *muss* nicht unbedingt etwas mit mir zu tun haben. Wir alle tragen Meinungen mit uns herum, und Meinungen können sich ändern. Manchmal von einer Sekunde zur nächsten.

Andererseits *kann* Kritik etwas mit mir zu tun haben. Sie kann sogar nützlich sein. Sie kann mir etwas über mich sagen oder über meine Wirkung auf andere. Über die Jahre habe ich mir eine Art Prüfstation eingerichtet. Wenn ich es rechtzeitig bemerke, dass Kritik im Anmarsch ist, lasse ich die Worte des anderen erst einmal nur bis zu dieser Prüfstation vordringen. In meiner Vorstellung sieht diese Prüfstation aus wie eine Plattform, die sich circa einen halben Meter vor meinem Brustkorb befindet und auf der die Gedanken des anderen landen können. Sie treffen mich nicht gleich ins Herz, sie wühlen nicht gleich meinen Magen auf. Ich muss mich nicht angegriffen fühlen. Sie nehmen in sicherem Abstand zu mir Platz, ich kann sie in Ruhe hören und mir die erste Frage der Work stellen:

Ist das wahr?

Ich frage mich: »Hat das, was der andere sagt, einen Wahrheitsgehalt für mich? Könnte er recht haben?«

Ich höre zu, und wenn der andere sagt, ich sei lieblos und egoistisch, frage ich mich, inwiefern das stimmen könnte. War ich lieblos? War ich egoistisch? Hand aufs Herz! Die ehrliche Beantwortung dieser Frage kann meiner Selbsterkenntnis dienen und mir den Besuch vieler Selbsterfahrungsseminare ersparen.

Was früher am schmerzlichsten war, war meine Gewohnheit, bei Kritik zu diskutieren und den Kritiker von seiner negativen Meinung abbringen zu wollen. Erst wenn der andere wieder eine gute Meinung von mir hatte, konnte ich fröhlich weiterleben.

Seit der Einrichtung der Prüfstation gelingt es mir häufig, zuzuhören und die Gedanken des anderen in zwei Häufchen zu sortieren. Die guten ins Töpfchen, die schlechten ins Kröpfchen. Die im Töpfchen sind die interessanten. Mit diesen Worten und Gedanken kann ich etwas anfangen, aus ihnen etwas lernen. Das andere Häufchen besteht aus dem, was bei der Frage »Ist das wahr?« von mir mit Nein beantwortet wurde. Absurdes, was sich mir nicht erschließt, Gedanken, die ich nicht finden und fühlen kann. Wenn ich mich ehrlich und mit offenem Herzen gefragt habe, ob ich lieblos war, und ich war nicht lieblos, dann hat diese Kritik hier und jetzt gerade nichts mit mir zu tun. Dann kann ich das verwerfen oder ein anderes Beispiel finden, wo ich mal lieblos war. Nur damit ich nicht auf den Gedanken komme, ich hätte diese Eigenschaft nicht.

Besonders gut funktioniert die Prüfstation bei angekündigter oder bei sich langsam anpirschender Kritik. Also in Fällen, bei denen ich Zeit habe, die Prüfstation einzurichten. Wenn ich von Kritik überrascht werde, kann es vorkommen, dass ich in alte Muster zurückfalle. Dass die Worte des anderen sich ungebremst als Pfeile in mein Herz bohren oder ich Magendrücken bekomme. Auf diese Weise verwundet, kann es passieren, dass ich Widerstand aufbaue, nicht hören möchte, was der andere sagt, abwehre oder zurückkritisiere.

Und eben weil es mich manchmal unvorbereitet trifft, ist es gut, diesen Umgang mit Kritik immer wieder zu üben.

Einen Monat lang soll Kritik ein Geschenk sein. Ein Geschenk, das ich annehmen oder verwerfen kann. Ich möchte mich nicht davor fürchten, dass jemand mit Kritik um die Ecke kommen könnte. Denn dann kann ich frei und leicht drauflosleben. Ich muss nicht vorsichtig sein, mich nicht zurücknehmen, nicht so viel aufpassen. Ich kann dann so leben, wie ich es für richtig halte, bis jemanden etwas an mir stört.

Dies ist eine weitere Gewohnheit, von der es sich lohnt, sie zu etablieren: Kritik als ein Geschenk anzunehmen.

Drei Tage sind vergangen. Ich war aufmerksam und habe geradezu nach Kritik gelechzt. Aber niemand hatte auch nur den leisesten Hauch an mir auszusetzen. Alles lief wie geschmiert, superglatt, wunderbar. Wie komme ich denn jetzt zu meiner Übung? Muss ich mich mal danebenbenehmen?

Oder gibt es Dinge, die ich mir nicht erlaube, die ich mir verkneife, weil ich nicht kritisiert werden möchte? Aus dem Bauch heraus, spontan, würde ich sagen: So etwas gibt es.

Was könnte das sein?

Am nächsten Tag laufe ich gerade zum Copyshop. Ich fühle mich ganz normal. Weder habe ich hochjubelnde Glücksgefühle noch irgendeinen Anflug von Traurigkeit oder Kummer. Ich betrete den Kopierladen, in dem ich seit vielen Jahren kopiere, und grüße: »Hi, Tommi«, sage ich und »Hallo, Kai.« Sie grüßen mich zurück, und Tommi fragt: »Alles okay?« Diese Frage könnte glatt unter Smalltalk fallen, wenn er dazu nicht so ein sorgenvolles Gesicht machte.

Ich sage: »Ja. Wieso?«

Und er erwidert freundlich: »Du siehst aus, als wäre was.«

»Ach ja?«, frage ich und staune. Dann fällt mir meine Übung ein. Das war ja jetzt keine Kritik von Tommi, kann man so nicht sagen, aber ich frage mich trotzdem: Könnte das wahr sein? Hab ich was? Ich halte kurz inne und finde nichts. Nö, ich hab nichts.

»Wie sehe ich denn aus?«, frage ich zurück.

Er überlegt. »Ich glaube, du lächelst sonst immer. Kann das sein?«

Jetzt überlege ich. Lächle ich sonst »immer«?

Er kopiert mir, was ich kopiert haben möchte, und mir fallen ein paar Begebenheiten ein, als mir gesagt wurde, ich solle nicht so unfreundlich dreinschauen.

Lächle ich deswegen »immer«? Möchte ich für einen freundlichen Menschen gehalten werden? Habe ich ergo Furcht davor, als unfreundlich zu gelten? Ja, das könnte sein. Damit hätte ich meine erste Aufgabe. Ich trage mal einen Monat lang kein freundliches, sondern einfach das Gesicht, das ich halt gerade trage. Ich werde ein bisschen aufmerksam sein, wann und wo ich »immer« lächle, und dann schauen, ob ich das nur mache, damit andere mich nicht für unfreundlich halten.

Je mehr ich dem nachgehe, umso klarer fällt mir auf, dass ich meist nichts mit Sprüchen anfangen kann, die mit Lachen und Lächeln zu tun haben. Zum Beispiel in den buddhistischen Weisheitskalendern, die überall herumstehen. »Lächle, und der Tag ist dein« – oder so ähnlich. Wenn ich das lese, hab ich erst mal keine überwältigende Lust, meinen Mund zu einem Lächeln zu verziehen. Ich fühle mich immer so richtig wohl, wenn ich sein darf, wie ich jeweils gerade bin; und wenn ich jetzt nicht lächeln will, kann es mir dennoch gutgehen. Das könnte sich ändern, wenn ich diesem Spruch Glauben schenke und mir ein Lächeln aufs Gesicht zwinge.

Ich komme vom Copyshop zurück, gehe die Straße entlang auf dem Weg nach Hause und lasse mein Gesicht zur Probe im »Normalmodus«. Weder lasse ich es mit Nachdruck hängen, noch gebe ich mir Mühe, Fröhlichkeit auszustrahlen. Ich schenke meinem Gesichtsausdruck keine Beachtung, meiner möglichen Wirkung nach außen keine Aufmerksamkeit.

An der Ampel legt mir jemand die Hand auf die Schulter, ich drehe mich um. Da steht meine Nachbarin vor mir. »He, alles okay?«, fragt sie.

»Ja klar«, sage ich, bis mir einfällt, dass ich möglicherweise anders aussah als sonst. »Wieso?«, frage ich hinterher.

»Na, Mensch«, sagt sie, »dann guck doch nicht so mürrisch!«

»Aha!«, denke ich. Das hat ja gleich geklappt. Und kann ich das als Kritik gelten lassen?

Die Gedanken der Nachbarin landen auf meiner Prüfstation. Ich soll nicht so kucken, wie ich kucke. Vor allem dann nicht, wenn's mir doch gut geht!

Ist das wahr?

Nein, kann ich nicht finden. Jeder darf so in die Weltgeschichte kucken, wie er will, auch ich. Das sind also die Gedanken meiner Nachbarin, und ich kann sie getrost verwerfen.

»Wie geht's dir denn?«, frage ich freundlich, und wir plaudern ein wenig, bis wir im Haus angelangt sind und sie hinter ihrer Wohnungstür verschwindet.

Am Nachmittag kommt meine Tochter nach Hause. Sie ruft die Frage in den Flur, was es heute zu essen gibt, dann beginnt sie ihre Hausaufgaben. Als ihr auffällt, dass sie noch gar keine Antwort bekommen hat, kommt sie zu mir und fragt erneut, was es denn zu essen gibt. Ich frage zurück:»Was soll es denn geben?«

Diese Frage macht ihr gute Laune. Sie legt eine CD ein, dreht voll auf, hüpft zum Küchenschrank und legt schon mal die Nudeln raus. Die geliebten Nudeln. Gibt es ein Kind, das nicht gern Nudeln ist? Wenn ich sehe, dass meine Tochter so unverschämt gute Laune hat, kann auch ich nicht anders, als unverschämt gute Laune zu bekommen. Wir tänzeln durch die Küche, schwingen Töpfe im Takt auf den Herd, werfen uns das Gemüse zu und singen aus voller Kehle den Refrain mit.

Bis sie mich plötzlich ganz still von der Seite her anschaut. Ich schaue kurz zurück und werfe die Nudeln ins kochende Wasser. Dampf steigt hoch. Sie schaut immer noch. Der Refrain ist zu Ende, und ich frage:»Ist was?«

»Jo«, sagt sie.»Klingt komisch.«

Ich schaue nach der Gemüsesoße.»Was denn?«

»Ja, Mami! Wie du singst!«

Jetzt halte ich inne und lege den Löffel beiseite.»Wieso?«

»Ja, ist halt so. Ist irgendwie schräg.«

Na, das kann ja nun nicht sein. Ich singe nicht schräg. Ich habe sogar eine siebenjährige Gesangsausbildung hinter mir. Also, wenn hier einer schräg singt, dann bin das sicher nicht ich!

Ich gehe zum Küchenschrank und will die Teller herausnehmen.

Hups, warte mal, denke ich, diese Art Gedanken kenne ich doch. Gedanken der Abwehr, der Verteidigung, des Recht-haben-Wollens. Ich nehme die Teller heraus, und da ist er wieder, der Refrain. Automatisch setze ich mit ein. Nicht mehr ganz so inbrünstig, nicht mehr so unbeschwert, aber immer noch gern. Meine Tochter singt nicht mit. Schweigend legt sie Besteck auf den Tisch. Ich stupse sie an, als wir am Tisch aufeinandertreffen. Findet sie nicht lustig. Na, dann nicht. Dann singe ich eben. Sie dreht sich weg. Ich höre: »O Mama! Bitte nicht!« Ich singe leiser, dann hört der Refrain auf und gleich danach ich.

Meine Tochter setzt noch einen drauf: »Das ist peinlich.«

Hui, das gilt jetzt aber wirklich schon als Kritik, oder? So deutlich hat sie ihren Unmut über mein Mitsingen noch nie bekundet. Bis jetzt hab ich immer ein paar Worte darüber fallen lassen, wie doof sich das anfühlt, von ihr gesagt zu bekommen, dass ich nicht singen soll und dass sie doch auch singen darf, wenn sie möchte, und dann ging es hin und her, und ich hab dann aufgehört zu singen, weil es mir nach solchen Bemerkungen halt keinen Spaß mehr gemacht hat weiterzusingen.

Was könnte ich da heute verbessern? Ich lasse ihre kritischen Worte auf der Prüfstation landen und frage mich:

Ist das wahr? Klingt das schräg, wenn ich singe? Und ist das peinlich?

Hm. Tja. Also, nö. Finde ich nicht. Ehrlich. Ich wende mich meiner Tochter zu und sage: »Mir ist es mit dir nicht peinlich. Magst du einfach woandershin gehen, wenn *dir* das peinlich ist? Ich würde gern ein bisschen mitsingen.«

Sie schaut mich groß an. Und dann sagt sie: »Boah, bist du gemein!«, und rauscht in ihr Zimmer.

Oh, das sitzt. Da brauche ich mich jetzt nicht mehr zu fragen, ob ich das als Kritik gelten lassen kann. »Du bist gemein« gehört zu den Beurteilungen, die ich gar nicht gern höre. Wer will schon gemein sein?

Okay, ruhig Blut: Bin ich gemein, wenn ich ihr sage, dass sie gern woandershin gehen kann, wenn mein Gesang sie stört? Hm, ja. In gewisser Weise, ja. Sie hat versucht, deutlich zu machen, dass mein Singen sie stört, und ich habe das nicht beachtet.

Die Nudeln sind al dente, ich rufe: »Essen!«, mache die Musik aus, auch als Zeichen für meine Tochter, dass die Küche jetzt wieder singfreie Zone ist. Sie kommt, ich schütte die Nudeln auf ihren Teller, Soße und Parmesan. Und bitte sie um Verzeihung – und darum, mir mal zu erzählen, wie das für sie ist, wenn ich singe. Anstatt auszuweichen, bitte ich sie also um eine ausführlichere Beschreibung ihrer Kritik.

Sie sagt es mir, und ich höre zu. Aus der Ruhe des echten Zuhörens kann ich sie verstehen. Sie träumt sich in die Musik hinein, ihr Kopfkino ist bildgewaltig, und ich störe die Illusion, wenn ich die zweite Stimme singe, wie sie es nennt.

Während sie erzählt, fällt mir ein, dass ich schon einmal ähnliche Gedanken über meine Mutter hatte, und muss grinsen. Ach so ist das.

In diesem Fall konnte ich die Kritik weder vollständig verwerfen, noch konnte ich sie annehmen. Auch nach eingehender Prüfung bin ich noch der Meinung, dass ich nicht schräg singe. Oder wirklich nur selten. Und peinlich ist für mich was anderes. Aber ich konnte der Kritik meiner Tochter gut zuhören, nachfühlen, dass es ihr so geht, wie es ihr geht, sie verstehen, und es herrscht Frieden. Auch wenn die Kritik selbst in diesem Fall kein Geschenk für mich war, war doch die Art, damit umzugehen, eins. Es muss keine Verstimmung geben, keinen Streit, nicht Tausende Missverständnisse, die dann im Anschluss noch geklärt werden müssen. Die Kritik kann ein Anlass sein, meine Tochter besser zu verstehen und tiefer in ihr Universum zu tauchen.

Wieder vergehen drei Tage, in denen nicht einmal ein Anflug von Kritik zu spüren ist. Am Tag darauf habe ich eine Idee. Ich kann ja auch um Kritik bitten. Ich nehme mein Telefon zur Hand, gehe das Adressbuch durch und überlege, wen ich da mal bitten könnte. Mit wem ist es nicht zu leicht? Als Erstes wähle ich meine Schwester. Ich schreibe ihr eine Nachricht und bitte um Audienz. Abends telefonieren wir, ich trage mein Anliegen vor. Sie ist nicht begeistert.

»Muss das sein?«

»Nein«, sage ich, »das muss nicht sein. Ich bitte dich nur darum.«

Sie seufzt. »Na gut. Gib mir fünf Minuten. Ich ruf dich wieder an.«

Fünf Minuten sitze ich neben dem Telefon in Erwartung der Kritik. Mal neugierig, dann wieder ist mir etwas mulmig. Es klingelt.

»Oookee«, sagt sie und seufzt wieder, »weißt du noch, als wir vor ein paar Monaten im Café in der Bergmannstraße saßen? Ich hatte dich eingeladen, wollte es extra spannend machen, hatte die ersten Ultraschallbilder dabei und wollte mich langsam vortasten. Doch kaum saßen wir, sagtest du: ›Du bist schwanger.‹«

Sie macht eine Pause, wartet, hofft vielleicht, damit schon erlöst zu sein. Ich höre nur zu und lausche in die Stille. »Das war doof für mich. Du hast mir den Wind aus den Segeln genommen.«

Ich spüre, wie ich, hätte mich diese Kritik im Alltag überrascht, gedacht hätte: »Hm, was ist denn daran so schlimm?« Oder: »Warum darf ich denn nicht reagieren, wie ich reagiere?« Diese Art zu denken fühlt sich eher wie Abwehr an, nicht friedlich, nicht wie Verständnis.

Aber jetzt habe ich meine Übung und fühle mich sehr gut beim Einfach-nur-Zuhören. Weich, aufnahmebereit und durchlässig fühlt sich das an. Ihre Worte landen auf der Prüfstation, und die erste Frage der Work steht im Raum:

Ist das wahr? Hab ich ihr mit meiner Feststellung den Wind aus den Segeln genommen? Kann das »doof« sein für sie?

In Gedanken gehe ich in die Situation zurück, sitze im Café und erinnere mich, wie ich genau gespürt habe, was sie mir erzählen wollte. Ja, da hatte es einen ungeduldigen Teil in mir gegeben, der »es« ganz schnell ganz sicher wissen wollte, und auch einen cleveren Teil, der zeigen wollte, dass er schon Bescheid weiß. Das zu sehen ist mir heute zwar nicht angenehm, aber es ist ehrlich. Und aufrichtig ehrlich sein tut gut.

»Hallo? Bist du noch da?«, fragt meine Schwester am anderen Ende der Leitung.

»Ja«, sage ich, »danke, dass du mir das erzählt hast. Du hast recht. Ich weiß nicht, warum, aber aus irgendeinem Grund wollte ich schneller sein als du. Tut mir leid, das war blöd.«

»Hm.« Meine Schwester macht auch eine Pause, und für eine kleine Weile sagt keiner etwas.

»Wie ist das jetzt für dich, mir das erzählt zu haben?«, frage ich sie.

Sie überlegt. »Okay«, sagt sie dann. »Eigentlich sogar ganz gut. Wenn du das echt verstehen kannst, ist das schön. Und …«, sie muss lachen, »… am Ende sagst du sogar noch danke für Kritik. Das ist schon ungewöhnlich.«

Wir plaudern noch ein bisschen und legen dann auf. Ich fühle mich gut. Nein, ich fühle mich richtig gut. Es kann so einfach sein. Es verbindet. Und ich lerne sogar noch etwas über mich. Ich setze mich hin und schreibe meiner Schwester eine Mail: »Falls da noch etwas ist, was Du gern mal sagen möchtest – immer her damit!«

Zehn Minuten verbringe ich noch mit meiner Selbsterkenntnis / Kritik. Ja, es wäre mir wahrscheinlich auch unangenehm, wenn ich mir eine besondere Geschichte ausgedacht hätte, die ich erzählen möchte, und der Zuhörer klatscht vorzeitig die Pointe auf den Tisch.

Ich merke, ich muss mir jetzt nicht extra vornehmen, das nicht wieder zu tun oder ab jetzt darauf aufzupassen. Das würde wieder einen gewissen Druck erzeugen. Es reicht, den Vorgang in seiner Tiefe zu erfassen, es zu spüren und zu verstehen. Mehr mache ich nicht damit.

Zwei Tage später gehe ich mit einer Freundin frühstücken. Es ist Sonntag, und ich trage mein Normalgesicht. Ich gebe mir keinerlei Mühe mit meiner Wirkung. Das ist angenehm. Ich darf einfach so da sein, in den Tag hineingleiten, ohne Anstrengung. Vor einem Café ist noch eine Bank frei. Nehmen wir. Wir plaudern. Wir sitzen hier schön. Mit einem Kaffee in der Hand wäre es aber noch schöner. Ich schaue mich um. Keiner da. Wir plaudern. Da! Da kommt eine Bedienung vorbei, trägt ein Tablett mit Kuchen und Kaffee und allem, was das Sonntagmorgenfrühstücksherz so begehrt. Sie stellt die Köstlichkeiten auf dem Nebentisch ab, dreht sich um, kommt in unsere Richtung und – geht vorbei.

Ich rufe noch »Ähm« und »Entschuldigung« hinterher, da ist sie schon wieder zur Tür hinein und verschwunden.

Wir plaudern. Das ist schön. So einen Sonntagmorgen vertrödeln zu dürfen … ach, herrlich. Aber mit einem kleinen Rührei und einem Butterbrötchen wäre es schon noch ein wenig schöner. Mein Magen knurrt. Mein Normalgesicht fühlt sich nicht mehr so normal an. Spüre ich da schon eine kleine Schwäche? Unser Gespräch verebbt.

Da! Da kommt die Tablettträgerin wieder und bringt Sachen mit, die wir auch gern vor uns stehen hätten. Ich erwische ihren Blick.

»Können wir etwas bestellen?«, frage ich laut und deutlich, damit ich nicht überhört werde.

»Hier ist Selbstbedienung«, ruft sie zurück.

Oh! Selbstbedienung! Gut, ja, dann gehen wir natürlich rein. Ich sage zu meiner Freundin: »Ich mach das mal«, und springe auf. Nun weiß ich ja, was zu tun ist, die Schwäche ist weg. Als ich drinnen die Schlange sehe, ist sie wieder da. Ich stehe, stehe, stehe, überlege, was ich alles Schönes bestellen soll, und bin auch schon dran. Also zwei große Kaffee. Die Kassiererin nickt. Rührei? Haben sie nicht. Butterbrötchen? Nein, nur belegte Brötchen. Irgendwelche Eier? Sie schüttelt den Kopf. Ja, komm, sag ich zu mir selbst, das ist kein Drama. Du wirst ja wohl irgendwas finden, kann doch nicht so schwer sein – und dergleichen mehr, was man sich halt so sagt, um an so einem Sonntagmorgen keine ungünstige Stimmung aufkommen zu lassen. Nach einigem Hin und Her in meinem Kopf nehme ich irgendwas, das wird schon gehen. Wir haben Kaffee, wir haben eine Bank, wir haben uns. Ich bezahle und warte auf meine Bestellung. Ich stehe, stehe, stehe, bis die Kassiererin mir zuruft: »Wir bringen dir alles raus.«

Ach so, ja. Es war ja nur Selbstbestellung – nicht »Selbstmitrausnehmung«.

Ich setze mich zu meiner Freundin auf die Bank, wir plaudern. Unser Kaffee kommt, und es ist ein Espresso. Ach, na ja, dann bestelle ich mir gleich noch einen anderen Kaffee. Man hat ja heute so viel Auswahl. Wir plaudern. Das Essen kommt. Prima. Mein Blick hastet gierig über die Vielzahl an Speisen, die ich als Ersatz für das Rührei, das ich eigentlich wollte, bestellt habe. Ich blicke kurz zur Bedienung hoch und frage: »Könnte ich bitte noch eine Latte macchiato haben?« Dann breche ich mir ein Stück Croissant ab, schiebe es in meinen hungrigen Schlund und grinse zu meiner Freundin hinüber. Alles wird gut.

Die Bedienung beugt sich zu mir hinunter: »Du, hör mal, magst du den mal drinnen bestellen?«, sagt sie. »Wir haben doch hier Selbstbedienung.«

Ich höre auf zu kauen und schaue sie an. Ich murmle: »Klar doch«, schaue auf mein Stück Quiche, das kalt wird, wenn ich mich jetzt noch mal anstelle, hebe den Blick wieder zu ihr auf, atme einmal tief und höre mich sagen: »Ach, weißt du, ehrlich gesagt, mögen mag ich eigentlich nicht. Jetzt sitze ich hier grad so schön. Kann ich das nicht eben bei dir bezahlen?« Mein Gesicht, in dessen Wirkung ich nicht einzugreifen beschlossen habe, fühlt sich angespannt an.

Sie schaut mich gefühlte zehn Sekunden an. Zehn Sekunden, in denen ich spüren kann, wie gut es mir tut, das Kompromissgespräch mit mir selbst einzustellen und frank und frei heraus zu sagen, wie ich mich fühle. Dann sagt sie, dass das leider nicht geht, denn sie haben ja hier Selbstbedienung.

Ich sage: »Okay«, und wende mich wieder meiner Freundin zu. Wir plaudern ein bisschen, bis ich ein leichtes Unwohlsein verspüre. »Sag mal«, frage ich meine Freundin, »war ich sehr unfreundlich zu ihr?« Während ich diese Worte ausspreche, bemerke ich: Ja, da habe ich eine kleine Kritik an mir selbst. Autsch.

Meine Freundin findet ein paar abschwächende Worte und geht Kaffee holen. Meine Kritik fällt auf meine Prüfstation. Ich war unfreundlich:

Ist das wahr?

Ich spüre in mich hinein. Ja, das war ich. Hm, das möchte ich eigentlich nicht. In meinem glorreichen Selbstbild bin ich immer ausgeglichen und freundlich, egal, was im Außen passiert. Und wie ist die Realität? In der Wirklichkeit bin ich manchmal unfreundlich. So ist das.

Inwiefern kann diese Kritik nun ein Geschenk für mich sein? Wenn ich an meinem Idealbild von mir festhalte, ist Stress programmiert. Dann werde ich mich immer erschrecken, wenn ich mal unfreundlich war. Und wie wäre es ohne dieses Idealbild? Ich sehe, dann möchte ich immer noch freundlich mit anderen Menschen umgehen – nur habe ich dann auch Verständnis für mich, wenn es mal nicht gelingt. Dann muss ich mich nicht dafür verurteilen, nicht meinem hehren Idealbild entsprochen zu haben. Dann kann mein Gesicht so aussehen, wie es halt gerade aussieht. Das fühlt sich gleich entspannter an. Auch verbundener, menschlicher, normaler. Ich kann sowieso nicht weiter, besser, entspannter, toleranter und flexibler sein, als ich gerade bin. Und so ist es für jeden Menschen. Oder?

Kritik, auch Kritik an mir selbst, kann eine Möglichkeit zur Selbsterkenntnis sein. Eine Chance, sich selbst zu verstehen und zu wachsen. Wenn ich die Kritik mit offenem Herzen betrachten kann – mich weder zerfleische noch alles Kritische abwehre.

Ein paar Tage später höre ich zwischen zwei Terminen meinen Anrufbeantworter ab. Zehn Nachrichten! Du meine Güte! Nebenbei packe ich meine Tasche, ich muss gleich los, schreibe eine kleine Notiz und lösche die abgehörten Nachrichten. Ich stelle das Telefon auf laut und nehme es mit in den Flur. Die Schuhe kann ich nebenher schon mal anziehen. Da höre ich die Stimme meines Freundes Stefan. Ich horche auf. Freue mich, von ihm zu hören. Und, was sagt er?

»Ach, Mann«, sagte er, »wieder erreiche ich dich nicht, das ist doof, hör mal, dich kriegt man ja gar nicht mehr. Meld dich doch mal.«

Ich stelle das Telefon ab, schnüre meine Schuhe. Wieso beschwert er sich? Ich kann mich nicht erinnern, dass er in letzter Zeit zehnmal angerufen und mehrere Bitten um Rückruf hinterlassen hätte. Ich schlüpfe in meine Jacke. Was soll denn das heißen: Man kriegt dich ja gar nicht mehr? Ich schließe die Tür ab und haste die Treppe hinunter. Ich werde ihn gleich mal anrufen. Nun, gleich sofort geht nicht, aber nachher in der Pause. Ach nein, geht auch nicht. Na, vielleicht heute Abend. Obwohl – da wollte ich noch an einem Konzept arbeiten. Na, dann eben morgen. Dann soll er mir das mal erklären, was er damit meint. Er kann mich immer anrufen, da muss er doch nicht rumnörgeln.

Ich schüttle den Kopf, dann halte ich inne. Moment mal! Fühle ich mich angegriffen? Bin ich dabei, mich zu erklären, mich zu rechtfertigen und eine Verteidigungsstrategie auszutüfteln? Jawohl. Ich merke, ich bin innerlich dabei zu diskutieren. Ich muss lachen. Hat er es gewagt, mich zu kritisieren?

Ich steige auf meine Vespa und brause los. Was hat er genau gesagt? Ich lege seine Worte zur Prüfung vor. Könnte er recht haben? Ist es wahr, dass man mich in letzter Zeit gar nicht mehr kriegt? Ich fahre über eine Kreuzung, dann links in eine kleine Seitenstraße und über den Platz. Dann halte ich an und wähle seine Nummer. Er hebt ab. »Hallo, mein Lieber. Danke, dass du mich angerufen hast.«

Er grummelt: »Na, du meldest dich ja gar nicht mehr. Was ist denn los bei dir?«

Ich fühle mich nicht mehr angegriffen, denn ganz ehrlich: Er hat recht. »O ja«, sage ich, »tut mir leid. Die Arbeit! Ich hab mir so viel vorgenommen und will mal wieder tausend Sachen auf einmal machen. Wie lange haben wir uns nicht gesehen?«

Er überlegt. Es tut so gut, mich nicht gegen seine Argumente zu stemmen. Vielleicht zu wollen, dass er zurücknimmt, was er gesagt hat. Oder einsieht, dass er falsch liegt, oder anzumerken, dass er mir mit so einem Ton erst gar nicht zu kommen braucht. »Ach, weiß ich nicht – auf jeden Fall lange«, sagt er.

Und ich sage: »Ich freue mich, deine Stimme zu hören«, und das stimmt. Ein warmes Gefühl rieselt durch meinen Körper. »Ich glaub, ich hab dich echt vermisst – und es vor lauter Arbeit gar nicht gemerkt.«

Er lacht. Wie schön es doch ist, Freunde zu haben. Wir verabreden uns für heute Abend. Das Konzept kann warten.

Das Geschenk: Ich fühle mich wieder so verbunden mit der Welt. Was tut es gut, nicht retour an der Kritik des anderen herumzukritisieren, bis sich alles im Kreis dreht und man nicht mehr weiß, wo oben und unten ist. Ich konnte sehen, wie recht er hat, und ihm dafür dankbar sein. Dankbar für seine ehrlichen Worte, aber auch dafür, dass er sein Gefühl offen gezeigt hat. Er war unzufrieden, hat sich nicht verstellt und ist davon ausgegangen, dass er mir das zeigen darf. Ein Freund eben.

Ein Geschenk war es aber auch, von ihm aus meiner Arbeitswut herausgerissen zu werden. Manchmal vergesse ich, dass es noch ein Leben gibt, das absolut überhaupt gar nichts mit Arbeit zu tun hat.

Am Abend sitzen wir bei einem Glas Wein, die Welt ist weit und groß, und er fragt: »Wie wär's mal wieder mit tanzen gehen?«

O ja. Unbedingt. Mal wieder tanzen gehen. »Kannst du mich daran erinnern, falls ich das wieder vergessen sollte?«

Er nickt. Er weiß, er kann mir alles sagen.

Mein siebentägiges Seminar zur Selbstliebe steht an. Ich packe meine Koffer. Einen brauche ich allein für all die Arbeitsmaterialien, einen zweiten für warme Sachen, luftige Sachen, Gummistiefel, Wanderboots, Flipflops und Hausschuhe. Morgens ist es noch kühl, und mittags kann's wärmer werden. Denn wir sind mit dem Seminar in der Natur.

Ich erlaube mir den Luxus, einen Abend vor den Teilnehmern anzureisen. Sarah, die Seminarhausleiterin, kocht was Feines. Wir sitzen beisammen, trinken ein Weinchen, besprechen, was zu besprechen ist, und dann gehe ich ein paar Schritte in den Garten, vielleicht sogar hinunter zum See oder noch weiter bis zum Fluss. Ich muss gar nichts tun und kann mich dann ins gemachte Bettchen fallen lassen.

Am nächsten Tag bereite ich vor, ganz in Ruhe, nachmittags reisen die Teilnehmer an, und dann läuft alles nach einem ausgetüftelten Plan, der bis jetzt immer aufs wunderbarste aufging. Sarah kocht, bäckt, kauft ein und hat ein offenes Ohr für Wünsche. Morgens steht sie schon lächelnd in der Küche, wenn ich mir mein erstes Wasser hole. Tag für Tag kocht sie abwechslungsreich und dennoch saisonal, regional, vegetarisch und auf Wunsch auch vegan.

Am Tag drei des Seminars hole ich mir am Ende der Mittagspause noch einen Kaffee, treffe in der Küche auf Sarah, hänge mit dem Kopf schon in dem, was gleich folgt, und werfe die Frage in den Raum: »Was gibt's 'n heute Abend zu essen?« Zum Mittag hatte es neben Salat und selbstgebackenem Brot eine thailändische Suppe gegeben. Ich wende mich Richtung Tür, schaue Sarah fragend an, sie sagt: »Thai-Curry«, und ich bemerke Gedanken, die mir sagen: »Noch mal das Gleiche wie zum Mittag?« Dann verziehe ich kurz fragend mein Gesicht, schaue auf die Uhr und muss auch schon los.

In der Nachmittagspause steht Sarah vor dem Seminarraum und bittet mich um ein Gespräch. Sie sieht ernst aus. In den wenigen Sekunden, die wir brauchen, um uns ein geeignetes Plätzchen zum Reden zu suchen, rast mein Gehirn durch die letzten Tage. Was könnte sie Ernstes zu besprechen haben?

Ich komme auf nichts. Wir setzen uns, und sie eröffnet mir: »Du hast ja gesagt, es wäre dir am liebsten, wenn ich immer sofort sage, wenn irgendetwas ist. Und jetzt ist was.«

Ich nicke. Einerseits erschrecke ich mich ein wenig, andererseits jubelt mein Herz in der Erwartung von echter Kritik. Sarah berichtet, sie habe es nicht so toll gefunden, dass ich mein Gesicht verzog, als sie damit rausrückte, was es zu essen gebe. Und danach sei ich auch gleich weggegangen, und es habe keine Möglichkeit mehr bestanden, darüber zu reden.

Ich höre ihr zu. Wie aus einiger Entfernung nehme ich auch die mir wohlbekannte Stimme wahr, die dagegenhalten will, dass es doch bitte schön erlaubt sein muss, mal das Gesicht zu verziehen, und dass doch da nichts dabei ist und dass ich nun wirklich nichts dafürkann, wenn sie schon bei so einer Kleinigkeit ein Problem hat. Dumpf spult diese Stimme im Hintergrund ihr übliches Verteidigungsprogramm ab. Es tut mir gut zu spüren, wie weit entfernt sie schon ist.

Ich reagiere nicht gleich, höre einfach in Ruhe zu, bis Sarah alles gesagt hat, was ihr auf dem Herzen lag, und wir beide lächeln. Es ist, als wäre sie erleichtert, es gesagt zu haben, und ich kenne das. Gut sogar. In mir regt sich eine Art Glück. Ach, einfach nur zuhören ohne Hast, Richtigstellung oder Verteidigung. Das ist so friedlich. Ich brauche sie nicht zu unterbrechen, schon nach Luft schnappen zum Zeichen, dass ich jetzt gern auch mal was sagen würde, oder angestrengt nach einer Replik suchen. Vielleicht müsste ich überhaupt gar nichts dazu sagen.

Was ich sage, nachdem wir ein bisschen geseufzt und gelächelt haben, ist, dass ich sie gut verstehen kann. Mehr nicht. Oft braucht es gar keine großen Lösungen. Sich gegenseitig mit offenem Herzen gehört zu haben ist schon ganz viel.

Nach dem Abendessen gehe ich ein paar Schritte bis zum Fluss hinunter und fühle eine Art Resümee. Fliegt die Kritik des anderen ins Töpfchen, dann kann ich zuhören, mich ehrlich bedanken und sagen: »Ich glaube, du hast recht, und ich danke dir für den guten Hinweis. Damit kann ich was anfangen.«

Fliegt die Kritik ins Kröpfchen, kann ich zwar nichts damit

anfangen, kann dem anderen aber immer noch zuhören und seine Emotionen verstehen. Das kann sich sehr nah und verbunden anfühlen – obwohl eigentlich gerade Kritik geäußert wird.

Könnte es also sein, dass die Umkehrungen meiner früheren Befürchtungen auch wahr sind? Vielleicht sogar wahrer?

»Wenn andere mich kritisieren, heißt das:
Sie mögen mich.
Ich bin richtig.
Ich bin gut genug.
Ich muss mich nicht verändern.
An mir ist nichts falsch.
Ich habe irgendetwas ganz verstanden.
Ich bin gut für die Welt.«

Wenn der Verstand dank der drei Beispiele, die wir im Prozess der Work für jede Umkehrung finden, sehen kann, dass das Gegenteil des stressigen Gedankens auch wahr ist, dann kann der belastende Gedanke sich lockern und loslassen. Je konkreter die Beispiele sind, umso klarer kann ich verstehen, dass das Gegenteil tatsächlich stimmt, dass es das in meinem Leben gibt und ich es sogar schon erlebt habe.

Wenn ich ein Beispiel dafür finden möchte, dass andere mich mögen, obwohl sie mich kritisieren, dann bleibt ein »Na ja, man kann ja nie wissen, ob sie mich nicht auch mögen« ziemlich unkonkret. Ein konkretes Beispiel aus meinem Leben war hingegen:

1. Meine Mutter hat mich kritisiert, als sie einen Abend lang auf meine Tochter aufgepasst hat und ich erst sehr spät zurückgekommen bin, sodass sie noch viel später wieder zu Hause war. Sie hat mich kritisiert, und ich weiß und konnte es auch im Moment der Kritik spüren, dass sie mich mag.

Es gibt auch ein Beispiel dafür, dass andere mich kritisieren, *weil* sie mich mögen:

2. Am letzten Tag meines siebentägigen Intensivseminars bitte ich die Teilnehmer immer, mir aufzuschreiben, was in dem Seminar für sie gut funktioniert hat und was nicht. Würden sie mich nicht mögen, würden sie sich die Mühe nicht machen, mir ein bis zwei Seiten Feedback zu geben. Wenn sie mir nicht vertrauten, würden einige nur Gutes hinschreiben und sich die echte Kritik verkneifen.

Und ein drittes konkretes Beispiel dafür, dass andere mich mögen, wenn sie mich kritisieren, ist folgendes:

3. Vor drei Wochen war ich mit einem Freund an einem Sonntag verabredet. Ich hatte die Verabredung als eine lockere verstanden und er eher nicht so. Ich dachte, ich könnte Verschiedenes unter einen Hut bringen, und habe per Mail angemerkt (oder hab ich gefragt?), dass ich bei unserem Treffen gleichzeitig auch noch meinen neugeborenen Neffen ausführen möchte.
Dafür gab es Kritik, er hat sich nicht mit einbezogen gefühlt und übergangen und war ein Weilchen verstimmt.
Weil er mich mag und den Sonntag mit mir verbringen wollte, hat er mich kritisiert. Durch die Kritik kann ich verstehen, dass ihm die Verabredungen mit mir wichtig sind. Und das, weil er mich mag.

Wenn Sie Lust haben, nehmen Sie sich aus der obigen Liste mit den Umkehrungen mal den Gedanken, der Sie mit der größten Skepsis erfüllt, wenn Sie ihn lesen. Und dann schauen Sie in Ruhe in der Fülle Ihres Lebens nach drei konkreten Beispielen, wo genau das wahr war.

Hetzerei – unser schnelles Leben

Was mir in meinem Leben echt auf den Keks geht, ist die ewige Hetzerei. Immer auf dem Sprung, schnell, schnell, und das Gefühl, dass grundsätzlich zu wenig Zeit da ist. Immer das eigentliche Leben auf später verschieben, wenn ich erst mal dies und das erledigt habe, mehr Geld habe, im Job angekommen bin, die Kinder aus dem Gröbsten raus sind und die Arbeit geschafft ist. Muss das so sein?

In den ersten Tagen dieses Monats möchte ich herausfinden, wo ich mich eigentlich so abhetze, und als ich damit beginne, bin ich erstaunt. Ich renne sogar zum Wasserkocher, wenn der mit einem Klick anzeigt, dass er fertig ist! Das war mir nicht bewusst gewesen. Aber der Reihe nach ...

Ich bringe mein Kind zur Schule und will danach schnell noch einkaufen gehen. Ich will mich nicht lange aufhalten, nur eben das Nötigste besorgen. Das Einkaufen soll so schnell gehen, dass es quasi gar nicht vorkommt, sich im Zeitbudget des Tages nicht niederschlägt. Meine Schritte eilen über den Bürgersteig, zügig biege ich auf den Parkplatz ein, der mich zum Supermarkt führt. In Gedanken gehe ich durch, was ich kaufen möchte, das spart Zeit. Ich nehme mir ein Körbchen vom Stapel und werfe den Blick über die Regale. So. Apfelsaft, Bio. Weiter geht's. Haferflocken. Weiter. Das Süßigkeitenregal lasse ich links liegen, ebenso die Fleischabteilung. Das Käseregal. Ich bleibe stehen. Meine Augen scannen die Packungen, suchen nach dem Bekannten, nach dem, was ich immer kaufe. Sie finden es, zack, ins Körbchen, weiter. Brot, Milch, Sojamilch, Joghurt. Weiter. Ich eile in Richtung der Kasse. Einen Anflug von Stolz kann ich bemerken. Ich kann das. Ich muss mich nicht an unwichtigen Dingen aufhalten oder herumtrödeln. Ich kann effektiv sein. Ich krieg alles auf die Reihe! Ich stehe an der Kasse, packe die Waren aufs Band, im Augenwinkel fällt mein Blick auf das Regal mit dem Prosecco. Ich sage: »Entschuldigung, Verzeihung«, drängle mich durch, schnappe mir meinen Prosecco Rosé und stehe gerade rechtzeitig wieder am Band. Toll. Ich bin toll. Supereffektiv hab ich auch meinen Einkauf aufs Band gelegt. So, dass es beim Einpacken nachher schneller geht. Damit ich keine bösen Blicke der anderen Kunden ernte, die Verkäuferin nicht leer nach vorn starren muss, bis ich endlich so weit bin, dass sie den nächsten Kunden bedienen kann. Nein, mit mir nicht. Mir kann man nichts vorwerfen. Rucki, zucki ist alles eingepackt, ein schöner Tag wird gewünscht, und schon bin ich da raus.

Ich steige die Treppen zu meiner Wohnung hoch und bin in Gedanken in meinem Kalender. Was ist heute alles dran? Oh, Mist, ich habe vergessen, Toilettenpapier zu kaufen. Ich bleibe kurz stehen. Das ist doof, da muss ich nachher noch mal losziehen. Total ineffektiv. Plötzlich bin ich gestresst. Der Tag ist noch jung, und ich fühle mich schon schlapp. Wie lange hab ich für meinen Einkauf eigentlich gebraucht? Ich sehe auf meine Uhr. Fünfzehn Minuten. Ist das jetzt viel oder wenig? Spaß hatte ich jedenfalls nicht, eigentlich habe ich überhaupt nichts mitgekriegt.

Würde ich viel Zeit verlieren, wenn ich ruhigen Schrittes einkaufen ginge? Wenn ich mich nicht mit Vorplanen abstresse, nicht von mir verlange, der effektivste Mensch der Welt zu sein?

Mein Arbeitstag beginnt. Ich telefoniere mit meiner Agentin, habe Facebook geöffnet, Mails kommen herein und wollen beantwortet werden, und ich habe vor, ein Konzept für eine neue

Lesung zu schreiben. Meine Agentin fragt mich etwas, ich antworte und bemerke, wie ich mich vom Computer wegdrehe, damit ich mich konzentrieren kann. Dann stelle ich ihr eine Frage, und sie antwortet. Sie erzählt, holt etwas weiter aus, und wie in einem Automatismus wende ich mich dem Computer wieder zu und überfliege schon einmal den Maileingang. Ah, interessant, eine Antwort von einem Seminarhaus, bei dem ich angefragt habe.

Ich höre, was meine Agentin mir mitteilt, vergesse nicht, hin und wieder stimmhaft zu nicken, und öffne die nächste Mail. Frauen sollen ja Multitasking können, und ich bin wohl der lebende Beweis dafür.

Was schreibt mir da ein Seminarteilnehmer? Ich beuge mich näher zum Bildschirm, höre, wie die Stimme meiner Agentin nach oben geht, und nun ist es still am Telefon. War das eine Frage? Oh. Das ist mir jetzt doch unangenehm. Ich entschuldige mich, gebe zu, dass ich mich habe ablenken lassen, gelobe Besserung, und sie findet es nicht schlimm. Passiert ihr auch manchmal, sagt sie. Ah ja?

Wir verabschieden uns und legen auf. Ich fühle einen leichten Druck im Hals und Hitze im Brustkorb. Ich glaube, ich schäme mich ein bisschen. Hab ich die zwei Minuten wirklich nicht, um mir auch mal eine Geschichte anzuhören? Muss ich jede Minute nutzen? Bin ich auf Effektivität gedrillt und ist das wirklich notwendig?

Ich schaue auf die Uhr. Ich nehme mir fünfzehn Minuten für eine kurze Work.

»Ich muss effektiv sein.«
Ist das wahr?

Ja, ich glaube, das ist wahr. Sonst kann ich nicht all die schönen Dinge tun, die ich tun möchte.

Kann ich absolut sicher sein, dass ich effektiv sein muss?

Wenn ich mir für diese Frage Zeit nehme, merke ich, dass ich schon etwas schaffen möchte. Ich liebe das. Vielleicht ist meine Vorstellung von Effektivität aber kontraproduktiv? Nein, ich kann nicht absolut sicher sein, dass ich auf die Weise effektiv sein muss wie bisher.

Wie reagiere ich, wenn ich glaube, dass ich effektiv sein muss?

In mir fühle ich eine Unruhe aufkommen, ein Getriebensein. Ich befürchte, nicht alles zu schaffen, was ich mir vorgenommen habe. Das fühlt sich nicht gut an. So mache ich all die Dinge, die ich liebe, nicht wirklich mit Freude. Sondern schnell, schnell. Das Leben fühlt sich nicht prall und fett an.

Und wer wäre ich ohne den Gedanken, dass ich effektiv sein muss?

Ohne diesen Gedanken fühle ich mich gleich erleichtert. Ich atme auf. Wenn es in mir keine Gedanken an Effektivität gäbe, würde ich die Dinge machen, die ich für wichtig erachte. Wichtig ist dann nicht nur, dass ich alles schaffe, was ich mir vorgenommen habe. Sondern auch, dass ich das Leben spüren kann, dass ich mit Freude dabei bin. Eine Umkehrung lautet:

»Ich muss nicht effektiv sein.«

Einfach weil mich der Gedanke, effektiv sein zu müssen, so stresst. Ohne den Gedanken an Effektivität bin ich ruhiger, arbeite gelassener und bin inhaltlich mehr verbunden mit dem, was ich tue. Ohne den Stress, effektiv sein zu müssen, kommen mir bessere Ideen, und ich lebe nicht nur, um zu arbeiten. Ohne den Druck passieren mir weniger Fehler. Vor ein paar Monaten habe ich in Eile einen Vertrag nicht richtig gelesen und hatte dadurch finanzielle Einbußen. Ich wollte flink und effektiv sein und habe das Gegenteil erreicht. Die fünfzehn Minuten sind um, ich höre hier auf. Ich beschließe, mir die anderen Umkehrungen später anzuschauen.

Im weiteren Verlauf dieses Arbeitstages mache ich alles hübsch hintereinander, finde mich ultraproduktiv und brauche mich nicht noch einmal zu schämen. 15.30 Uhr: Kind abholen. Ich muss los, schlüpfe in die Jacke, da klingelt mein Telefon. In Straßenschuhen laufe ich ins Arbeitszimmer zurück. Ich hebe ab, nur um dem Anrufer dann zu sagen, dass ich nicht kann, jetzt losmuss, sowieso schon spät dran bin. Ist das effektiv? Ich verspreche, später zurückzurufen, renne die Treppen hinunter und werde von einem schlechten Gewissen geplagt. Mann, jetzt wird mein Kind schon wieder eins der letzten sein, die abgeholt werden. Meine Tochter hat sich noch nie beschwert, und doch mag ich das nicht.

Ich werfe mich auf mein Fahrrad, schlängle mich durch den Verkehr, hoch konzentriert. Ich schaffe es noch, wenn ich voll in die Pedale trete, die Ampeln mitspielen und auch sonst nichts in die Quere kommt. Ich schalte in den dritten Gang, yeah, biege auf eine befahrene Straße ein und – Mensch! Das hätte ich mir denken können. Dass dort wieder lauter Lkws herumstehen und eine ganze Spur blockieren. Ich halte die Hand raus, will mich vor dem nächsten Auto noch einfädeln, hab auch gerade so schön Schwung – Pustekuchen. Der Fahrer lässt mich nicht rein. Ich muss bremsen und stöhne. Na, dann beim nächsten! Ich halte meine Hand raus, winke sogar. Nur – der Fahrer des nächsten Autos sieht das nicht. Schaut geradeaus und an mir vorbei. Gut, bist du nicht willig, dann brauch ich Gewalt! Ich schiebe mich einfach in die nächste freie Lücke, das ist knapp. Bremsen quietschen, ich werfe einen Blick zurück. Der Fahrer hinter mir wedelt mit den Armen, ist aufgebracht. Ja, hey, würde ich gern rufen, dann lass mich doch rein! »Du Idiot« ist ein Nachsatz, den ich mir für echte Notfälle aufhebe, aber irgendwie hab ich das eben schon gedacht. Nun aber schnell, es ist ja alles gutgegangen.

Auf dem weiteren Weg nerven Autos, die nicht blinken, Fahrradfahrer, die die Hand nicht raushalten oder zu einer gemütlichen Spazierfahrt aufgebrochen sind, und Fußgänger, die mit fünfzig Schutzengeln ausgestattet sind und deshalb über die Straße gehen, wann und wo es ihnen gerade beliebt.

Ich erreiche die Schule mit Müh und Not, bin nicht gerade tot, aber doch gestresst. Zwei Minuten zu spät bin ich am Tor, aber bis ich über den Schulhof gehetzt, die Treppen hoch und an dem Raum angekommen bin, wo meine Tochter darauf wartet, abgeholt zu werden, sind es mindestens sechs. Das ist dann nicht mehr so wirklich pünktlich. Niemand kommentiert mein Zuspätkommen, aber ich hab ein minischlechtes Gewissen. Dieses Gehetze ist auch kein effektiver Umgang mit meinem Körper und mit der mir zur Verfügung stehenden Kraft.

Mit meiner Tochter im Arm komme ich zur Ruhe, atme tief, und Freude fließt in mich hinein. Ach ja. Für ein paar Minuten fühlt sich das Leben an wie ein stiller See. Die Friedlichkeit in Person.

Hand in Hand verlassen wir die Schule, trällern ein Liedchen und freuen uns, auf der Welt zu sein. Dann fällt meiner Tochter ein, dass wir bis morgen noch ein Geodreieck besorgen müssen, was an Hausaufgaben noch zu machen ist und dass das Essen in der Schulkantine heute mal wieder zum Brechen war. Daraus folgt, dass ich heute Abend, also nachher, etwas Schönes kochen soll. Kurz drängen sich Gedanken auf, dass man doch auch mal etwas am Kantinenessen verbessern könnte, dann müsste ich das nicht immer ausbaden. Weggewischt werden sie von der Vorstellung, wie viel Mühe das erst macht, wenn ich mich auch noch an dieser Baustelle engagiere, und ziehe es vor, dass alles beim Alten bleibt. Na dann schnell. Hopp, noch flott was einkaufen, fix in den Schreibwarenladen und das Dreieck besorgen, nun aber wirklich schnell nach Hause, schnell die Treppen hoch, schnell die Schuhe ausziehen, schnell Hände waschen und schnell an die Schulaufgaben gesetzt. Ich sinke ermattet auf den Küchenstuhl.

Uff! Hab ich eigentlich noch Zeit für mich? Und wenn ja, wann? Aber um mir darüber Gedanken zu machen, ist jetzt eigentlich auch keine Zeit. Also weiter. Was kochen wir denn? Ich schaue in den Kühlschrank, lege ein paar Lebensmittel raus und setze Nudelwasser auf. Da fällt mir ein, dass meine Freundin Kathi mir noch eine Mail schreiben wollte, ob sie morgen vorbeikommt oder nicht. Das wüsste ich aber schon mal ganz gern.

Ich sprinte in mein Arbeitszimmer und werfe den Computer an. Das kann ich noch dazwischenschieben. Ich drücke aufs Knöpfchen und renne in die Küche zurück. Hochfahren kann der Computer schließlich allein. Okay, Gemüse schnippeln, auf die Uhr sehen, zur Tochter rüberkucken. Macht sie auch schön ihre Hausaufgaben? In einer freien Sekunde sprinte ich ins Arbeitszimmer. Der Computer ist schon wieder aus. Knöpfchen drücken, warten. Mit den Gedanken bin ich in der Küche. Kann auf dem Herd was anbrennen? Der Bildschirm leuchtet auf. So, Mailordner auf, warten. Hab ich die Flamme von der Gemüsepfanne runtergedreht? Ich bin mir nicht sicher, mache einen Schritt Richtung Küche, da trudeln die Mails ein. Okay, nur schnell kucken! Eine Seminaranmeldung, was von der Leseagentur, Werbung. Keine Mail von Kathi. Na gut. Computer zu und nichts wie in die Küche! Ich renne los und sehe schon von weitem, ich hatte die Flamme nicht runtergedreht. Uh – nun aber schnell. Ich reiße die Pfanne hoch. Riecht es angebrannt? Kurzer Blick zu meiner Tochter, die Gemüse nicht so *waaahnsinnig* mag und angebranntes Gemüse sicher noch viel weniger. Sie macht Hausaufgaben und hat nichts bemerkt. Ich rühre um, gieße Wasser dazu, gerettet.

Da geht ein Schlüssel im Schloss. Mein Mann kommt nach Hause. Ich decke den Tisch, die Tochter muss den Platz am Küchentisch räumen, und ich halte kurz inne. Kleine Verschnaufpause, ein Kuss für meinen Mann. Und mir fällt eine der nächsten Umkehrungen ein:

»Ich kann effektiv sein.«

Bei stressigen Glaubenssätzen mit »muss« kann ich zusätzlich die Umkehrungen mit »ich kann«, »ich will« oder »ich darf« anschauen. Wie kann ich zum Beispiel jetzt, ohne Stress, effektiv sein?

Laut und deutlich bitte ich alle Familienmitglieder darum, selbst für ihr Getränk beim Abendessen zu sorgen. Mein Mann geht direkt an den Kühlschrank, und aus dem Kinderzimmer höre ich ein »Jo«. Prima, da kann ich gleich einen Gang herunterschalten.

Ich stelle alles auf den Tisch und setze mich. Ich rufe: »Erster!«

Die anderen beiden stürmen heran.

»Zweiter«, sagt meine Tochter.

»Auch Zweiter«, sagt mein Mann.

Ich muss lachen. Ich erhebe mein Glas: »Lasst es euch schmecken, ihr Lieben.«

Ich kann effektiv sein, indem ich für meine gute Stimmung sorge. Ich stecke die ersten Bissen in den Mund. Effektiv ist es auch, wenn ich das Essen, das ich gekocht habe, nun auch schmecke, es gut kaue, die Konsistenz wahrnehme.

Wir plaudern ein bisschen, dann fällt der Blick auf die Uhr. Für das Kind wird es Zeit, sich bettfertig zu machen. Ich klatsche in die Hände:»Okay«, sage ich und»Na dann«, sehe meine Tochter dabei an und vermute, dass sie schon weiß, was ich meine.»Was denn?«, fragt sie mit dem unschuldigsten Blick, zu dem Kinderaugen je fähig waren.»Na, hier«, sage ich und zeige auf die Uhr.»Ach so?«, fragt sie.»Na klar«, sage ich.

Dann folgt die übliche Verzögerungstaktik, die alle Eltern aller Zeiten und auf allen Planeten kennen und lieben. Ich drehe mich weg, entziehe der Taktik die Grundlage, das ist effektiv.»Wenn du bis halb neun im Bett liegst, lese ich noch bis neun Uhr vor.« Klare Ansage und los.

Mein Mann räumt ab, und ich eile schnellen Schrittes von einem Zimmer ins nächste – nicht, dass noch ein Familienmitglied auf den Gedanken kommt, ich hätte Zeit, und mich anspricht! Ich muss noch Wäsche aufhängen, kucken, was das Kind morgen für die Schule braucht, ich darf nicht vergessen, nachher drei wichtige Mails abzuschicken, ich muss alles im Blick haben, aufpassen, dass das Kind die Zahnbürste nicht nur im Mund hat, sondern auch putzt, achtgeben, dass es nicht zu spät wird, und mit dem Kind nachher ganz entspannt auf dem Bett liegen und eine Gutenachtgeschichte vorlesen.

Ach ja? Muss ich? Ich halte inne.»Ich muss mich jetzt abstressen, damit es nachher ganz entspannt sein kann« – jetzt, wo mir dieser Glaubenssatz bewusst wird, wird mir auch seine Absurdität bewusst. Ich, als Coach für The Work und Liebhaber jeglicher Arbeit mit Gedanken, kann das sofort nicht mehr glauben. Aber wieso kommt es immer wieder zu solch einer Hetzerei? Es ist nicht wirklich schlimm, es passieren keine furchtbaren Dinge. Eher fühlt es sich an wie feiner Sand, den ich den ganzen Tag in mein eigenes Getriebe streue. Warum tue ich das?

Als meine Tochter schläft, fällt mir ein, dass »schnell sein« in meinem Leben gleichbedeutend war mit »clever«. Das war ein Lob. Ich war »auf Zack«, »nicht auf den Kopf gefallen«, »aufgeweckt«, »smart«, und mich konnte man nicht so leicht in die Tasche stecken. Brauche ich diese Bestätigung heute noch? Ich spüre in mich hinein. Ich glaube heute nicht mehr, dass man mich für zu langsam halten könnte. Ich bin nicht begriffsstutzig, faul oder träge. Ich kann meine Angelegenheiten in Ordnung halten, kann rechtzeitig zu Abgabefristen fertig werden, und mir mangelt es nicht an guten Ideen. Nein, ich brauche diese Sorgen nicht mehr. Könnte es sein, dass die Schnelligkeit nichts anderes ist als eine Gewohnheit?

Ich stelle fest, wie oft ich auf vielen Hochzeiten gleichzeitig tanze. Wenn in der Pfanne das Gemüse vor sich hin brutzelt und ich mal kurz nichts zu tun habe, spüre ich Unruhe. Ich bin nicht ausgelastet, werde zum Warten gezwungen, und Warten ist verlorene Zeit. Oh, da hab ich schon wieder so einen schönen Glaubenssatz ausfindig gemacht:

»Warten ist verlorene Zeit.«
Ist das wahr?

Das hab ich wohl immer geglaubt. Das klingt nach meiner ersten Aufgabe, die sich hier herauskristallisiert. Innerhalb eines Tages gibt es ständig Wartezeiten. Der Bus, der nicht kommt; Supermarktschlangen; am Telefon, bis jemand abhebt; Computerprogramme, die sich langsam oder gar nicht öffnen; Ampeln, die gerade rot werden, wenn ich ankomme; im Restaurant, bis das Essen auf dem Tisch steht. Ich bemerke bei mir zwei Tendenzen. Entweder werde ich unruhig, stöhne innerlich und lehne das Wartenmüssen ab. Wenn das nicht schlechte Laune macht, so trübt es die gute zumindest ein. Oder ich beginne sofort eine andere Sache, nutze also die Zeit, damit sie auf keinen Fall verloren ist. Das tue ich sogar schon bei Miniwartezeiten von ein paar Sekunden. Bis der Angerufene dann abhebt oder das Computerprogramm so weit ist, habe ich eine neue Baustelle eröffnet, die in der Luft hängen bleibt und Aufmerksamkeit abzieht. Das lohnt sich oft nicht, verbreitet nur Stress. Genau wie die realen Baustellen im Stadtbild, die sehr rechtzeitig vor Baubeginn eingerichtet werden. Niemand baut, aber alle müssen drum herumfahren. Es bilden sich Staus, und die Unfallgefahr steigt.

Das Erste, was ich mir neu angewöhnen möchte, ist, diese Wartezeiten einfach abzuwarten. Ganz in Ruhe. Vielleicht einen Atemzug nehmen, einen Blick aus dem Fenster werfen, mal sehen. Ich bin gespannt, ob sich dadurch insgesamt mehr Ruhe einstellt und ob meine Effektivität ins Bodenlose stürzt.

Am nächsten Tag bekomme ich zu spüren, wie stark die Macht der Gewohnheit ist. Ich bin froh, dass mir meine Übung überhaupt noch eingefallen ist. Ich habe das Telefon am Ohr, das Freizeichen tutet, und in dieser freien Sekunde fällt mir ein, dass ich im Kalender vom vorigen Jahr nachsehen wollte, wie die Tasche hieß, die ich mir gekauft hatte. Ein weiteres Freizeichen tutet, und ich ziehe die Schreibtischschublade auf, greife hinein, hole während des dritten Freizeichens den Kalender heraus und fange an zu blättern. In Gedanken bin ich bei meiner Tasche. Da hebt der Angerufene ab. Den Kalender lege ich auf dem Schreibtisch ab, und damit ist die neue Baustelle eröffnet. Hinter den Begrüßungsworten schimmert die Erinnerung an meine Übung durch. Ich hätte mich jetzt schelten können, aber so bin ich nicht zu mir. Eine Minute braucht es, bis meine Gedanken voll und ganz bei meinem Gesprächspartner sind. Als ich das Gespräch beendet habe, sage ich mir: »Ah, gut, immerhin habe ich es gemerkt. Mal schauen, ob ich mich beim nächsten Mal schneller erinnern kann, dass ich diese Lücken nicht füllen wollte.«

Das nächste Mal ergibt sich am Wasserkocher. Ich fülle Wasser hinein, drücke das Knöpfchen, fülle den Teebeutel und hänge ihn in die Kanne. Ich bin so weit, der Wasserkocher nicht. Ich kucke mich um. Da steht noch ein Brettchen vom Frühstück, das könnte ich … und als ich mich in Bewegung setzen will, merke ich es. Halt! Hiergeblieben! Ich muss lachen. Ich drehe mich zum Wasserkocher zurück und mache nichts. Ein innerer Dialog bricht los, dass es doch echt okay gewesen wäre, das Brettchen wegzuräumen, das muss ich doch nachher sowieso. Und eine andere Stimme meint: Diese Übung habe ich mir jetzt vorgenommen. Es geht nur darum, zu schauen, wie es sich anfühlt.

Während diese Gedanken durch meinen Kopf laufen, sehe ich im Wasserkocherfenster kleine Bläschen aufsteigen. Die werden größer und größer, und dann toben sie. Stürmische See. Jetzt darf ich den Kocher nehmen und das brodelnde Wasser über meinen Teebeutel gießen. Nur ein kurzer Moment der Ruhe, aber schon schön. An dieser Stelle in der Küche habe ich gestern Abend auch gestanden, als ich in mein Arbeitszimmer gerannt bin, um nach Kathis Mail zu schauen. Und das endete in einer Rettungsaktion für das Abendbrotgemüse.

Ich merke, dass »schnell« mir oft was verbaut. Ich bin zu schnell. Ich handle schon, spreche schon, reagiere schon und muss es später retten oder revidieren. Wäre ich gestern Abend nur zehn Sekunden später an der Gemüsepfanne angelangt, hätte mein Zeitsparplan gar nichts gebracht. Im Gegenteil, es hätte sogar länger gedauert. So, wie billig oft teuer kommt, ist schnell nicht immer effektiv. Essen machen, die Schulaufgaben meiner Tochter überwachen, die Wäsche, die Mail von Kathi ... zu viel. Ich habe zu vieles angefangen, wollte alles erledigt haben. Kochen und bei meiner Tochter sein wäre genug gewesen. Das fühlt sich noch gemütlich an. Kann ich mir die Dinge, die mir einfallen, nicht notieren und sie später machen? Kann ich nicht nach der Mail sehen, wenn ich nachher sowieso am Computer sitze? Wenn ich mir aufschreibe, was mir einfällt, kann ich es nicht mehr vergessen und muss nicht gleich in Aktion treten.

Das ist die zweite Aufgabe, die ich mal einen Monat lang testen möchte. Nicht immer gleich losrennen und alles erledigen, was mir einfällt. In Ruhe da bleiben, wo ich gerade bin, und den Einfall notieren. Zu Hause auf einen Block, unterwegs im Handy.

Am nächsten Abend. Ich bin in der Küche dabei, den Tisch zu decken. Ich mache alles ganz in Ruhe, was sich immer noch ungewohnt anfühlt, aber schon ein bisschen wie im Urlaub. Im Arbeitszimmer klingelt das Telefon. Ich habe nicht mal mehr den Impuls hinüberzurennen. Mit Genugtuung zeige ich dem Telefon durch zwei Räume einen Vogel und sage: »Kannste vergessen, ich komme nicht. Nö.«

Da hab ich eine Idee. Ganz gemütlich schlendere ich ins Arbeitszimmer, setze mich und schaue dem Telefon beim Klingeln zu. Die Nummer auf dem Display kenne ich nicht. Als es nicht mehr klingelt, drücke ich eine einzige Taste. Die Ton-aus-Taste. Freizeit heißt ab jetzt: Ton aus. Heute steht nichts auf dem Herd, was anbrennen könnte, und ich kann gemütlich zurückschlendern. Ich stehe betont ruhig auf, stehe noch zwei

Sekunden, bevor ich mich in Bewegung setze, atme – und setze dann einen Fuß vor den anderen. Das ist vielleicht übertrieben, aber als bewusster Gegenpol zur automatisierten Beeilungshysterie ganz angenehm. Ich erreiche nach gefühlten drei Minuten den Flur, da kommt meine Tochter aus ihrem Zimmer. Sie steuert auf das Bad zu, kuckt mich irritiert an, verschwindet im Bad und schließt die Tür. Ich setze einen Fuß vor den anderen.

Aus dem Bad ruft sie mir zu: »Mami, was machst du da?«
Ich fühle mich gerade außerordentlich ruhig und nehme mir Zeit, bis ich zurückrufe: »Du, ich mache einfach alles ganz in Ruhe.«

Ich höre die Toilettenspülung, der Wasserhahn wird auf- und wieder zugedreht, aus meiner momentanen Weltsicht viel zu schnell, und dann ist meine Tochter auch schon neben mir. »Ganz in Ruhe, Mami?«, sagt sie und blinzelt mit gespieltem Unverständnis zu mir hoch. »So?« Sie wirft ihre Arme in Zeitlupe in die Luft, setzt einen Fuß nach vorn, zieht ihn aber dann doch zurück, greift betont langsam meinen Arm und hält mich fest. Sie formt ihre Lippen kreisrund und blubbert wie ein Fisch unter Wasser: »Das geht aber noch langsamer, Mami.« So langsam ich kann, schlinge ich meinen Arm um ihren Rücken, drehe mich zu ihr hin, und sie hält sich fest. Wir umschlingen uns, wissen auch nicht, wie, Hauptsache, langsam und *gaaanz* in Ruhe, drehen uns, sinken zu Boden, legen in einer fließenden Drehbewegung unsere Glieder ab, bis wir auf dem Boden vollständig zur Ruhe kommen. Ich schließe die Augen. Wir bewegen uns nicht. Nur unser Atem ist noch zu hören.

Das hat Spaß gemacht. Meine Laune ist beträchtlich gehoben, für den Rest des Abends bin ich beschwingt, und alles geht leicht von der Hand. Dieses Spielchen hat frischen Wind in meinen Verstand hineingeblasen. Von dort hat der Wind um alle Ecken gepustet, durch meine Venen und Arterien, an den Muskelsträngen vorbei – und hat das stressige Geröll weggefegt. All den Müll, den ich vorher achtlos auf meine eigenen Straßen geworfen hatte.

Dies ist ein Beispiel für eine weitere Umkehrung des Gedankens, ich müsste effektiv sein. Das äußerste Gegenteil von effektiv ist für mich so etwas wie »Ich muss kein Ergebnis erzielen, darf handeln ohne Zweck oder chaotisch zu sein«:

»Ich muss ergebnislos sein.«

Damit ich auch echte Freizeit habe. Freizeit, in der ich nichts erreichen will. Herumalbern, spielen, Kind sein. Das ist wichtig und supereffektiv auf dem Weg zu einem fetten, prallen Leben.

Der nächste Tag. Ich habe zwei Übungen. Ich stelle mir vor, wie ich ab jetzt alles in Ruhe machen will, bei Stress erst mal atme, Pausen lasse, Freiräume gebe, nicht fünfzig Dinge auf einmal mache. Ich glaube, ich brauche eine Erinnerung, damit meine Übungen im Alltag nicht untergehen. Ich schreibe mir meine Aufgaben auf DIN-A4-Blätter, eins lege ich auf den Schreibtisch, eins hänge ich an die Wand daneben, und eins kommt an die Tür von meinem Arbeitszimmer. Wie lange wird es wohl dauern, bis ich mich von selbst an meine Aufgaben erinnere? Zusätzlich programmiere ich den Kalender in meinem Handy, sodass er mich eine Woche lang dreimal am Tag an meine Vorhaben erinnert. Nach einer Woche werde ich sehen, ob weitere Erinnerungen nötig sind.

Ich stelle mich vor das Blatt an meiner Arbeitszimmertür und lese aufmerksam meine zwei Aufgaben. Ich versuche nicht, sie auswendig zu lernen, sondern nehme sie einfach in mir auf:

1. Immer nur eine Sache machen. Zwischenräume entspannt abwarten.
2. Einfälle notieren, nicht unverzüglich in Aktion treten.

Immer wenn mir im Laufe des Tages meine Aufgabe einfällt, bevor ich in mein altes Muster falle, freue ich mich wie ein Kind, das fünf Euro für den Weihnachtsmarkt in die Hand gedrückt bekommt. Wenn es mir erst während des Handelns einfällt oder gar danach, nutze ich die Gelegenheit, mir meine zwei Aufgaben erneut klarzumachen. Ich gehe davon aus, dass ich diese Erinnerungsmaßnahmen nur vorübergehend brauche, und nehme es gelassen.

Zwei Tage später bin ich auf Lesereise. Ich sitze im Zug; und immer wenn Durchsagen kommen, Anschlusszüge, Verspätungen, das Team der Mitropa mich auch gern im Speisewagen begrüßen möchte und dann alles noch einmal in englischer Sprache, dann hebe ich einfach den Blick von meinem Buch, der Zeitschrift oder meinem Computer und schaue aus dem Fenster. Ich ärgere mich nicht, kritisiere sie nicht in Gedanken, sondern warte ab, bis es wieder still ist.

Das sind kleine Minipausen, in denen ich jetzt nichts Neues beginne. Ich gebe meinen Augenmuskeln die Gelegenheit, mal kurz von nah auf fern zu stellen, ich lehne mich im Sitz zurück, atme und entspanne mich. Das ist angenehm. Das ist effektiv. Ich lese heute Abend noch vor großem Publikum und ruhe mich vorher etwas aus. Nach zwei Stunden Fahrzeit muss ich umsteigen, habe fünfzehn Minuten Aufenthalt und vergewissere mich zuerst an der Anzeigentafel, dass mein Anschlusszug keine Verspätung hat und dass es bis zum Gleis 8 nicht weit ist. Dann hab ich noch vierzehn Minuten und schlendere ruhig, ganz im Sinne der Übung, in den Bahnhofsbuchladen. Ich will nichts erledigen, nur ein bisschen rumkucken. Genau das tue ich auch. Ich schiebe meinen Rollkoffer durch die engen Regalreihen und begebe mich fünf Minuten vor Abfahrt des Zugs wieder zu den Gleisen.

Dort angekommen, sind zwei Züge angeschrieben. Einer für Gleis 8 und einer für Gleis 8b. Der auf 8b ist meiner. Ich schaue mich um. Wo um alles in der Welt ist denn 8b? Instinktiv setze ich mich in Bewegung, wende mich an jemanden von der Bahn, und die Mitarbeiterin hebt ihren Arm, holt aus und zeigt in Richtung Horizont. Gleis 8b liegt am Ende von Gleis 8 und noch ein Stückchen weiter.

Ein Blick zur Uhr: dreieinhalb Minuten. Wie bitte mache ich das jetzt ganz in Ruhe? Ich gehe los, beschleunige ein wenig und gedenke der vielen Begebenheiten, an denen ich mich abgehetzt habe und dann nach Ankunft immer noch viel Zeit übriggeblieben war. Reisende hetzen an mir vorbei, rennen mit ihren Koffern, rot im Gesicht. Ich denke, es ist wahrscheinlich nur eine Frage der korrekten Zeiteinschätzung. Die verbleibenden zwei Minuten sind immerhin 120 Sekunden, und das kann viel Zeit sein. Eine Reisegruppe keucht an mir vorbei, sie werden von zwei anderen gestressten Leuten mit Anrempeln überholt. Angesichts all dieser Menschen, für die 8b offensichtlich auch eine Überraschung war, bin ich mir nicht mehr sicher, ob ich mit meinem ruhigen, aber zügigen Schritt nicht einen Fehler mache. An der nächsten Uhr wird mir klar: Renn, oder du hast verloren! Ich frage mich nichts mehr, Gehirnfunktionen werden abgeschaltet, ich falle in einen Laufschritt, beschleunige und lege einen schönen Sprint mit Rollkoffer an der rechten Hand ein. Ich springe in die geöffnete Tür am letzten Wagen, die Tür schließt, der Zug fährt an. Nach drei Verschnaufern stelle ich fest: Ich kann schnell sein, ohne zu hetzen. Mein Instinkt hatte netterweise beschlossen, schnell zu sein. Gehetzt war ich nicht. Im Gegenteil. Es hat sich sogar gut angefühlt.

Kann ich das noch an anderen Stellen? Ja, auch beim Fahrradfahren kann ich voller Genuss schnell sein. Wenn ich Bewegung brauche, schwinge ich mich auf mein Rad, fahre aufs Tempelhofer Feld, und dann gebe ich Gummi. Ich schalte die Gänge hoch, sause an den Inlineskatern vorbei, an Fußgängern und anderen Fahrrädern. Ich bin schnell ganz ohne Hetzerei.

Jetzt habe ich ein paar Tage die kleinen Lücken nicht gefüllt, die das Leben immer wieder entstehen lässt, und finde das sehr angenehm. Ich habe festgestellt, dass es völlig okay ist, ein Brettchen wegzuräumen, wenn der Wasserkocher noch nicht kocht. Das, was mich gestresst hatte, war, mitten in einem Thema schon mit einem neuen zu beginnen und gedanklich hin und her zu hüpfen. Nirgends hundertprozentig dabei zu sein und die Aufmerksamkeit teilen zu müssen. Noch ist dieser neue Vorgang nicht automatisiert, ich muss mich daran erinnern, manchmal erst im Nachhinein. Aber ich kann mittlerweile schon sehen, dass die Übung sich lohnt. Wenn es wie von selbst geschieht und ich über diese Kleinigkeit nicht mehr nachdenken muss, kann das zu viel mehr Ruhe und dadurch zu einem schöneren Lebensgefühl führen.

Auch mit der zweiten Übung habe ich begonnen und schreibe mir solche Einfälle wie »nach Kathis Mail kucken« auf. Das bringt weniger hektisches Hin-und-her-Gerenne, und es muss nicht ständig etwas gerettet werden.

Berührt bin ich, weil mir die Übungen, die ich machen möchte, tatsächlich durch die Beobachtung meines Lebens und meiner Verhaltensmuster eingefallen sind. Ich war nicht beim Psychologen, habe kein Buch zum Thema gelesen und auch sonst keine Leute gefragt. Eigentlich war es ganz einfach. Ich bin aufmerksam durch meinen Alltag gegangen und habe genau hingeschaut. Ich habe entdeckt, dass ich Stress und

Druck bekomme, weil ich einem übertriebenen Effektivitätsgedanken folge – und an welchen Stellen in meinem Alltag ich besonders hetzgefährdet bin.

Ich habe mich zu Hause beobachtet, und ich bin schon verreist. Nun bin ich gespannt auf das Klassenspiel meiner Tochter. Die gesamte Klasse spielt »Ronja Räubertochter«, meine Tochter ist eine von vier Ronjas, und das ist eine große Sache. Da möchte ich dabei sein und habe mich als Chefin fürs Schminkteam gemeldet. Meine ersten Gedanken waren romantischer Natur. Ich hatte vor Augen, wie ich Teil des Stückes werde, meine Tochter mit allen Schwierigkeiten und Freuden zu mir gerannt kommt, ich ein Team zusammenstelle, das die Kindergesichter in Räuber verwandelt, und alle glücklich sind. Dass es auch stressig werden könnte, fiel mir erst später ein. Bei einer Nachmittagsschminkprobe witzele ich, wer wohl von allen Beteiligten zuerst die Nerven verlieren wird. Prompt fällt mir ein: Wenn ich diejenige bin, der diese Frage in den Kopf kommt, dann bin ich wahrscheinlich auch diejenige, die Angst hat, die Nerven zu verlieren. Und so kam es auch zwei Tage später.

Am nächsten Tag war ich nachmittags durch halb Berlin gefahren, um in einem Laden für Theaterbedarf graues Haarspray, Zahnlack und Glatzen zu besorgen. Ich ging davon aus, dass die Kinder mir diese Utensilien aus der Hand reißen würden, ja, dass sie sich darum prügeln würden, derjenige zu sein, der die grauen Haare bekommt, oder der, dem die Zähne fehlen.

Als wäre ich das Christkind mit einem Sack voller Geschenke, betrete ich einen weiteren Tag später die Probe. Es ist heiß im Raum. Kinder laufen durcheinander und schreien, einige streiten sich, und die Lehrerin versucht, für alle und alles da zu sein. Ich halte Ausschau nach dem Mädchen, das eine achtzigjährige Frau spielen soll. Gestern erst hatte ich diese Maskenprobe mit ihr vereinbart, und gestern hatte sie mich angestrahlt. Jetzt steht sie vor mir, verschränkt die Arme vor der Brust und sagt auf meine Frage »Wollen wir?«: »Nein!«

Ich bin überrascht. Ihr Gesichtsausdruck lässt keinen Zweifel zu, sie meint es ernst. Mir wird heiß unter meiner Jacke. »Warum denn nicht?«, will ich fragen und: »Was genau stört dich denn?«, doch sie hat sich schon umgedreht und ist weggegangen. Ich fasse nicht, was hier vorgeht.

Ein Junge stürmt auf mich zu und erklärt: »Sie will es nicht. Sie wird es nicht machen. Hat sie gesagt.«

Na fein, denke ich, dann weiß ich ja jetzt, warum. Ich gehe dem Mädchen hinterher.

»Komm doch bitte mal her«, sage ich, »und lass uns in Ruhe darüber reden.« Ich will ihr noch sagen, dass das heute doch nur eine Probe ist und dass ich mir echt Mühe gegeben habe, um all das Zeug zu besorgen, aber sie wirft mir nur ein weiteres »Nein!« entgegen. Ich werde von zwei rennenden Jungs angerempelt. Ich schwitze. Ich ziehe meine Jacke aus und habe keinen Ort, wo ich sie hinlegen kann.

»Aber du sollst doch alt aussehen«, rudere ich hilflos herum und habe Bilder im Kopf, wie sich alle Kinder verweigern werden, jeder seine Sonderwünsche anbringt und es einfach unmöglich sein wird, meine Schminkaufgabe zu meistern.

»Ich mache es nicht!«, schreit sie mir über den Lärm entgegen und kommt zur Bestätigung noch ein Stück näher an mich heran.

Mir ist schwindelig. Ich höre mich sagen: »Okay, dann besetzen wir dich um.« Undeutlich dachte ich wohl, mit etwas Härte ihre eigene Härte aufweichen zu können. Hätte ich mir beim Film jemals solche Eskapaden leisten können?

Sie springt weg und wirft sich in die Arme einer Betreuerin.

O Mann! Was habe ich denn da gesagt? Sofort tut es mir leid. Ich gehe hinterher, hocke mich neben sie, berühre ihren Arm und sage tröstende Worte. Sie reagiert nicht. Von den Umstehenden werde ich mit Blicken abgestraft. Zu Recht.

Ich stehe auf und gehe vor die Tür. Einmal tief atmen. Gut. Ich trete ans Fenster und schaue hinaus. Mensch, das war es doch, was ich üben wollte. Ich wollte atmen. Freiräume lassen. Aber eigentlich früher. *Vor* dem Re-agieren.

Was ist passiert? Ich habe mich anstecken lassen von dem Stress, der in der Luft lag. Meine Übung ist mir nicht eingefallen. Das ist eine weitere negative Seite von Stress. Das Gute fällt einem einfach nicht ein. Ich atme noch einmal tief, das hilft immer. Und meine Gedanken darüber, wie es mit diesem Schminkprojekt weitergehen könnte, haben auch eine ordentliche Portion Unruhe ausgeschüttet. Ich kann überhaupt nicht wissen, wie es kommen wird. Mir den allerschlimmsten Ausgang der Geschichte vorzustellen muss mich ja unruhig machen. Ich stehe am Fenster, und ein Grinsen zieht über mein Gesicht. Wie wunderbar, dass diese Schüleraufführung gerade in den Zeitraum meiner Ruheübung fällt! Ich setze mich in Bewegung. Nun bin ich bereit für die erste Schminkprobe, was auch immer da kommen mag.

Als Erstes gehe ich mich natürlich entschuldigen.

Wenn ich von meinem Handy an meine Übungen erinnert werde, spüre ich das Bedürfnis, die kleinen Pausen auszuweiten, die dadurch entstehen. Zuerst erinnere ich mich an meine zwei Aufgaben (circa fünfzehn Sekunden), und dann setze ich mich aufrecht oder lehne mich zurück, schließe die Augen und gönne mir einen tiefen Atemzug (zehn Sekunden). Oder zwei. Oder drei. Nur so lange, dass ich nicht abschlaffe, nicht aus meiner Arbeitsenergie herausfalle. Insgesamt brauche ich dafür nicht mehr als eine Minute.

Es ist eine Pause für den Rücken, eine Pause für die Augen, eine Pause für den Verstand. Mich daran zu erinnern ist einfach. Nach ein paar Tagen schon falle ich kaum noch in mein automatisiertes Muster. Ich bemerke den ersten Impuls, wenn ich beim Warten etwas Neues anfangen will, und tue es nicht. Meist muss ich dabei grinsen. Ich renne nicht gleich los, wenn mir etwas einfällt, sondern schreibe es auf. Seine Zeit wird kommen. Das fühlt sich viel ruhiger an. Auch gelassener und souveräner.

Die Durchlaufproben zu »Ronja Räubertochter« beginnen. Mit Maske und Kostüm, und ich bin den ganzen Tag dabei. Ich bin extrem gut vorbereitet, das Schminkteam ist gebrieft, ausgestattet, und ich habe einen Eins-a-Schminkplan vorbereitet, den ich als Plakat an die Tür vom Schminkraum hänge, damit die Kinder immer selbst nachsehen können, wann sie dran sind. Fürs Team habe ich ihn in DIN-A4 ausgedruckt, und eine befreundete Mutter ist als Koordinatorin eingeteilt. Sie schickt die Kinder zu uns, achtet darauf, dass wir die Schminkzeiten einhalten, kümmert sich, wenn jemand fehlt, sorgt für Ruhe und beantwortet die Fragen der Kinder, damit wir hintereinander weg schminken können.

Der erste Durchlauf an diesem Tag funktioniert einwandfrei. Zehn Minuten haben wir für jedes Kind. Es ist Arbeit im Akkord, aber wir sind pünktlich fertig. Wir beglückwünschen uns, schließlich machen wir das nicht alle Tage, und ich klopfe mir innerlich auf die Schulter. Super Plan. Wir setzen uns als Publikum in den Saal, haben selbstkritisch dies und das anzumerken, was wir noch verbessern wollen. Nach der Mittagspause sollen die Besetzungen wechseln für einen zweiten Durchlauf. Das heißt: alles noch mal von vorn mit anderen Darstellern. Vereinbart ist: Um 13.30 Uhr kommen die ersten Kinder wieder in die Maske, und so steht es auch auf dem Plan.

Die Kinder sind schon auf dem Weg zum Essen, da kommt die Regieassistentin vorbei. Sie weiß, es wird ein langer Tag, und sie meint es gut. Sie zeigt auf die Anfangszeit am Plan und sagt: »Ich schicke dir die ersten Kinder schon um eins, dann geht's schneller.«

Ich überlege noch, ob sich das überhaupt bewerkstelligen lässt, da ist sie schon um die Ecke. Mein Schminkteam ist auch in der Mittagspause, das muss ich anrufen, ob es um eins schon wieder hier sein kann. Alle können, bis auf eine, die ich nicht erreiche. Ich esse mein Käsebrot und überlege, wie ich das jetzt regeln soll. Da kommen bereits die ersten Kinder. Die Koordinatorin ist noch nicht da, die anzurufen hatte ich vergessen. Ich fange einfach mal mit dem Schminken an, die anderen vom Schminkteam auch. Alle, die hereinkommen, haben Fragen zu den veränderten Zeiten. Auf dem Plan steht ja was anderes. Und die zwei Kinder, die bei der Schminkmutter dran sind, die fehlt, stehen rum. »Was sollen wir denn jetzt machen?« Ich habe meine Finger in roter Farbe und tupfe das Rouge auf die Wangen vom ersten Räuber. Ich weiß auch nicht, was die jetzt tun sollen. »Wartet mal kurz, es geht bestimmt gleich weiter.«

Die Koordinatorin kommt herein und ist überrascht. Während ich das Bartschwämmchen in schwarze Farbe tauche, erkläre ich ihr den Schlamassel mit der geänderten Anfangszeit und bitte sie, eine Lösung zu finden. Für einen kurzen Moment bin ich erleichtert. Alles wird gut. Die Koordinatorin entscheidet sich kurzerhand, die zwei Kinder zu schminken, die jetzt dran wären. Ich tupfe dem Räuber vorsichtig das Schwarz auf die Wange, und mir sausen Gedanken durch den Kopf, dass sie noch nie geschminkt hat und wer denn jetzt die Koordination übernimmt, wenn die Koordinatorin nicht mehr koordiniert, sondern schminkt. Da kommt schon die erste Frage von ihr. Ich müsste sie einweisen und kann hier nicht weg. Auch jetzt habe ich nicht mehr als zehn Minuten pro Kind. Was wollten wir noch mal besser machen als im Durchlauf am Vormittag? Ich erinnere mich nicht.

Drei Kinder stehen um meinen Schminkplatz herum und haben Fragen: »Wann bin ich 'n dran?«, »Sollen wir uns nun erst umziehen oder erst in die Maske?«, »Kann ich nicht so dunkle Augen bekommen?«, »Du, Ina, sind die schwarzen Striche nicht viel zu dick?« …

Die schwarzen Striche sind die Falten der wettergegerbten Räuberhäute, und sie sind natürlich zu dick, wenn man sich auf einem Meter Abstand im Spiegel sieht. Aber mit Bühnenlicht und auf Fernwirkung sind sie kein bisschen zu dick. Gern würde ich das erklären, muss die Kinder aber stattdessen bitten, ein wenig Platz zu machen. Ich kann meinen Arm gar nicht ausstrecken. Ich spüle den Pinsel aus, auf den jetzt weiße Konturfarbe soll, und werfe einen Blick über den Raum, in dem es noch nie so voll und so laut gewesen ist wie jetzt gerade. Keine Ahnung, wie spät es ist. Ich versuche, ruhig zu bleiben.

Die Regieassistentin kuckt zur Tür rein und ruft zu mir herüber: »Heute kein Haarspray!« Und weg ist sie schon wieder.

Wie bitte? Kein Haarspray? Wie sollen denn die toupierten Haare halten?

Meine Tochter betritt den Schminkraum, zeigt auf mich und lacht. »Kuck dich mal an, Mama.«

Ich drehe mich kurz zum Spiegel um und erschrecke. Ich glühe. Dunkelrot bin ich im Gesicht und glänze.

Die letzte Schminkmutter kommt und ist bestürzt. Ich sehe mich in der Pflicht, mein Schminken zu unterbrechen und ihr zu versichern, dass sie keine Schuld trifft. Sie tauscht mit der Koordinatorin den Platz, und nun weiß die Koordinatorin nicht, wo sie mit dem Koordinieren ansetzen soll. Sie schiebt

Kinder von links nach rechts, macht sich Notizen und schickt alle irgendwohin. Es gibt keine Zeitansagen mehr. Ein Mann drängt sich bei den Kindern durch und kniet sich neben mich. Er hält etwas großes Schwarzes in meine Richtung. Oh, der Fotograf. Beim Auftragen des Lippenstiftes versuche ich, Herr meiner Gesichtszüge zu werden. Vielleicht sieht das Rot dann nur nach Wärme und Konzentration aus? Es schieben sich noch weitere Eltern in den Raum, die ich zwar kenne, die aber beim Schminken noch nicht ein einziges Mal dabei waren. Alle wollen helfen. Ich rufe ihnen zu, sie sollen sich doch bitte an die Koordinatorin wenden. Die wirft mir einen fragenden Blick zu, wie ich auf so eine Idee kommen kann.

Ein Vater äußert grundsätzliche Ideen und Vorschläge für die Maske seines Sohnes und greift auch schon zum Pinsel. Hier muss ich jetzt einschreiten. Ich muss! Ich springe von meinem Hocker auf, rufe seinen Namen und höre, wie schrill mein Ausruf geraten ist. Er hallt in meinem Kopf wider, in meinen Ohren, im ganzen Körper. Ich spüre die aufsteigende Hitze. Der Vater schaut mich an, ich schaue ihn an. Ich atme. Die Hitzewelle schlägt in Jubel über. Ich atme. Es ist mir eingefallen. In seinem Blick sehe ich eine Frage. Ich lache. Ich strecke die Arme hoch und gönne mir noch einen schönen Atemzug. Anstatt ihm zu sagen, dass er das bleiben lassen soll, wir hier einer besprochenen Konzeption folgen und er nicht befugt ist, uns hier reinzupfuschen, bitte ich ihn kurz, in dem momentanen Stress nichts zu verändern und seine Ideen im Anschluss mit mir zu besprechen. Dann sitze ich wieder auf meinem Platz und schminke den Räuber fertig. Was bin ich froh. So froh, dass es das Atmen gibt. Und eins weiß ich genau: Ab morgen läuft alles wieder nach unserem Plan.

Am zwanzigsten Tag meines ersten Experiments spüre ich, wie viel ruhiger mein Lebensgefühl geworden ist. Eine An-

sammlung von Kleinigkeiten hat vorher geschafft, mich abzu-
hetzen. Automatisch habe ich meine Schritte beschleunigt,
sobald ich auf der Straße war. Ich hatte ein Ziel, und da wollte
ich schnellstmöglich hin. In den letzten Tagen habe ich mich
abgestoppt, wenn ich bemerkt habe, dass ich wieder in Galopp
gefallen bin. Und tatsächlich habe ich es immer früher bemerkt, bis es gar nicht mehr passiert ist. Ich gehe jetzt ruhigen
Schrittes, und die Zeit bis zu meinem Ziel ist auch Lebenszeit.
Ich schaue mich um, sehe in Gesichter, spüre das Wetter und
den Boden unter meinen Füßen. Das fühlt sich lebendig an. Ich
habe Zeit dafür.

Wenn ich Tee koche, bin ich ganz beim Teekochen und
mache nicht noch lauter andere Sachen nebenbei. Diese kleinen Verrichtungen bekommen einen eigenen Wert, wenn ich
ihnen Aufmerksamkeit schenke, statt über sie hinwegzuhu-
schen. Einkaufen kann ich auch in Ruhe, dann vergesse ich
nichts, und überhaupt fällt mir die Last von den Schultern, supereffektiv sein zu müssen. Absichtlich beeile ich mich beim
Einpacken an der Kasse nicht mehr und stelle fest: Das ist überhaupt nicht schlimm. Keiner erwartet von mir, dass ich mich
überschlage.

Ich wage es, mich statt dreimal am Tag nur noch einmal von
meinem Handy erinnern zu lassen. Ich pausiere auch nicht
mehr sofort, sondern zum nächsten passenden Zeitpunkt.
Wenn eine Sache abgeschlossen ist und bevor ich mich etwas
Neuem zuwende. Diese Pausen sind mittlerweile meine kleine
Minimeditation. Ich hetze nicht übergangslos von einem Ta-
gesordnungspunkt zum anderen. Wenn ich zwei Minuten nur
dasitze und atme, spüre ich mich. Ich spüre, dass ich am Leben
bin, und dies auch, ohne dass ich etwas tue. Um das Atmen
muss ich mich nicht kümmern, das tut der Körper von allein.
Ich falle nicht vom Stuhl, auch das regelt der Körper von selbst.

Meine Organe arbeiten auch ohne mein Zutun, und sie werden von der Haut zusammengehalten. Ich mache die Erfahrung, dass ich so dasitzen kann und alles in Ordnung ist. Ruhe und Frieden ziehen ein. Es braucht gar nicht viel. Um es mit Laotse zu sagen: »Wer innehält, erfährt innen Halt.«

Fünf Tage später sehne ich mich nach einer stressigen Situation. »Wie bitte?«, denke ich, als mir das klar wird. Wer sehnt sich denn nach Stress? Und doch, ja, so ist es. Ich möchte üben. Ich möchte sehen, ob sich meine Aufgaben automatisiert haben, und dafür brauche ich nun mal eine stressige Situation. Ich lehne mich zurück und muss lachen. So ist es also, wenn ich mich auf Stress, der kommen wird, freuen kann. Ich fürchte mich nicht mehr davor, will nichts vermeiden und nicht ausweichen. Ich bin bereit, geradewegs darauf zuzugehen, wenn es so sein soll. Das fühlt sich gut an. Furchtlos.

Nach drei weiteren Tagen sieht es so aus: Ich bringe mein Kind in die Schule und gehe danach einkaufen. Meine Füße tragen mich ganz in Ruhe über den Bürgersteig, ich biege auf den Parkplatz ein, der mich zum Supermarkt führt. Ich höre einen Vogel zwitschern und spüre, wie der Wind mir ins Haar fährt. Die Tür öffnet sich von selbst, als ich mich nähere, und ich nehme mir ein Körbchen vom Stapel. Einem Mitarbeiter sage ich guten Morgen. Ich gehe zum Saftregal, lege Apfelsaft, Bio, in meinen Korb. Ich lasse den Blick schweifen. Oh, es gibt auch hundertprozentigen Kirschsaft. Nehme ich mal mit. Weiter geht's. Aus dem Cerealienregal nehme ich Haferflocken und auch Cornflakes mit Honig. Ah, da hinten steht noch Erdnussbutter, die habe ich schon ein paarmal vergessen. Noch was? Ich schaue noch mal. Nein. Also weiter.
   Das Süßigkeitenregal lasse ich, ebenso die Fleischabteilung, links liegen. Das Käseregal. Ich bleibe stehen. Gibt es hier was

Neues? Oder soll ich mal etwas anderes mitnehmen? Meine Augen gleiten in Ruhe über die Packungen, suchen nach dem Unbekannten, nach dem, was ich nicht immer kaufe. Ich suche mir einen Käse, den ich noch nie probiert habe, der bekommt heute mal eine Chance. Den gewohnten nehme ich zur Sicherheit auch mit. Brot, Milch, Sojamilch, Joghurt. Weiter.

Ich begebe mich in Richtung der Kasse. Einen Anflug von Freude kann ich bemerken. So macht mir das Einkaufen Spaß. Ich sehe meinen Prosecco Rosé, bevor ich an der Kasse stehe, und packe ein Fläschchen in den Korb. Ja, und dann achte ich mal wieder nicht auf Effektivität. Es ist, als hätte ich einen Lausbubenstreich gewagt. Es gluckert in mir, und ich habe Mühe, nicht laut loszuprusten. Wie sollte ich das erklären, wenn mich jemand fragt? Als ich dran bin, verwickle ich die Verkäuferin sogar noch in ein Schwätzchen. Das ist schon fortgeschrittenes Stadium. Ich wünsche einen schönen Tag, und dann bin ich da raus. Der Vogel ist nicht mehr zu hören, der Wind ist noch da.

Als ich an meiner Haustür angelangt bin, kommt die Sonne hervor. Ich drehe mein Gesicht in ihre Richtung. Ach, wie schön, Sonne. So stehe ich, keine Ahnung, wie lange. In jedem Fall so lange, dass ihre Strahlen meine Haut erreichen, sie durchdringen, wie eine kurze, effektive Erfrischung.

Dann steige ich die Treppen zu meiner Wohnung hoch und bin in Gedanken beim Treppensteigen. Meine kleine Sporteinheit. Mit Einkauf. Ich spüre meine Muskeln im Oberschenkel und ab der vierten Etage auch die im Po. Das tut gut. Ich schließe die Tür auf und sehe auf meine Uhr. 25 Minuten. Ist das jetzt viel oder wenig? Zehn Minuten mehr als am ersten Tag. Zehn Minuten mehr als ohne Spaß. Ich glaube, die zehn Minuten habe ich. Und überhaupt, das Leben nur in effektiv und ineffektiv einzuteilen ist unterm Strich total ineffektiv. Ich kann hundertprozentig effektiv sein, hab aber nicht viel vom

Tag und vom Leben gesehen. Vielleicht ist das gewagt, aber ich würde behaupten, man läuft Gefahr, das Leben an sich zu verpassen. Das Leben, das in den Kleinigkeiten steckt. In der Qualität, die einfachste Tätigkeiten haben können. Wie lege ich meinen Apfelsaft in den Korb? Wie fühlt sich die Packung an? Bin ich heute offen für etwas Neues? Geht draußen ein Wind? Mit nur wenigen Sekunden mehr bekommt das Leben eine offenere Dimension. Das Glück liegt im Moment, und wenn ich darüber hinweghetze, bekomme ich es nicht mit.

Mein Arbeitstag beginnt. Ich telefoniere mit meiner Agentin, Facebook ist nicht geöffnet, Mails kommen nicht herein, denn der Computer bleibt solange aus. Ich spreche fünf Minuten mit ihr. Wir klären einen Termin, sie erzählt etwas von sich, ich etwas von mir. Ich bin in Gedanken voll und ganz bei ihr. Das hat Qualität. Das fühlt sich an wie etwas Solides. Da hab ich was von. An meinen neuen Arbeitstagen mache ich alles hübsch hintereinander und muss mich kein bisschen schämen. Jede mit Bedacht und Ruhe ausgeführte Handlung hinterlässt ein Gefühl der Fülle und des Ausgefülltseins, das den gesamten Tagesablauf beeinflusst.

15.30 Uhr: Zeit, mein Kind abzuholen. Ich schlüpfe in die Jacke, da klingelt mein Telefon. Ich lasse es klingeln. Dafür gibt es doch Anrufbeantworter.

Ich schwinge mich auf mein Fahrrad, muss mich nicht beeilen, habe aber Lust, schnell zu sein. Nach einem Arbeitstag am Schreibtisch würde ich gern meine Muskeln spüren. Ich schalte in den dritten Gang, yeah, und biege nicht auf die befahrene Straße ein, in der lauter Lkws die Spuren blockieren. Ich gebe Gummi, wenn es möglich ist; und wenn es nicht möglich ist, achte ich auf meine Sicherheit und auf die von allen anderen. Ich kriege mit, wenn Autos nicht blinken und andere Fahrradfahrer die Hand nicht raushalten. Sie dürfen auch zu einer gemütlichen Spazierfahrt aufgebrochen sein. Fußgänger gehen über die Straße, wann und wo es ihnen gerade beliebt. Ich hoffe, sie sind mit fünfzig Schutzengeln ausgestattet. Ich erreiche die Schule ganz entspannt und schließe meine Tochter ohne schlechtes Gewissen in die Arme. Ich höre, dass das Essen in der Schulkantine mal wieder zum Brechen war.

Daraus folgt, dass ich heute Abend, also nachher, etwas Schönes kochen darf. Na dann. Ganz in Ruhe gehen wir etwas einkaufen, und gemütlich radeln wir nach Hause, gehen in unserem Tempo die Treppen hoch, ziehen die Schuhe aus und schmeißen sie, ohne das verabredet zu haben, in hohem Bogen in die Ecke. Denn, das hab ich mir gemerkt: Mit Spaß geht alles besser. Wir waschen uns genüsslich die Hände, dann mache ich mich ans Kochen. Meine Tochter macht sich an die Schulaufgaben. Ich entferne die Schale einer Gurke (das ist ein Gemüse, das meine Tochter mag) und lege mir davon einen Streifen auf die Stirn. Das hat meine Oma schon gemacht und gemeint, es wäre gut für die Haut. Ja, das hat sie wirklich geglaubt, und dies war für sie ein nützlicher Glaubenssatz.

Da ich nicht woandershin renne und keine neue Baustelle eröffne, habe ich Zeit, in Gedanken zu meiner Oma zu wandern. Ich sehe, wie wir vor fünfunddreißig Jahren gemeinsam Gurken geschnippelt haben. Die stammten aus dem eigenen Garten und schmeckten vorzüglich. Für ein paar Minuten ist meine verstorbene Oma bei uns zu Gast. In der Wohnung, die sie nie gesehen hat, mit meiner Tochter, die sie so gern kennengelernt hätte. Bei diesen Gedankengängen fällt mir ein, dass ich meiner Mama noch eine Mail schreiben wollte. Ich notiere mir das für nachher, wenn ich sowieso an meinem Computer sitze. Ich spüre Liebe und Dankbarkeit. Nichts brennt an, kein Gehetze und Gerenne. Ich koche mit Lust; und als wir nach fünfzehn Minuten alles aufgegessen haben, bin ich auch nicht traurig. Das Kochen war keine Last.

Ich finde, dieser Monat hat sich gelohnt. Ich fühle mich nicht mehr abgehetzt und schaffe alles, was ich sonst auch schaffe. Vielleicht fallen ein paar Kleinigkeiten durch das Sieb, aber da sind vorher auch schon Sachen durchgefallen. Ich habe eine Minimeditation eingeführt, die ich jederzeit und überall machen kann. Ich muss nicht mehr supereffektiv sein, kann Pausen zulassen und alles der Reihe nach machen. Mit mehr Ruhe bin ich näher an mir selbst, näher am Leben, näher am Wesentlichen. Ich habe gespürt, dass es möglich ist, automatische Reaktionsmuster zu durchbrechen. Für einen abschließenden Test warte ich allerdings noch immer auf ein bisschen Stress …

Ohne Streben nach Verbesserung

In ihrem Buch *Ich brauche deine Liebe – ist das wahr?* beschreibt Byron Katie, wie schön unser Leben manchmal ist, wie wir vielleicht in einem Sessel sitzen, einen Moment erwischt haben, in dem alles gut und sehr gemütlich ist. Wir tun nichts weiter, als diesen Moment zu genießen – bis der Gedanke auftaucht, es könnte noch ein bisschen gemütlicher sein, wenn wir uns noch ein Kissen holen ... Unter der Überschrift »Der Gedanke, der Sie aus dem Paradies vertreibt« schreibt sie:

> »Ohne diesen Gedanken sind Sie im Paradies – Sie sitzen einfach in Ihrem Sessel ... Was erleben Sie nun, wenn Sie dem Gedanken Glauben schenken, dass Ihnen irgendetwas fehlt? Der Soforteffekt mag subtil sein – nur eine leichte Unruhe, wenn sich Ihre Aufmerksamkeit von dem abwendet, was Sie schon haben ... Auf der Suche nach Behaglichkeit machen Sie es sich selbst unbehaglich ... Die meisten Leute sind so eifrig dabei, irgendwelche Verbesserungen vorzunehmen, dass sie es gar nicht merken, wenn sie das Paradies verlassen haben. Wo immer sie sind, irgendetwas oder irgendjemand könnte stets besser sein.«[*]

Allein der Gedanke an etwas, was ich eigentlich noch tun müsste, lässt mich diese Unruhe spüren. Weil ich es mir ein-

---

[*] Byron Katie: *Ich brauche deine Liebe – ist das wahr? Liebe finden, ohne danach zu suchen*, München, Goldmann Verlag.

mal vorgenommen habe, es auf meiner Liste steht oder ich mich in dem Glauben befinde, jemand erwarte es von mir.

Ja, die Menschheit will sich entwickeln, nicht stehen bleiben, immerzu vorwärts und schneller, weiter, höher.

Ich wohne in Berlin-Kreuzberg an der Grenze zu Neukölln, und da hat im letzten Sommer eine kleine Schneiderbude aufgemacht. Eine von vielen, hab ich gedacht, die nicht überleben werden. Im Schaufenster dieses Ladens hing ein T-Shirt mit der Aufschrift »Ist mir egal, ich lass das jetzt so«. Mir wäre dieses Shirt gar nicht aufgefallen, wäre mein Mann nicht vor dem Laden stehen geblieben (das macht er sonst nie). Er hat auf das T-Shirt gezeigt und gesagt: »Mag ich.« Ich habe nicht verstehen können, worin der Reiz dieses mausgrauen Teils bestand. Es hatte einen Rundausschnitt wie die Fünf-Euro-»Normaloshirts« und war mit diesem für mich nichtssagenden Spruch versehen. Abgesehen davon, dass ich sowieso keine Shirts mit Sprüchen drauf trage. Erst recht hab ich gekuckt, als nach ein paar Wochen gefühlt jeder Dritte im Kiez dieses T-Shirt trug, Zeitungen es als hip abdruckten und dieser Spruch sogar dauernd zitiert wurde.

Ich fragte meinen Mann eines Abends, worin der Zauber dieses Kleidungsstücks lag, und er gab mir eine hochgradig soziologisch-philosophische Antwort, die ich hier nur sinngemäß wiedergeben kann: In unserem Zeitalter der Beschleunigung und der Perfektionierung gelte es, genau diese Stresskette zu unterbrechen und nicht alles immer noch besser machen zu wollen. Oft reiche es vollkommen aus, Dinge einfach so zu lassen, wie sie gerade seien. Die frei gewordene Zeit könne man gut dafür verwenden, an der Ecke einen Kaffee zu trinken, sinnfrei in der Sonne herumzusitzen oder anderweitig die Seele baumeln zu lassen. Das käme heutzutage nämlich auffallend zu kurz.

»Jo«, hab ich gedacht, »stimmt. So gesehen …«

Meine Phantasie beim Lesen dieses Spruchs war in Regionen geeilt, wo niemand mehr seine Arbeit fertigmacht, alles nur noch halbgewalkt und lose herumhängt, dafür aber alle sinnfrei die Nase in die Sonne halten. So wie in einem südlichen Land, dessen Namen ich hier nicht nennen möchte. Als ich dieses Land vor kurzem bereiste, hatte ich die Kulturschätze vor Augen, für die dieser Landstrich seit Jahrhunderten bekannt ist. Was meine Augen dann wirklich erblickten, war eine Tristesse, die mir bis heute in den Knochen sitzt. Schönheit suchten meine Augen vergebens, Handwerk war ausgestorben, Kabel hingen lose von einem Haus zum nächsten, nichts funktionierte … man gab sich eben mit dem Allerallermindesten zufrieden. In der Sonne gesessen wurde hingegen viel. Manchmal einfach so am Bordstein, falls es denn einen gab.

Innerlich schlug ich die Hände über dem Kopf zusammen und merkte: In dieser extremen Ausprägung wäre das Nase-in-die Sonne-Halten nichts für mich.

Es handelt sich also um ein Einerseits und auch um ein Andererseits. Einerseits macht das Streben nach ständiger Verbesserung müde, verursacht Stress und damit keine Verbesserung des Lebensgefühls. Andererseits sind durch ständige Verbesserung und Liebe zum Detail grandiose Werke entstanden. Die Nase in die Sonne zu halten ist auf Dauer nicht alles. Sich Mühe für etwas zu geben kann sehr erfüllend sein.

Wo also ist es durchaus sinnvoll, dem Spruch auf dem T-Shirt zu folgen und alles einfach mal so zu lassen, wie's ist? Und wo ist es produktiv, anregend, nutzbringend und überaus sinnvoll, sich anzustrengen und nach Verbesserung zu streben?

Ha! Da fällt mir jemand ein, bei dem es für mich so aussieht, als hätte er sich in dieser entscheidenden Lebensfrage immer genau ungünstig entschieden. Nichts hat er zu Ende gebracht, bis dreißig gedacht: »Ach, geht schon.« Während andere studierten und neben dem Studium noch Geld verdienten, hat er fleißig die Nase in die Sonne gehalten. Angestrengt hat er sich, zu den richtigen Kreisen zu gehören, mit Künstlern zu verkehren, für die er irgendwann nur noch ein Mitläufer war. Fünf Jahre kam es ihm gelegen, mit seinen zwei Kindern zu Hause zu bleiben, und saß in der Sonne, als die im Kindergarten waren. Mühe gegeben hat er sich dann wieder, als seine Frau ihn verlassen hatte, als es für Beziehungsarbeit zu spät war. Fünf Jahre Terror, Trauer und verzweifelte Versuche, sie wiederzubekommen. Das Scheitern im Alkohol versenkt.

Davon musste er sich im Anschluss erholen und konnte eine Weile gar nichts anderes tun, als in der Sonne zu sitzen. Aufgerieben hat er sich dann wieder mit dem Arbeitsamt, beim Streit um die Hartz-IV-Bezüge. Seit ich ihn kenne, ist er von einer Krise in die nächste geschlittert.

Nun drängt es mich, auch ein Gegenbeispiel zu finden. Kenne ich jemanden, bei dem es so aussieht, als hätte er diese Frage für sein Leben günstig entschieden? In den passenden Momenten losgelassen und sich an wichtigen Stellen voll hineinbegeben?

Ich kenne zum Beispiel eine Frau, die nach der Scheidung von ihrem Mann beschlossen hat, auf folgende Weise auf Männersuche zu gehen: Sie hatte das Bedürfnis, offenen Herzens und mit Lust und Freude Männer kennenzulernen. Sie glaubte daran, dass es »da draußen« einen gäbe, der wirklich gut zu ihr passe und sie zu ihm. Diesen Prinzen galt es zu finden. Sie nahm sich vor, mit jedem Mann, mit dem es sich gut anfühlte, ein Stück zu gehen. Sollte sie nach einer Weile merken, dass er doch nicht der Prinz ist, wollte sie sich nicht verstricken. Ihre Maxime war, in diesem Fall klar zu sein und loszulassen. Und dann weiter für die Begegnung mit dem Prinzen offen zu sein. Und genau so hat sie es gemacht. In zwei Jahren hat sie mit vier Männern näher zu tun gehabt, hat jedes Mal ungefähr drei Monate gebraucht, um zu sehen, dass sie nicht der Prinz für sie sein können, und ist dann nicht aus Mitleid oder Unklarheit geblieben. Einerseits ist sie der großen Linie klar und strebsam gefolgt, und andererseits hat sie sich nicht für etwas ausgebrannt, was ihr nicht wichtig war. Sie hat sich mit der Verbesserung keinen Stress gemacht – und Mann fünf war dann der Prinz, mit dem sie seit nunmehr zwei Jahren ihr Leben teilt. Sie hat entspannt nach Verbesserung gestrebt und losgelassen, sobald klar war, dass es nichts zu verbessern gab.

In diesem Monat möchte ich aufmerksam sein, wo ich mir mit gutgemeinten Verbesserungsideen das Leben schwer mache und es dadurch eben nicht verbessere. Könnte es sein, dass manche Dinge einfach mal so bleiben können? Wie ist es, wenn ich sie von der Liste streiche? Mit welchen Gedanken vertreibe ich mich aus dem Paradies, in dem ich mich eigentlich schon befinde?

Ich schaue mich um. Seit drei Jahren will ich die Türen in meinem Arbeitszimmer lackieren. Am Anfang war diese Idee Freude, denn ich werkle gern zu Hause herum. Auch das Streichen der Türen, die ich schon lackiert habe, war Freude. Dann habe ich es mit den restlichen zwei Türen nicht geschafft. »Man«, hab ich zu mir gesagt, »das kann doch nicht sein, dass du es nicht schaffst, etwas zu tun, was du aber tun möchtest.« Offensichtlich gab es jede Menge Dinge, ich gern tun wollte. Und irgendwelche Prioritäten habe ich immer gesetzt. Die Türen waren bis heute nicht dabei. Zwei Jahre habe ich eine leichte Enttäuschung gespürt, wenn ich daran dachte, dass ich es nicht schaffe, mich meinen Türen zu widmen. Traurige Gedanken, die mir sagen wollten, dass in meinem Leben was nicht richtig ist. Dass meine Zeiteinteilung nicht stimmt, dass ich zu viel arbeite.

Bis ich diese Gedanken überprüft habe. Und dann? Dann bin ich zu meinem Schreibtisch gegangen, habe die Liste vorgenommen, auf der mittel- und langfristige Projekte draufstehen, und hab die Türen von der Liste gestrichen. Ein Punkt weniger, eine Sache weniger zu tun. Unverzüglich trat Erleichterung ein. So deutlich, dass ich gleich noch zwei Dinge gestrichen habe. Und um die Sache klarzumachen, habe ich einen neuen Zettel geschrieben. Der sah übersichtlich aus, und beim Betrachten hatte ich nicht mehr das Gefühl, dass es in meinem Leben furchtbar viel zu tun gibt. So viel, dass es kaum zu schaffen ist, dass ich mich echt ranhalten muss, mich zusammennehmen, am Riemen reißen oder disziplinieren muss – oder welche schönen Wortkreationen noch für diese Art stehen, sich Druck zu machen. Nein, meine neue Liste sah übersichtlich aus. Machbar, entspannt. Viel hatte ich nicht verändert, aber mein Lebensgefühl war gleich freundlicher.

Nachdem ich meine traurigen Gedanken überprüft hatte, glaubte ich nicht mehr, dass in meinem Leben oder mit meiner Zeiteinteilung etwas nicht stimmt. Das Gegenteil kam mir plausibler vor. Es stimmt alles. Es regelt sich sogar auf wunderbare Weise von ganz allein. Mir waren halt andere Dinge immer wichtiger gewesen als die Türen. Und das ist in Ordnung. Das Buch zu schreiben ist wichtiger, mit meiner Tochter Hausaufgaben zu machen oder Unsinn zu verzapfen ist wichtiger, mal länger zu schlafen ist wichtiger, Freunde zu sehen oder mit meinem Mann zu kuscheln … all das ist mir offensichtlich wichtiger, als die Türen zu lackieren. Denn sonst hätte ich sie längst lackiert. Kann das so einfach sein? O ja, so einfach kann das sein. Ich muss gar nichts tun, es sei denn, ich will. Und wenn ich wirklich will, dann tue ich es auch. Dann halte ich mich nicht damit auf, daran zu denken, es von einer Liste auf die nächste zu übertragen oder traurigkeitsgeschwängerte Gedanken zu pflegen, warum es mal wieder nicht geht. Wenn ich will, werde ich dabei Freude empfinden, in Schwung kommen und Zeit finden, um es zu tun. Ganz ohne Stress.

Ich gehe an den unlackiert gebliebenen Türen vorbei, weiter durch meine Wohnung. Im Flur bleibe ich stehen. Das Bad und das Gästezimmer haben zwei kleinere Türen, durch die Leute meiner Größe sich immer bücken müssen. Darüber habe ich vor ein paar Jahren kleine Lichtfenster eingebaut. Ich erinnere mich, das wollte ich damals unbedingt. Umrahmte Fenster mit farbigen Ornamenten drauf. Das sieht sehr schön aus und hat richtig Arbeit gemacht. Und damals null Stress. Heute würde ich mir das nicht ans Bein binden. Um Gottes willen! Und − muss ich ja auch nicht, denn die Fensterchen hab ich ja schon.

Im Flurregal liegen Mützen, Handschuhe, Schuhputzzeug, eine Fahrradpumpe … ah ja, und meine abgenuckelte Sonnenbrille, die ich mir mal im Urlaub für sehr wenig Geld gekauft habe. Ein Provisorium, das verstand sich von selbst. Denn eigentlich wollte ich natürlich etwas ganz anderes, etwas Spezielles. Wunderschön sollte die Sonnenbrille sein, die zu mir passte, klassisch, aber nicht zu teuer, nicht zu stylish, unbedingt pflegeleicht und am liebsten mit orangefarbenen Gläsern, die mir die Welt herrlich kontrastiert erscheinen lassen. Wissen Sie, wie viel Zeit ich schon mit der Suche nach dieser Brille verplempert habe? Na gut, nun auch wieder nicht *so* viel, aber schon viel. Besonders in Gedanken.

Bis meinem Mann an einem europäischen Flughafen seine heißgeliebte, ultrateure Prada-Sonnenbrille abhanden kam. Die ganze Zeit hatte sie in seinem Hemd gesteckt, und nun war sie weg. Wir haben das Terrain gründlich abgesucht, alle mit unseren Nachfragen verrückt gemacht – sie blieb weg, und er war traurig. Meine abgenuckelte Sonnenbrille war noch da. Wenn sie ein Lebewesen gewesen wäre, hätte ich mich in dem Moment bei ihr entschuldigt. Verzeih, dass ich dich immer nur als Provisorium angesehen habe, dass ich bereit gewesen wäre, dich gegen ein schickes Designerteil einzutauschen. Du hast mir treu gedient … und ja, hatte sie wirklich. So eine Brille war nicht vom Diebstahl bedroht. Und wenn sie einfach mal so wegkäme, wäre ich nicht geknickt. Toll.

Ich nahm die Brille kurz aus dem Regal, wendete sie in meinen Händen und musste lachen. Nein, an dieser Stelle musste ich nichts verbessern, mir keine neue Brille zulegen. Schön, dass ich sie hatte.

Ist es denn möglich, mit dem zufrieden zu sein, was man hat? Schon oft habe ich mich in arbeitsreichen Zeiten auf meinem Stuhl zurückgelehnt und mir gedacht: »Wenn ich weniger bräuchte, müsste ich auch nicht so viel ranschaffen. Ich müsste nicht so viel Geld verdienen, ergo weniger arbeiten.« Immer wenn ich das gedacht hatte, bin ich meine Kontoauszüge durchgegangen und habe ein paar Anrufe getätigt, Mails geschrieben und ein paar Dinge abbestellt. Wie eine Grundreinigung. Brauche ich nicht, brauche ich nicht, brauche ich nicht. Danach war mir meist ganz leicht, wie nach einem Frühjahrsputz. Immer wieder höre ich den Einwand:

»Wenn ich wirklich vollkommen zufrieden bin mit dem, was ich habe, werde ich dann nicht träge? Passiv? Lustlos? Lasse ich dann nicht alles schleifen und lande über kurz oder lang unter der Brücke?«

Na gut, wenn ich dann auch damit zufrieden sein kann, ist das kein Drama, aber vom jetzigen Standpunkt aus gesehen, möchte ich eher nicht unter der Brücke landen. Doch hindert uns dieser Gedanke daran, zufrieden zu sein?

Ist es denn wahr, dass ich träge werde, wenn ich mit dem zufrieden bin, was ich habe?

Hm. Ich habe mir die erste Frage der Work gestellt. Nun atme ich und warte darauf, dass mein Verstand mir Bilder zeigt. Oder eine Antwort. Alle Momente, die mir einfallen und in denen ich zufrieden war, haben sich wohlig angefühlt, kein bisschen träge. Ich war noch nie lange am Stück rundherum zufrieden, aber ein, zwei Wochen kann das Gefühl schon mal anhalten. Meine Antwort ist: »Nein. Zufriedenheit macht mich nicht träge, sie macht mich ruhig. Das ist etwas anderes.« Ich gehe gleich zur dritten Frage:

Wie reagiere ich, wenn ich glaube, dass ich träge werde, wenn ich mit dem zufrieden bin, was ich habe?

Ich setze mich kurz auf den Holzstuhl im Flur. Wenn ich diesen Gedanken glaube, fange ich an, mich vor einer möglichen Zufriedenheit zu fürchten. Ich zweifle an ihr und werfe mich dadurch aus dem Paradies, in dem ich gerade bin. Ich bemerke, dass mich eigentlich jede Art von Befürchtung aus dem Paradies vertreibt. Viele Sätze, die nach dem Schema »wenn – dann« aufgebaut sind, bergen dieses Potenzial. Mein Verstand glaubt zu wissen, dass in der Zukunft etwas Problematisches passieren wird, und sucht Beweise dafür. Befürchtungen, was die Zukunft bringen mag, sind unproduktives Denken. Und unproduktives Denken braucht kein Mensch. Diese Art des Denkens kann man sich getrost abgewöhnen. Wenn ich glaube, ich könnte träge werden, dann gehe ich davon aus, dass ich aufpassen muss, vorsichtig sein muss, auf der Hut sein muss und Ähnliches. Das fühlt sich sehr unentspannt an. Ein Leben in Habtachtstellung.

Und wer wäre ich ohne diesen Gedanken?

Ich stelle mir diese vierte Frage der Work und erwarte keine schnelle Antwort. Ich lehne mich zurück, gebe der Frage nur Raum und spüre, wie es sich anfühlt, ohne diesen Gedanken zu sein. Ich seufze. Jetzt gerade ist mir, als würde eine Erleichterung eintreten und der Horizont wäre weiter. Ich fühle mich ruhig. Es ist, als käme ich vom zu vielen Denken wieder im Leben an. Ich kann wahrnehmen, dass ich hier sitze, in meinem Flur. Dass ich mir Zeit genommen habe und jetzt gerade, in dieser Sekunde, eine Art Zufriedenheit empfinde. Diese Zufriedenheit lässt mich nicht träge werden. Ich verspüre immer noch Lust, mir die Umkehrungen anzusehen:

»Ich werde nicht träge, wenn ich mit dem zufrieden bin, was ich habe.«

Kann ich für diese erste Umkehrung drei Beispiele finden? Wo war ich mal vollkommen zufrieden mit dem, was ich hatte, und es hat mich nicht träge gemacht?
1. Ich war sehr zufrieden mit meinen ersten eigenen Postkarten und hab sie dann fleißig verschickt, verschenkt und in Buchhandlungen untergebracht. Ich war das Gegenteil von träge: »Entflammt« würde es am ehesten treffen.
2. In meiner Wohnung habe ich seit drei Jahren nichts mehr verändert. Ich bin sehr zufrieden mit ihr, noch nicht blind für ihre Schönheit geworden, und ich spüre immer wieder Dankbarkeit, dass es dieses Zuhause für mich gibt.
3. Für dieses Jahr hatte ich mir vorgenommen, einen gewissen Betrag auf meinem Konto nicht zu unterschreiten. Ich hatte

festgestellt, dass ich mich beim Blick auf den Kontostand stets sehr zufrieden fühle, wenn dieser Betrag dort steht (oder mehr). Und es hat mich weder träge gemacht, diese Summe dort stehen zu sehen (neun Monate lang), noch, einen höheren Betrag zu sehen (zwei Monate lang). Ich habe nicht aufgehört, zu arbeiten, zu planen, zu schreiben und neue Ideen zu notieren.

Kommen wir zur zweiten Umkehrung:

>>Ich werde träge, wenn ich mit dem unzufrieden bin, was ich habe.<<

Diese Umkehrung ist für mich viel wahrer als mein ursprünglicher Glaubenssatz. Wie zermürbend es sich anfühlt, unzufrieden zu sein, wie wenig ich in so einem Zustand auf die Reihe bekomme und wie ich dann am liebsten mit sofortiger Wirkung in einen Winterschlaf fallen möchte:

1. Als ich 1989 mein Schauspielstudium mit Diplom abschloss, hatte ich einen Vertrag mit dem Jugendtheater Halle in der Tasche. Ich war hochgradig unzufrieden, denn da wollte ich nicht hin. Nicht ums Verrecken. Ich saß zu Hause und hatte zu nichts Lust. Zu gar nichts. Ich schlief und schlief und starrte die Decke an. Wochenlang tat ich nichts anderes als essen, schlafen, rumhängen, Trübsal blasen. War ich träge? O ja!

2. Vor zwei Jahren habe ich versucht, meinen Dachboden aufzuräumen, hatte mir dafür einen Nachmittag Zeit gegeben und schon nach zwei Stunden festgestellt, dass diese Zeitvorgabe vollkommen unrealistisch war und das nie und nimmer zu schaffen wäre. Immer lustloser räumte ich Dinge von links nach rechts, wurde langsamer, bis ich mittendrin einfach alles fallen ließ. Ich war unzufrieden mit dem Er-

gebnis. Und das hatte zur Folge, dass ich den Dachboden für eine Weile gar nicht mehr betrat.

3. Vor ein paar Wochen war ich zu einer Feier eingeladen, bei der vor allem Lehrer waren. Sie haben sich den ganzen Abend über Schulthemen unterhalten. Eine halbe Stunde fand ich das auch interessant, dann habe ich versucht, ein anderes Thema in die Runde zu werfen, man kam aber mit zwei, drei Überleitungen zu den geliebten Schulthemen zurück; und nachdem sich das ein paarmal wiederholt hatte, spürte ich Unzufriedenheit. Ich saß dort am Tisch, hatte gegessen und ein Glas Wein vor mir, war aber nicht langfristig am Gespräch interessiert. Mit meinen Gedanken war ich woanders, wurde in der Runde sehr träge und habe mich beizeiten verabschiedet.

Ich sehe, ich muss keine Angst vor Zufriedenheit haben. Die beißt nicht und macht auch nicht träge. Es ist eher die Unzufriedenheit, die an meinen Kräften zehrt und mich träge macht. Gut zu wissen. Dann kann's ja losgehen. Zum Beispiel jetzt hier gerade, in diesem Moment: Kann ich zufrieden sein?

Hm, wenn ich mich das so frage, fallen mir eher Dinge ein, die besser sein könnten. Also anders: Wie wäre es, wenn ich jetzt hier gerade zufrieden sein könnte? Zufrieden mit meinem Schreibgerät, mit dem Stuhl, auf dem ich sitze, mit der Luft im Zimmer, dem Glas Wasser, das neben mir steht? Ja, das wäre sehr angenehm, und das kann ich. Und wie wäre es, wenn ich jetzt und hier auch mit allem zufrieden sein könnte, was nicht so perfekt ist, nicht vollständig meinen Vorstellungen und Anforderungen entspricht? Mit meinem Gesundheitszustand zum Beispiel oder dem Seminar nächste Woche, das noch nicht ausgebucht ist? Oder dem Kontostand, der in diesem Monat unter meine Marke gefallen ist? Wenn ich das könnte, wäre das schön.

Da tritt Ruhe ein. Alles darf jetzt gerade so sein, wie es sowieso ist. Ich atme einmal tief ein und aus und merke, wie mein Körper sich entspannt. Es fühlt sich an, als ob mir rein gar nichts passieren könnte. Wenn alles so sein darf, wie es ist, herrscht Frieden. Und, fällt mir ein, es bedeutet nicht, dass ich nichts mehr verändere. Jede Tat, jede Handbewegung verändert ja etwas in meinem Leben. Ich verändere es nur nicht mehr aus einem Gefühl des Mangels heraus. Nicht mit einem stressigen Gefühl, sondern auf der Basis einer Grundzufriedenheit. Nur wenn ich will und dabei Freude empfinde. Natürlich werde ich zum Arzt gehen, ich will diese Untersuchung. Ich kann auch noch ein paar Mails schreiben und Menschen zum Seminar einladen. Oder abwarten, meist füllt sich das Seminar ja von selbst. Ich könnte mir auch was überlegen, wie ich den Kontostand wieder über meine Marke gehievt bekomme. Muss ich aber alles nicht. Ich spüre, ich könnte auch mit dem, wie es gerade ist, zufrieden sein. Ich kann ganz zufrieden zum Arzt gehen oder noch jemanden an das kommende Seminar erinnern. Bei meinem Kontostand entscheide ich mich dafür, nichts zu tun. Es ist leichter, einfach zufrieden zu sein mit der Zahl, die da steht. Ich merke, auch das geht.

Es ist 12.45 Uhr, und ich bemerke ein Hungergefühl. Ich gehe in die Küche und öffne den Kühlschrank. Nicht viel drin. Ich könnte schnell hinunterlaufen und mir was kaufen. Aber ...! Ich könnte auch mit dem, was da ist, zufrieden sein. Es tut so gut, mit dem Essen ab und zu schlicht, ja fast kärglich zu bleiben. Ich nehme mir eine Scheibe Brot, ein Stück Käse, zwei Tomaten und setze mich an den Küchentisch.

Kann das genügen? Ich beiße in das Brot und freue mich, etwas zwischen den Zähnen zu haben. Das Kauen selbst ist ein schönes Gefühl, und dass mein Hunger gleich gestillt sein wird, ist eine gute Aussicht. Ich schlinge nicht. Wenn ich nicht so viel Auswahl habe, ist das Brot wertvoller. Es ist voller Körner, die ich mit den Zähnen einzeln zerkauen kann. Ja, in letzter Zeit hatte ich manchmal eine Art Überdruss gespürt. Ich kann hier in Berlin-Kreuzberg überall lecker essen gehen, kann zwischen spanischer, italienischer, vietnamesischer, koreanischer, türkischer, japanischer, deutscher, amerikanischer, paläontologischer und weiteren Küchen wählen. Es ist überall preiswert, und ich kann es mir leisten. Um die Ecke habe ich drei große Supermärkte, zwei Bioläden, einen italienischen Feinkostladen; und wenn ich mich nur ein kleines Stückchen aus meinem Kiez herausbewege, gibt es alles, was das kulinarische Herz begehrt. Alles! Ich bin von Natur aus neugierig und habe immer wieder Lust, etwas Neues zu probieren. Sogar zur Molekularküche hat mein Mann mich zum Geburtstag eingeladen und dafür am Ende des Abends dreihundertfünfzig Euro hingeblättert.

Und dann gibt es Momente, da frage ich mich, was ich essen möchte, und mir fällt nichts ein. Ich habe Hunger, aber keinen Appetit. Ich kann immer alles haben. Das ist schön und schrecklich zugleich, und am Ende sind es nur Möglichkeiten. Ich kann meinen Nahrungsmittelkonsum in diesem Monat mal runterfahren, ihn nicht weiter verbessern, verfeinern und »besonderer« machen. Ich mache ihn mal schlichter. Einfacher.

Ich schneide eine Tomate auf. Vom Saft fließt etwas heraus. Salz fehlt. Ich will aufspringen, das Salznäpfchen holen und setze mich wieder. *Halt!* Kann ich zufrieden sein mit dem, was ich habe? Ich weiß, das Salz könnte ich mir wirklich gönnen, aber mal schauen, wie es ohne ist. Das Tomatenstück ist ein Erlebnis. Saftig, fruchtig, und da ich meine Tomaten im Bioladen kaufe, schmecken sie meistens auch nach Tomate. Salz ist nicht unbedingt nötig. Ich lasse mir Zeit, kaue gründlich und bin nach zwei Scheiben Brot und drei Tomaten nicht mehr hungrig. Das ist mir zwar nicht egal, aber ich lass das jetzt so.

Zwei Tage später schaue ich im Laden einer Bekannten vorbei. Vor einem Jahr hat sie in Berlin ein Schmuckgeschäft eröffnet. Sie freut sich, mich zu sehen, ich frage, wie es ihr geht, und sie verzieht das Gesicht. Ach, irgendwie läuft es nicht, sagt sie und erzählt, dass sie vielleicht schließen muss, wenn es so weitergeht. Es folgt eine Aufzählung, was alles nicht funktioniert und warum, und sie sagt, so sei ihr Leben nicht schön.

Normalerweise bin ich in solchen Fällen schnell dabei nachzufragen, spüre einen deutlichen Drang, helfen zu wollen, und sei es bloß mit ein paar Ideen, die wieder Hoffnung geben. Wie ist es jetzt für mich, wenn ich an der Situation nichts verbessern will? Ruft meine Bekannte nicht geradezu nach Hilfe?

Ich schaue mir ihre neuen Auslagen an und höre zu, was sie erzählt. Ich nehme meine Gedanken wahr, die sagen, meine Bekannte könnte produktiv sein, anstatt zu jammern. Oder: Es wäre besser für sie, wenn sie sähe, wie gut sie es hat. All das wären Gedanken, die etwas verbessern wollen und die sich in ihre Angelegenheiten einmischen. Vielleicht ist es für sie ja gerade ungeheuer produktiv, ein bisschen zu jammern. Kann ich das wissen?

Wenn alles gut ist, so wie es ist, dann höre ich einfach nur zu und bleibe in meiner Angelegenheit. Ich kaufe ihr nicht aus Mitleid etwas ab oder versuche, mit einem mickrigen Spruch etwas herauszureißen. Ich muss mir selbst keinen Druck machen und irgendetwas finden, was ihr helfen könnte, und ihr nicht irgendetwas vorschlagen, von dem ich dann auch möchte, dass sie es beherzigt. Denn da kann man schon mal beleidigt sein, wenn man sich so viel Mühe gemacht hat, und der andere sieht es nicht ein oder setzt es nicht um.

Nach ein paar Minuten wende ich mich zum Gehen, und sie sagt: »Ach Gott, jetzt hast du dir den ganzen Kram anhören müssen ...«

»Ja«, sage ich, »das erinnert mich daran, wie gut ich es habe.«

Und nicht nur, dass es mir tatsächlich objektiv gut geht (falls so eine Objektivität existiert), es geht mir in jedem Fall gut, wenn ich mit dem zufrieden sein kann, was ich jetzt gerade habe, und mit dem, was ist. Ist das nicht Teil des südländischen Laisser-faire oder Dolcefarniente, das wir Deutschen im Urlaub an Franzosen oder Italienern so mögen?

Mir fällt eine Anekdote ein, die ich mal aufgeschnappt habe, und ich frage sie, ob sie die hören will.

»Eine Anekdote? Immer.«

»Also.«, beginne ich. »Ein Angler sitzt am Steg. Die Sonne glitzert über dem See. Er hat eine Angel ausgeworfen, sein Blick schweift über die Wasseroberfläche.

Ein Unternehmer auf Urlaub kommt vorbei und schaut dem Angler eine Weile vom Festland aus zu. Dann schlendert er an den Angler heran und eröffnet das Gespräch, indem er sich nach dem heutigen Fang und der Wetterlage erkundigt.

Nach dem ersten Smalltalk sagt er dem Angler: ›Wissen Sie, Sie könnten wesentlich mehr fischen, wenn Sie drei Angeln gleichzeitig auslegten.‹

›Hm‹, sagt der Angler bedächtig, ›warum sollte ich das tun?‹

›Nun, dann hätten Sie mehr Fische, die Sie auf dem Markt verkaufen könnten.‹

›Hm, ja, das stimmt‹, murmelt der Angler. ›Aber was hab ich davon?‹

Der Unternehmer kommt in Fahrt: ›Sie hätten natürlich mehr Geld und könnten sich vielleicht ein schönes Boot leisten. Damit könnten Sie dann auf den See hinausfahren.‹

›Hm, ja‹, brummt der Angler und schaut über den See, der vor ihm liegt. ›Und dann?‹

›Mit dem Boot könnten Sie sicherlich noch mehr Fische angeln, Sie könnten jemanden einstellen, der Ihnen die Fische auf dem Markt verkauft, und vielleicht müssten Sie irgendwann gar nicht mehr arbeiten.‹

›Hm, ja, gut‹, sagte der Fischer vor sich hin. ›Und dann?‹

›Dann könnten Sie den ganzen Tag in der Sonne sitzen‹, entgegnete der Unternehmer zufrieden.

›Aber das tue ich doch jetzt schon‹, sagte der Angler.«

Meine Bekannte lacht. »Haha«, sagt sie. »Ja, die Geschichte hab ich schon mal gehört … einfach in der Sonne sitzen und glücklich sein. Toll. Das werde ich machen, wenn ich den Laden schließen muss.« Sie sieht traurig aus. »Was würde denn deine Work dazu sagen?«

Ich überlege. Ich befinde mich in dem Monat, in dem ich sehen möchte, wie es ist, wenn ich nichts verbessern muss.

»Könntest du dir vorstellen, jetzt gleich glücklich zu sein?«, frage ich. »Selbst wenn nicht alles optimal läuft?«

Sie kuckt mich an, als könnte sie sich das nicht vorstellen.

»Na ja«, sage ich. »Hier drinnen scheint nicht die Sonne, aber sonst ist alles vorhanden.«

»Aber wie soll ich denn glücklich sein, wenn alles so blöd läuft und die Zukunft ungewiss ist? Ne, das kriege ich nicht hin. Kannst du das?«

»Ach«, sage ich, »immer kann ich das auch nicht. Aber immer öfter.«

»Und – wie geht das?«, fragt sie, und ihr Tonfall klingt, als könnte sie an so was nun wirklich nicht glauben.

»Weißt du, manchmal geht's einfach so. Grundlos. Einfach weil ich es will. Weil ich das Leben genießen möchte, es schön haben will. Und ich sehe nicht ein, warum ich da lange darauf warten soll. Wenn ich nur glücklich bin, wenn alles super läuft, dann bin ich nicht oft glücklich …«

Sie seufzt. »Ja, so ist das, leider.«

»Aber ich muss nicht immer Bedingungen daran knüpfen und das Glücklichsein auf später verschieben. Wenn ich erst mehr Geld habe, die Zukunft sicherer ist (was sie wahrscheinlich niemals sein wird) oder, wie in der Anekdote, erst genussvoll in der Sonne sitzen darf, wenn ich mich vorher furchtbar angestrengt habe.«

»Ach ja«, sagt sie, »das ist so doof, dass ich immer erst noch was erreichen muss, etwas verbessern, mich verbessern, bevor ich das Leben richtig genießen darf. Eigentlich mache ich das schon seit zwanzig Jahren so … verrückt. Und das Glück kommt nie. Nie ist es gut genug …« Sie hängt ihren neuen Gedanken nach. Ihr Gesichtsausdruck sieht schon heller aus.

»Oder«, sage ich, »wenn ich Gründe brauche, um glücklich zu sein, dann kann ich Dinge finden, die nicht solchen Schwankungen unterworfen sind. Denn sonst schwankt ja auch mein Glücksgefühl immer mit hoch und runter.«

Jetzt sehe ich ein Lächeln auf ihrem Gesicht. »Und was sind das für Dinge, die keinen Schwankungen unterliegen?«

»Na«, sage ich, »es klingt vielleicht schon ein bisschen abgelutscht, aber ich kann mich wirklich noch darüber freuen, dass ich am Leben bin, dass ich jeden Morgen wieder erwache. Das ist nicht so dahingesagt, weißt du? Ich habe Freunde, die sind schon vor mir gestorben. Und waren jünger. Ich bin noch da.«

Sie nickt. »Stimmt«, sagt sie und überlegt eine Weile.

»Und was noch?«

»Ich freue mich darüber, dass ich atmen kann und essen. Und dass ich keine Krankheit habe, die mir schlimme Schmerzen bereitet.« Sie nickt wieder. »Und ich bin sehr glücklich, dass ich die Work habe und mich von stressigen Gedanken befreien kann, sollten welche auftauchen. Niemand auf der Welt kann mir das wegnehmen.« Ich überlege. »Ich habe Augen zum Sehen, und es gibt so viel zu entdecken, den ganzen Tag lang. Und zu hören, zu fühlen. Oh, ich fühle, spüre und taste so gern. Hier, deine Glasplatte …« Ich lege meine Hand dorthin, wo ihre liegt. »Die fühlt sich anders an als mein Jackenstoff, und der wieder ist ganz anders als die Bank da drüben. Das sind lauter kleine Freuden über den Tag verteilt, die nichts kosten und die ich auch wahrnehmen kann, wenn die Dinge nicht so gut laufen.« Ich schaue meine Bekannte an und glaube, einen skeptischen Ausdruck in ihrem Gesicht zu sehen. »Und ehrlich gesagt sind das für mich keine Kleinigkeiten mehr. Das ist das eigentliche Leben. Das, was gerade wirklich stattfindet. Ich kann mich bewegen, einen Fuß vor den anderen setzen, mich hinterm Ohr kratzen, wenn's juckt, abends ein Gläschen Wein trinken, mit Menschen sprechen, Bücher lesen, den Wind spüren; und wenn die Sonne scheint, dann halte ich meine Nase in die Sonne und brauche nichts anderes …«

Sie lacht laut auf und wedelt mit den Armen. »Okay, okay, ist ja gut, hör schon auf!« Sie lacht immer noch. »Du hast ja recht, es gibt jede Menge Dinge, über die ich auch glücklich sein könnte. Wenn ich die alle sehe, erscheint mir mein problematisches Arbeitsfeld viel kleiner. Eigentlich«, sagt sie und strahlt, »bin ich ganz gut eingebettet …«

»Und so geht die Work?«, fragt sie ein paar Sekunden später.

»Ein Teil davon«, kläre ich sie auf. »Wir haben Beispiele gefunden, warum das Gegenteil von dem, was du Stressiges glaubst und was dir stressige Gefühle macht, auch stimmt.«

»Wie meinst du das?«

»Du hast geglaubt: ›Ich kann unter diesen Umständen nicht glücklich sein.‹ Und ein Gegenteil lautet: ›Ich kann unter diesen Umständen glücklich sein.‹ Dafür konntest du Beispiele finden, und einige von meinen scheinen auch für dich zu passen. Wenn du echte Beispiele aus deinem Leben findest, ändert sich deine Sichtweise. Deine Umstände sind immer noch die gleichen. Aber dein Fokus liegt nicht mehr auf dem Problematischen, sondern auf all dem Herrlichen, was immer da ist und was du nur wahrzunehmen brauchst. Dann geht's dir sofort besser. Und das Verrückte daran ist: Wenn's dir besser geht, findest du auch leichter Lösungen für das, was problematisch ist. Oder?«

Darüber wollte sie mal in Ruhe nachdenken, auf jeden Fall spürte sie eine ungekannte Leichtigkeit. Ich verabschiedete mich und machte mich auf den Weg. Auch ich spürte diese Leichtigkeit. Denn ich hatte mir selbst wieder klar in meinen Fokus geholt, dass ich nicht erst eintausend Dinge verbessern muss, um dann glücklich zu sein.

Liebe Leserin, lieber Leser, bitte nehmen Sie sich einen Moment Zeit und finden Sie mindestens drei Beispiele aus Ihrem Leben. Drei Gründe, warum Sie jetzt hier sofort glücklich sein können, auch wenn bei Ihnen nicht alles rundläuft:

1. _____

2. _____

3. _____

Fallen Ihnen noch mehr Beispiele ein? Großartig! Immer her damit:

4. _____

5. _____

6. _____

In den nächsten Tagen bemerke ich eine wunderschöne Ruhe, die bei mir einzieht. Immer wenn der Impuls nach Veränderung, Verbesserung auftaucht, frage ich mich: »Will ich das? Spüre ich eine Freude dabei?« Wenn nicht, lasse ich es. Wenn ja, tue ich es. Das ist so einfach. Dieses Buch hier zum Beispiel will ich unbedingt schreiben. Ich habe Freude daran. Auch am Verbessern. Ganze Passagen fliegen wieder raus, doppelt benutzte Wörter wechsle ich aus, Bandwurmsätze werden verkürzt, Adjektive präzisiert, und alles, was beim nochmaligen Durchlesen nicht verständlich erscheint, schreibe ich neu. Ich kann es kaum erwarten, mit meinem Lektor zu arbeiten, dem immer noch etwas Verbesserungswürdiges auffällt. Da sind so wertvolle Hinweise dabei, auf die ich selbst nicht gekommen wäre. Wir feilen und verbessern und geben unser Bestes, bis wir zufrieden sind und der Abgabetermin drängt. Diese Zufriedenheit hat mich noch nie träge gemacht. Ich gebe mich voll rein, gebe alles, und das erfüllt mich. Es gibt mir das Gefühl, etwas von mir in die Welt hineingegeben zu haben, was anderen nützlich sein kann. Und auch ich habe für mich selbst beim Schreiben Themen durchdacht und auf den Punkt gebracht, was ich ohne das Schreiben so nicht getan hätte.

Und was hab ich alles gelassen? Was habe ich nicht verbessert?

Heute fiel mein Blick beim Schreiben auf eine Zeichnung, die ich angefangen habe. Deswegen liegt sie da auf meinem Schreibtisch. Obwohl ich mich darauf freue, sie fertig zu zeichnen, weiß ich doch noch nicht, wann. Und danach wird sicher eine andere Zeichnung dort liegen, die gerade erst angefangen wurde oder noch nicht fertig ist. Ich spürte einen leichten Druck trotz all des Schönen, das für mich im Zeichnen liegt. Was könnte das sein?

Ich halte einen Moment inne und merke, es gibt da eine Idealvorstellung, die ist nicht totzukriegen. Immer wieder wünsche ich mir, glaube ich, dass ich eigentlich viel mehr schaffen müsste. Wünsche veranlassen mich dazu, nach einer Verbesserung zu streben. Aber diesmal spüre ich keine Freude, sondern Druck. Mein Verstand sagt, es müsste möglich sein, jedes Jahr ein Buch zu schreiben. Gern ein Sachbuch und einen Roman parallel. Er meint, es könne doch nicht so schwer sein, sich am Tag eine Stunde lang sportlich zu betätigen, ein, zwei Einzelsitzungen zu machen, im Monat fünf neue Postkartenentwürfe vorzulegen, mich in allen Belangen um meine Familie zu kümmern, abends trällernd am Herd zu stehen, immer ans Telefon zu gehen, wenn's klingelt, für Spontaneitäten jederzeit offen zu sein, immer ausgeruht und frisch in die Weltgeschichte hinauszugehen und Zeit zu haben, um auf dem Sofa zu liegen und neue Ideen auszuspinnen. Selbstverständlich kann ich jeden Monat einen Roman aus der Bestsellerliste lesen und esse abends mit Freunden und plaudere über das Leben. Entspannt, locker und frei.

Und wie ist die Realität?

In der Realität schaffe ich ein Buch pro Jahr. Die dazugehörige Planungsphase liegt allerdings vor dem Jahr und die Redaktionsphase danach. Dazwischen brauche ich ein bisschen Luft und etwas Abstand von der Schreibdisziplin.

In der Realität schaffe ich es, jeden zweiten Tag für eine halbe Stunde Sport zu machen. Manchmal geht es auch nur jeden dritten. Mehr als zehn Einzelsitzungen schaffe ich zeitlich nicht im Monat und schon gar nicht zwei am Tag. Bei den Postkartenmotiven habe ich überhaupt noch keine Einschätzung, wie lange ich brauche, da bin ich noch zu neu. Und da hier niemand drängelt, mache ich das nur, wenn Zeit übrig ist. Und das ist eher selten. In diesem wahren Leben bin ich oft müde, lese zwei Romane im Jahr, und ein Essen mit Freunden findet einmal im Monat statt.

So sieht's aus in der Wirklichkeit. Und das kann ich genießen, wenn ich meinem Hochleistungsprogramm keinen Glauben schenke. Wenn ich nicht glaube, dass es so nicht in Ordnung wäre, ich so nicht in Ordnung wäre. Mit diesen Gedanken drifte ich in eine Welt ab, die so gar nicht existiert. Ich sitze da an meinem Schreibtisch mit einer schönen Tasse Kaffee, ich habe es warm und gemütlich, und in Gedanken stehe ich mit der Peitsche hinter mir. Los! Mach! Schneller! Mehr! Meine Hochleistungsidee fühlt sich an wie eine Parallelwelt. Sie ist nur da, wenn ich gedanklich dorthin gehe.

Wie wäre es, wenn ich zufrieden sein könnte mit dem, was ich so schaffe? Ich packe ja sowieso nicht mehr. Ich atme einmal tief ein und aus. Wenn ich mich selbst nicht dauernd optimieren müsste? Ich auch nicht weiser sein müsste, als ich gerade bin? Nicht sportlicher, bewusster, ausgeglichener, liebevoller? Oh, da atme ich richtig auf. Sie auch?

Ich höre auf, an mir herumzuschrauben, und bleibe einfach mal so, wie ich bin. Herrlich. Lasse den Dingen ihren Lauf.

Frei nach Katies Motto: »Lieben, was ist.« Nicht das, was im Idealfall sein sollte. Mir fällt es leicht, das umzusetzen, wenn ich den Spruch um ein Wörtchen erweitere:

»Lieben, was gerade ist.«

Also das, was in der Realität wahrnehmbar, wirklich da ist. Jetzt. Hier. Denn: Das ist ja sowieso. Sich dagegenzustellen wäre Wahnsinn.

Mein Fazit aus diesem Monat: Ich muss nicht ständig streben und mich oder die Welt verbessern. Und wenn es mich doch packt, dann geht es da lang, wo die Freude ist!

Wenn irgendetwas, was ich glaube verbessern zu wollen / sollen / müssen, Druck macht oder Stress, dann geht es da nicht lang! Das wird keine Verbesserung werden. Dann kann ich mir das T-Shirt überziehen und sagen: Ist mir egal, ich lass das jetzt so. Oder lieber die Nase in die Sonne halten.

Wenn die Verbesserungsidee Freude macht oder Nutzen bringt, dann volle Kraft voraus!

Nach Liebe, Anerkennung und Wertschätzung suchen

»Wenn ich ein Gebet hätte, dann wäre es dieses:
Lieber Gott, bewahre mich vor dem Verlangen nach Liebe,
Anerkennung oder Wertschätzung. Amen.«
BYRON KATIE

Braucht nicht jeder Mensch Anerkennung? Ist Liebe nicht großartig? Macht Wertschätzung es nicht erst möglich, friedlich mit anderen Menschen zu leben? Ja, Liebe, Anerkennung und Wertschätzung sind das Elixier unseres Lebens – wenn sie uns zuteilwerden. Aber nicht, wenn wir sie suchen.

Bitte nehmen Sie sich einen Moment Zeit, lehnen Sie sich zurück und erinnern Sie sich an eine Situation in Ihrem Leben, in der Sie nicht ausreichend Liebe, Anerkennung und Wertschätzung genossen haben. Eine Situation, in der Sie sich aber danach sehnten, ja, hungrig danach waren. Haben Sie eine gefunden? Gut.

Wie war es für Sie, danach zu suchen? Schauen Sie mal genauer hin. Haben Sie Zugeständnisse gemacht, wo Sie es nicht wollten? Haben Sie versucht, anders zu sein? Zu gefallen? Zu beeindrucken, um Liebe zu erhalten? Haben Sie gebettelt und sich klein gefühlt? Auf welche Weise haben Sie versucht, andere zu manipulieren, damit Sie bekommen, was Sie sich wünschen?

Im Namen der Liebe! Was habe ich nicht schon alles getan! In der Hoffnung, von anderen Wertschätzung und Anerkennung zu bekommen, habe ich:

- viel Geld für neue Kleidungsstücke ausgegeben;
- mich durch Bücher gequält, die mich nicht interessierten;
- wochenlang gehungert, um schön schlank zu sein;
- versucht, meine Herkunft zu leugnen;
- Frisuren und Röcke getragen, die ich nicht mochte;
- Dinge gesagt, die ich später bereute;
- lauter und öfter gelacht, als mir zumute war;
- vorsätzlich anderen geschmeichelt;
- »gern« anstrengende Aufgaben übernommen;
- Sex gehabt, ohne es wirklich zu wollen.
- Sogar krank geworden bin ich in dem Wunsch, endlich einmal richtig umsorgt zu werden.

Was meinen Sie, habe ich durch all diese Manöver wohl Liebe bekommen? Hat Trick siebzehn geklappt?

Sie ahnen es sicher. Liebe lässt sich nicht herbeitricksen. Was ich wirklich will, ist ehrliche, wahrhafte Liebe, und die bekomme ich nicht durch Überlistung. Das Manövrieren war anstrengend und lieblos zugleich. Ich war anderen gegenüber nicht ehrlich und stand nicht zu mir selbst. Auf der Suche nach Liebe habe ich mich verloren. Das war das Schlimmste daran. Auf der Suche nach mehr stand ich am Ende mit weniger da.

Aber muss ich nicht nach den Dingen suchen, die ich finden will? Ist es nicht richtig, mich anzustrengen für das, was mir wichtig ist? Hartnäckig halten sich Glaubenssätze, die sich anhören, als stünden sie auf einem Kreuzstichdeckchen in Omas Küche: »Von nichts kommt nichts«, »Ohne Fleiß kein Preis«, »Wer suchet, der findet« …

Über der Suche nach der ersehnten Liebe, Anerkennung und Wertschätzung könnte der Glaubenssatz stehen:

»Ich muss etwas dafür tun.«

Und auch ich erwische mich immer mal wieder bei dem Gedanken. Zum Beispiel gestern, als ein guter Freund mir seine neue Eroberung vorstellen wollte. Ach, was hatte er sich schon lang eine Freundin gewünscht. Ach, was ist er in sie verliebt. Er und ich und alle, die ihn gern haben wollten, dass aus dieser Liaison etwas wird.

Wir waren ganz zwanglos zum Abendessen verabredet. Neben der vorherrschenden Idee, dass alles ganz locker ablaufen sollte, hatte ich Gedanken wie: Sie soll mich mögen, na klar. Ich will sie mögen, na klar. Sie soll einen guten Eindruck bekommen von den Menschen, mit denen ihr Freund sich umgibt, und ich will ein bisschen Glanz versprühen, damit sie sieht, mit was für interessanten Leuten sie es zu tun hat. Als Aufwertung für meinen Freund, der überhaupt keine Aufwertung nötig hat.

Das alles fühlte sich schon im Vorfeld zwar irgendwie richtig an, ich wollte ja bloß helfen. Andererseits bemerkte ich Anzeichen von Stress. Ich hatte noch eine halbe Stunde Zeit, bevor ich zu unserem Treffen aufbrechen musste.

In erster Linie wollte ich der neuen Freundin Liebe, Anerkennung und Wertschätzung geben. Ich wollte sie mögen, egal, wie. In zweiter Linie sollte sie mich anerkennen. In dritter sollte mein Freund mich dafür wertschätzen, dass ich mir so viel Mühe gebe und ihm helfe – und am Ende sollte der ganze Zirkus dafür da sein, dass die beiden sich lieben.

Kleine Work gefällig?

Was habe ich hier Stressiges geglaubt? Ich habe geglaubt, dass ich etwas dafür tun muss, damit es bei unserem Treffen vor Liebe, Anerkennung und Wertschätzung nur so kracht. Mein Glaubenssatz lautete also:

»Ich muss etwas dafür tun.«

Diesen Satz schrieb ich mir auf ein Blatt Papier und setzte mich auf mein Sofa. Dann stellte ich mir die erste Frage der Work:

Ist das wahr?

Ich lehnte mich zurück und ließ meine Gedanken frei mit dieser Frage herumschwirren: Ist es wahr, dass ich etwas dafür tun muss, damit die beiden sich lieben? Ist es wahr, dass die neue Freundin mich mögen muss? Muss ich sie mögen?

In der Ruhe, die ich den Gedanken gönnte, kam mir mein Glaubenssatz immer absurder vor. Wieso sollte ich etwas für ihre Liebe tun können? Und wenn das ginge, säße ich dann ständig neben den beiden und hielte Händchen, damit es mit ihnen klappt? Das war schräg, und meine Antwort lautete: Nein. Es ist nicht wahr, dass ich etwas dafür tun muss.

Da ich bei der ersten Frage ein Nein gefunden hatte, konnte ich die zweite Frage überspringen und direkt zur dritten übergehen:

Wie reagiere ich, was passiert, wenn ich glaube, dass ich etwas dafür tun muss?

Sofort musste ich lachen. Mein Gott, das war mir gar nicht bewusst gewesen. Unbewusst hatte ich mir ein kleines Konzept zurechtgelegt, wie ich es anstellen könnte, dass die neue Freundin sich mit mir wohlfühlt. Ich hatte mir einen Fahrplan gestrickt. Ohne sie zu kennen, hatte ich mir vorgenommen, sie viel reden zu lassen, nur Fragen zu stellen, viel Positives und Angenehmes zurückzumelden, lauter ach so tolle Sachen von meinem ach so tollen Freund zu erzählen. Kurz: Ich wollte alles richtig machen, es auf keinen Fall vermasseln. Ist das stressig? O ja. Ich konnte spüren, dass ich im Körper festgefahren war, nicht locker, und dass es mir an aufrichtiger Freude mangelte. Unser Treffen fühlte sich wie Arbeit an. Arbeit im Namen der Liebe ...!

Wenn ich glaube, ich müsste etwas dafür tun, dass ihre Liebe erblüht, behandle ich die beiden, als könnten sie das nicht allein. Ich habe kein Vertrauen in die Liebe, und das fühlt sich anstrengend an. Und wenn ich von der neuen Freundin gemocht werden will, bin ich nicht entspannt, nicht einfach ich. Ich versuche, unser Treffen zu diesem gewünschten Ziel zu führen. Das ist manipulativ und unaufrichtig, und das möchte ich in der Tiefe meines Herzens überhaupt nicht.

Während ich meine Gedanken um die dritte Frage kreisen ließ, bemerkte ich, dass mich diese Auffassung schon seit meiner Kindheit begleitet. Sich anzustrengen, zu kämpfen und Opfer zu bringen galt als höchst lobenswert. Etwas zu bekommen, ohne dafür Hektoliter an Schweiß zu vergießen, es sich nicht mühsam erarbeitet zu haben, das war nicht recht. »Ich muss dafür etwas tun« kommt mir vor wie ein Glaubenssatz aus einer anderen Zeit. Ein Satz aus der Generation meiner Eltern. Aber stimmt der heute noch für mich? Passt der noch zu mir? Ich ging zur vierten Frage der Work:

Wer wäre ich ohne diesen Gedanken?

Wie würde ich zu unserem zwanglosen Abendessen gehen, wenn ich nicht glaubte, dass ich etwas tun muss, damit die beiden sich lieben?

Ich lasse die Frage sich in mir ausbreiten und atme auf. Ohne den Gedanken fühlt es sich sofort leichter an. Wenn ich nicht glaube, dass ich etwas dafür tun muss, kann ich mich überraschen lassen. Ich kann dem Fluss des Lebens folgen, auf die Impulse hören, die von selbst entstehen. Ich muss kein Ziel verfolgen. Das ist erleichternd. Mal sehen, ob ich die neue Flamme meines Freundes mag. Das kann ich jetzt noch gar nicht wissen. Ohne den Gedanken erwacht meine Neugier, ich muss gar nichts, darf alles, und es kommt Leben in die Bude. Mit diesem Lebensgefühl habe ich wirklich Lust, zu dem Treffen zu gehen. Es ist keine Arbeit mehr. Ach wie schön. Eine mögliche Umkehrung meines stressigen Glaubenssatzes wäre:

»Ich muss nichts dafür tun.«

Könnte das auch sein? Habe ich ein Beispiel dafür? Ja, kann ich finden. Ich muss nichts dafür tun, weil ich das gar nicht will. Natürlich möchte ich, dass mein Freund glücklich ist, natürlich will ich gemocht werden, und ich mag auch andere Menschen mögen. Aber ich will nichts dafür tun müssen. Nicht, weil ich es vorziehe, nur auf der faulen Haut zu liegen und zu warten, bis mir die gebratenen Tauben ins Maul fliegen. Nein, ich möchte nichts dafür tun müssen, weil ich Liebe, Wertschätzung und Anerkennung nicht erzwingen kann. Ich möchte, dass sie aufrichtig, ehrlich und auf natürlichem Wege entstehen. Und wenn es sich nicht ergibt, dann wertschätze ich immer noch die Ehrlichkeit, mit der es halt nicht sein soll. Denn die ist mir auch etwas wert.

Als zweites Beispiel dafür, dass diese Umkehrung wahr ist, kann ich sehen, dass ich auch gar nichts dafür tun sollte. Ihre Liebe ist ihre Angelegenheit, und darin hab ich nichts verloren. Auch ob die neue Freundin mich mag, ist ihre Angelegenheit. Ich kann mir noch so viel Mühe geben, mich noch so sehr anstrengen – ob sie mich mag, liegt nicht in meiner Hand.

Und last, but not least muss ich nichts dafür tun, weil es so schön ist, den Dingen ihren Lauf zu lassen. Nicht überall zielführend einzugreifen. Ich darf einfach abwarten, ob ich die neue Freundin mag. Wir werden sehen, ob sie mich mag; und wenn die beiden sich wollen, werden sie auch ohne mein Dazutun zusammenkommen. Ich muss nichts tun. Ich darf einfach sein, wie ich in jeder Sekunde meines Lebens gerade bin, und der Rest ergibt sich. Von allein.

In diesem Monat will ich mal nicht nach Liebe, Anerkennung und Wertschätzung suchen. Auch dann nicht, wenn ich das Gefühl habe, dringend Zuwendung zu brauchen. Kann ich diese Gewohnheit abstellen?

Ich kann mich nicht an eine einzige Situation in meinem Leben erinnern, in der eine solche Suche angenehm, fröhlich oder gar liebevoll gewesen wäre. Sie beginnt immer aus einem Gefühl des Mangels heraus. Mit der Idee, dass ich nach Liebe suchen müsse. Eine besonders traurige Situation kommt mir da in den Sinn: als ich vor vielen Jahren den Mann, mit dem ich in einer Beziehung war, eines Nachmittags gebeten hatte, mich zu umarmen. Mir war so sehr nach Kuscheln, nach Körperlichkeit, nach Beieinandersein. Ihm nicht. Er hörte meine Bitte, umarmte mich halbherzig, und mein Bedürfnis wuchs. Ich bat ihn noch einmal, und der Ausdruck seines Körpers zeigte deutlich, dass ihm nicht der Sinn danach stand. Er wollte Fußball kucken, und die Sportsendung fing gleich an. Ich muss so traurig ausgesehen haben, dass er mir einen Brocken hinwarf: »Gleich, ja? Ich möchte nur mal die ersten zehn Minuten sehen …«

Ach, wie bedürftig habe ich mich gefühlt, als ich die zehn Minuten darauf wartete, wohlwissend, dass er es nicht selbst wollte. Ich brauchte Liebe, war dem Verdursten nahe. Und je mehr ich darum bat, umso trockener wurde die Wüste. Nach zehn Minuten schlenderte ich unter größten Anstrengungen wie zufällig vorbei und setzte mich neben ihn. Er legte seinen Arm um mich. Zu dem Zeitpunkt war mein Bedürfnis schon so gewachsen, dass er mich eine Stunde unter heißesten Liebesschwüren hätte halten müssen, um es zu stillen.

Natürlich tat er das nicht. Der Fußball nahm seine ganze Aufmerksamkeit in Anspruch. Meine Traurigkeit wuchs mit jeder Minute, und ich zog mich stillschweigend zurück, als ich es nicht mehr aushielt, warf mich aufs Bett und weinte. Der Schmerz wurde von der Überzeugung genährt, dass ich Liebe von außen bekommen müsse, ansonsten gäbe es keine Liebe.

Alle meine Freundinnen würden, wenn ich diese Geschichte erzählte und keinen Namen nenne, aufschreien: »Was für ein Idiot! Schieß den auf den Mond! Der hat dich nicht verdient.« Vielleicht denken auch Sie das. Und dennoch – die Situation hätte sich nicht so zugespitzt, wäre nicht so dramatisch traurig geworden, wenn ich nicht nach Liebe gesucht hätte. Dann hätte ich meinen Freund gefragt, ob er mich umarmen könne, gespürt, dass er gerade etwas anderes möchte, und mich anderen Dingen zugewendet – ich wäre weiterhin in Liebe mit ihm verbunden gewesen, auch wenn ihm nicht zum selben Zeitpunkt wie mir nach Kuscheln zumute gewesen wäre. Und hätte *ich* Liebe empfunden, wäre ich nicht so verzweifelt danach auf der Suche gewesen.

Liebe ist da, wenn sie da ist. Ehrlich und authentisch. Und wenn nicht, dann nicht. Die Suche danach macht den Schmerz. Ich kann mich immer noch selbst wertschätzen und Liebe in mir finden. Für mich, andere Lebewesen oder Dinge. Oder für die pure Existenz dieser Welt und des Universums. Und wenn niemand anders mich liebt, wertschätzt und anerkennt und ich das selbst auch gerade nicht kann? Dann kann dieses »Gerade-nicht-Können« auch Wertschätzung vertragen. So ist es. Ich kann gerade nicht, andere können gerade nicht. Und das so lange, bis einer von uns wieder kann.

Heute fahre ich in den Schwarzwald, werde morgen anlässlich eines Lesefestes auf einem kleinstädtischen Marktplatz aus meinem Buch lesen. Ich freue mich darauf, nicht nach Anerkennung zu suchen. Am Nachmittag komme ich am Bahnhof an. Ich treffe andere Autoren und den Veranstalter zum Abendessen. Ich schüttle ihnen die Hand, und sie müssen mich nicht anerkennen. Wir reden, und sie müssen mich nicht wertschätzen. Wir besprechen den morgigen Tag, und ich suche mit keiner Geste, keinem Augenaufschlag nach Liebe. Ich erwarte nicht, dass sie mir schmeicheln oder so tun, als würden sie sich für mich und meine Arbeit interessieren.

Das fühlt sich autark an. Für mich, aber auch für mein Gegenüber, mit dem ich gerade meine Zeit verbringe. Ich lasse die anderen frei. Das ist eine freundliche Geste. Wie klar ich andere sehen kann ohne die Mühe, gefallen zu müssen. Ich kann ihnen zuhören, empfinde keinen Mangel und erwarte nichts von ihnen.

Aus dieser Freiheit heraus entsteht plötzlich ein angeregtes Gespräch mit einem Autor. Ein Wort ergibt das andere, wir erfinden druckreife Szenen, lachen und haben eine gute Zeit. Habe ich danach gesucht? Nein, es ist einfach entstanden. In dem Raum, der frei war von Druck und Erwartung.

Nach dem Essen verabschieden wir uns alle voneinander. Jeder wird morgen eine Lesung haben. Ich gebe dem Veranstalter die Hand. Bis auf »Guten Tag, sind Sie gut angekommen?« haben wir noch kein Wort gewechselt. Auch jetzt sieht es so aus, als kämen wir über das »Na, dann gutes Gelingen morgen« nicht hinaus. Schon löst seine Hand sich wieder, er wendet sich jemand anderem zu. Würde ich jetzt von ihm wollen, dass er mir mehr Aufmerksamkeit widmet und somit seine Wertschätzung zum Ausdruck bringt, läge Stress in der Luft. Ich könnte mir wünschen, dass er so etwas sagt wie »Schön, dass Sie kommen konnten, Frau Rudolph, wir sind sehr froh, Sie bei uns zu haben«. Wenn ich noch hungriger nach Anerkennung bin, möchte ich vielleicht hören, dass ich der Höhepunkt der Veranstaltungsreihe bin und dass sie mich im nächsten Jahr unbedingt wieder dabeihaben möchten.

Wie geht es mir, wenn ich solche Sätze hören will und keiner sie sagt? Würde ich mit dem Schmeicheln (Lügen) beginnen, damit der andere auch mir schmeichelt (lügt)? Wie schal und traurig fühlt sich das dann an, wenn ich später auf meinem Hotelbett liege? Mit dem Versuch, es zu erzwingen, gescheitert zu sein?

Ohne Anerkennung zu suchen, sehe ich, dass der Veranstalter mit seinen Gedanken woanders ist, dass er die Form wahrt, und so ist halt die Realität. Dann schreite ich gut gelaunt in mein Hotelzimmer und kann mich auf das Wesentliche freuen – die Lesung morgen auf dem Marktplatz.

Acht Uhr dreißig am nächsten Morgen. Mit meinem Buch unterm Arm verlasse ich das Hotel. Ich verschwende keine Gedanken daran, mit meiner Darbietung jemandem gefallen zu müssen. Dort werden Leute sitzen, sie werden zuhören oder nicht, sich vielleicht zwischendurch unterhalten, einen Kaffee bestellen oder sogar aufstehen und weggehen. All das ist erlaubt. Wenn ich nicht um die Anerkennung des Publikums buhle, bin ich davon unabhängig. Jetzt, auf dem Weg dorthin, kann ich die frische Luft riechen, den Kuchenduft, der aus einer Bäckerei bis an meine Nase dringt, und das kleine Städtchen wahrnehmen. Ohne gefallen zu müssen, darf ich einfach ich sein, mein Ding machen. Das ist wirklich angenehm.

Ich finde das Café, auf dessen Terrasse ich gleich lesen werde, gehe hinein und wünsche dem Veranstalter einen guten Morgen. Mehr als »Guten Morgen« kommt auch heute nicht von ihm zurück, und mir geht es gut damit. Denn ich brauche seine Anerkennung nicht. Er hat mich hierher eingeladen, das könnte seine Art der Anerkennung sein. Genau wissen kann ich nicht, wie es zu dieser Einladung gekommen ist. Die Terrasse füllt sich. Ich freue mich darauf, gleich lesen zu dürfen. Ob es gefällt oder nicht, liegt nicht in meiner Hand. Ich werde das tun, was meine Angelegenheit ist, nämlich lesen. Ohne auf Bestätigung zu lauern, ist das locker, fördert den Spaß und damit die Wahrscheinlichkeit, dass es dem Publikum gefällt.

Neun Uhr dreißig. Der Veranstalter tritt ans Mikrofon, kündigt mich und mein Buch an – und eilt dann zum nächsten Veranstaltungsort, um dort erneut Ankündigungsworte zu sprechen. Er drückt mir nicht die Hand, winkt mir nicht zu, bedankt sich nicht in der Öffentlichkeit. Ich bin dran. Das ist der Moment. Ich stehe am Mikrofon, sage einleitende Worte zu meiner Geschichte, denn das Lesefest steht unter einem Motto. In dieses Motto passt meine Geschichte. Ich erzähle die Vorgeschichte zu meiner Geschichte, trinke einen Schluck, schaue in die Runde und schlage mein Buch auf. All das geht mühelos.

Ich lese so, wie ich es für richtig halte, und rate während des Vortragens nicht herum, was das Publikum wohl von mir erwarten könnte. Was sie gern hätten und was ich noch tun könnte, damit es ihnen gefällt. Damit *ich* ihnen gefalle. Diese gedankliche Nebenlinie kann ich mir sparen und ganz in meine Geschichte abtauchen.

Und hast du nicht gesehen, ist es auch schon vorbei. Ich habe mich wohlgefühlt. Das Publikum klatscht. Ich sage an, dass ich noch Bücher signiere, setze mich brav an den Büchertisch, und ein paar Menschen kommen und sagen, dass es ihnen gefallen habe. Bücher werden gekauft, das empfinde ich als Wertschätzung. Niemand ist während meines Vortrags aufgestanden und gegangen.

Das Café leert sich wieder, das Publikum zieht weiter, und ich verziehe mich auf die Toilette. Ich kleide mich um und mache mich auf den Weg zum Bahnhof. Ich fahre weiter, lese noch anderswo, und auch anderswo ist das einfach ohne die Fixierung darauf, Anerkennung zu bekommen.

Ja, es stimmt, nicht alle Menschen lieben und wertschätzen alles. So ist die Realität. Aber die Suche nach Liebe erhöht die Wahrscheinlichkeit nicht, dass ich sie bekomme. Auch wenn ich danach suche, werden mich nicht alle Leute mögen. Die Suche erzeugt nur Krampf.

Einige Tage später fahre ich wieder in den häuslichen Hafen ein. Meine Tochter freut sich, erzählt viel, sitzt auf meinem Schoß, will kuscheln und bei mir sein. Mein Mann freut sich auch. Will auch kuscheln und erzählen. Ich höre zu und freue mich, dass sie sich freuen. Als das Kind zu Bett gebracht ist, sitzen wir noch bei einem Gläschen Rotwein. Nun fange ich an zu erzählen, und mein Mann sagt drei Sätze lang: »Aha.« Und: »Ach so.« Dann steht er auf, küsst mich in den Nacken und geht ins Bad. Ich höre ihn Zähne putzen.

Da sitze ich nun und hätte schon gern noch zu Ende erzählt. Eine kleine Traurigkeit weht mich an. Ich spüre, sie könnte wachsen und an Gewicht zulegen, wenn ich ihr Futter gebe. Ihr Futter sind Zweifel. Ihr Futter ist eine ungünstige Interpretation seines Weggehens, die ich mir aus vielen Interpretationsmöglichkeiten herauspicken und dann als wahr ansehen könnte.

Wenn ich jetzt glaubte, dass sein Verhalten mit mangelnder Liebe zu tun hätte, oh, dann wäre ich richtig traurig. Dann würde ich wohl verstummen, schweigend neben ihm die Zähne putzen und seinem Blick ausweichen, so verletzt, wie ich bin. Wenn er mich das erste Mal fragt, ob ich etwas habe, bliebe ich reserviert. Er müsste sich nun schon bemühen, nachbohren, dranbleiben, weiterfragen. In meiner abweisenden Haltung wäre meine Suche nach Liebe versteckt. Ich will einen Liebesbeweis, und zwar einen großen. Wenn ich diese traurige Version nicht glaube, gehe ich davon aus, dass er mich liebt. Und die traurig machende Suche danach bleibt mir erspart. Da ich mich aber auch selbst liebe und uns beide sehr liebe, wenn wir aufmerksam sind, gehe ich ihm hinterher. Ich interpretiere nicht, sondern schaue nach dem, wie es wirklich ist. Ich lehne mich an die Badtür und sehe ihm zu, wie er seinen Mund ausspült, sich ein Handtuch nimmt und das Gesicht abtrocknet.

»Du, sag mal, ich wollte gern noch weitererzählen ...«

Er kommt nah an mich heran und flüstert in mein Ohr: »Ich dachte, wir könnten das im Bett machen.«

Ach, wie schön. Er weiß, wie gern ich mit ihm im Bett liege und erzähle. Er ist aufgestanden und weggegangen, weil er wollte, dass wir schneller dort liegen.

Ich umarme ihn, spüre seinen Körper an meinem und schnurre: »Bis gleich ...« Während ich meine Zähne putze, bin ich wieder einmal froh, dass ich den immer mal auftauchenden stressigen Gedanken nicht folgen muss. Ich kann den Schritt überspringen, einer traurigen Interpretation zu glauben, und mich gleich mit der Wirklichkeit befassen. Das ist einfach, direkt und sehr pragmatisch. Dann lösche ich das Licht und sehe zu, dass ich ins Bett komme.

Sehr oft, fast immer, fühlt sich das Gegenteil von etwas Schmerzhaftem leichter an. Freier, unabhängiger, liebevoller. Könnte das in diesem Fall auch sein? Was könnte ein Gegenteil davon sein, Liebe, Anerkennung und Wertschätzung zu suchen? Eine mögliche Umkehrung wäre, sie nicht zu suchen. Darauf zu verzichten. Das praktiziere ich nun schon den halben Monat, und mit dieser Umkehrung lebe ich auf jeden Fall freier und unabhängiger. Gibt es noch eine weitere Umkehrung? Wie wäre es damit, Liebe, Anerkennung und Wertschätzung zu *geben*? Genau in den Momenten, in denen ich ansonsten danach suche, nach etwas Ausschau zu halten, was ich an Liebevollem finden und zurückmelden kann? Es versteht sich von selbst, dass es mir nicht darum geht, angestrengt nach einem Konstrukt zu suchen, was ich nicht wirklich fühle. Das wäre in keiner Weise freier, leichter und unabhängiger. Ich möchte lediglich meine Aufmerksamkeit vom »Bekommenwollen« auf das »Geben« richten. Authentisch und ehrlich. Wenn ich nichts finden kann, dann finde ich eben nichts.

Einige Tage später bin ich zu einem Casting eingeladen. In anderen Berufen wäre dies ein Vorstellungsgespräch oder eine Prüfung. Auch falls man in seinem sonstigen Leben keinen Wert darauf legen sollte, anderen zu gefallen, und überhaupt gar nicht und niemals nach Liebe und Anerkennung sucht – dies wäre dann doch mal so ein Moment.

Ich lerne meinen Text, überlege mir einen Hintergrund zur Figur, die ich spiele, und bin gut vorbereitet. Am Morgen des Castings suche ich in meinem Schrank nach Kleidungsstücken, die meine Figur tragen könnte, verpasse meinem Gesicht ein Make-up und fahre ins Studio. Nun, wo ich mir so viel Mühe gemacht habe, möchte ich die Rolle auch bekommen. Schon im Vorraum des Castingstudios kann ich kleine Anzeichen einer Bedürftigkeit bemerken. Dort sitzt ein junger Mann, der mit dem eigentlichen Casting nichts zu tun hat, die Personalien aufnimmt und den Ablauf organisiert. Aber ich befinde mich in einem der sensibleren Momente und möchte jetzt gerade freundlich behandelt werden. Am liebsten mehr als das. Also bin ich erst einmal freundlich zu ihm.

»Na, war schon viel los heute?«, frage ich ihn.

Er schaut kurz auf, murmelt etwas von »Ach, geht so, nicht so schlimm, muss ja« und tippt etwas in den Computer, ohne mich zu beachten. Richtig wohl fühle ich mich nicht und bemerke, dass ich zwar versucht habe, freundlich zu sein, mein Motiv aber nicht das Geben war, sondern das Bekommenwollen. Ich wollte eine Sonderbehandlung, etwas Salbung und

Anerkennung, damit ich mich hier wohlfühle im Vorzimmer zum Casting. Damit wollte ich von ihm etwas haben und war nicht bei mir. Daher das leichte Unwohlsein.

Ich setze mich hin und atme einmal durch. Das fühlt sich gut an. Das fühlt sich an wie Geben. Nicht wie Suchen. Ich gebe mir etwas. Auf welche Weise kann ich mir noch hier im Wartezimmer Liebe, Anerkennung und Wertschätzung geben? Und wofür? Ja, also, ich könnte anerkennen, dass ich gut vorbereitet bin, mir Mühe gegeben habe und jetzt hier sitze. Ich meine, es soll Menschen geben, die sich vor Prüfungssituationen drücken, wann immer sie können. Fühlt sich das für mich wie echte Anerkennung an? Ehrlich und authentisch? Ja, ein bisschen, doch. Ich bin kein Drückeberger. Dafür kann ich mich wertschätzen. Aber kann ich auch etwas finden, wobei mir das Herz aufgeht und Liebe fließt? Wofür liebe ich mich jetzt gerade?

Die Tür des Studios geht auf und zu, Leute rein, Leute raus, Personalien werden aufgenommen, und ab und zu steckt jemand seinen Kopf heraus und ruft einen Namen.

Ich bin noch nicht dran. Anstatt mich nervös machen zu lassen, lenke ich meine Aufmerksamkeit auf meine Frage: Wofür liebe ich mich jetzt gerade?

Ich lasse meine Gedanken ein bisschen ausschwärmen. Ja, ich liebe mich dafür, dass ich immer wieder den Dingen nachgehe, die mir guttun, die mich wärmen und nähren. Die mein Herz zum Klingen bringen. Deswegen sitze ich auch in diesem Wartezimmer und nicht im Café bei einem Latte macchiato. Ich möchte diese Rolle spielen. Selten folge ich allein der Spur des Geldes oder der der Konventionen. Ich bleibe mir treu und riskiere etwas dafür. Ja, das kann ich spüren. Dafür liebe und wertschätze ich mich und kann mir leicht Anerkennung zollen. Diese Liebe spüre ich in mir wie ein festes Fundament, gleichzeitig beflügelt es mich, das über mich zu wissen.

Die Tür des Castingraums geht auf, jemand steckt den Kopf heraus und ruft: »Ina? Ina Rudolph? Ist die hier?«

»Ja, ist sie«, rufe ich und stehe auf. Ich fühle mich gut und betrete das Studio. Jetzt ist es nicht wichtig, ob ich die Rolle bekomme. Und es ist auch sowieso nicht meine Angelegenheit. Mit der Liebe, die ich mir selbst gegeben habe, bin ich ganz ruhig. Ich giere nicht nach Bestätigung von außen. Die Castingfrau muss mich nicht loben, auf einen Sockel heben oder mir eine Sonderbehandlung angedeihen lassen. Wir arbeiten konzentriert, ich gebe mein Bestes, und vierzig Minuten später stehe ich wieder im Warteraum.

Jemand anders wird aufgerufen, und ich setze mich kurz. Ich möchte einen Moment verschnaufen und das Adrenalin abflauen lassen, das das Casting in mir bereitgestellt hat. Fünf Minuten sitze ich dort und mag es, dass ich nicht gleich zur Tür hinausgestürzt bin. Dafür kann ich mir auch ehrliche, spürbare Anerkennung geben. Dann schnappe ich mir meinen Kram, das Kosmetiktäschchen, die Tüte mit Castingkleidung und meinen Mopedhelm. Gleich werde ich wieder an dem jungen Mann vorbeigehen, der die Personalien aufnimmt. Fällt mir irgendetwas an ihm auf? Irgendeine Kleinigkeit, für die ich ihm Wertschätzung bezeigen kann? Das ist mir am Anfang ja nicht so geglückt. Im Vorbeigehen sehe ich seine Krawatte. Marineblau mit hellblauen Pünktchen. Ich öffne die Tür und drehe mich um. »Tschüs, mach's gut.« Er schaut hoch. »Süße Krawatte, übrigens. Gefällt mir.«

Grad sehe ich ihn noch lächeln, dann bin ich schon aus der Tür. Frischer Wind weht mir um die Nase. Ach, so lässt sich's leben.

Im weiteren Verlauf des Monats fällt mir auf, dass ich immer nach Liebe, Anerkennung oder Wertschätzung suche, wenn ich mich nicht gut mit mir selbst verbunden fühle. Wenn ich schlecht geschlafen habe, meine Tage kriege, beruflich nicht alles so klappt, wie ich mir das wünsche, oder ich mich im Widerstand gegen mich selbst oder die Welt befinde.

Dann habe ich den Impuls, ins Außen zu greifen und mir von dort etwas zu holen. Dann soll mir ein Stück Kuchen, ein neuer Rock oder die Anerkennung von Freunden, Kollegen oder Familienmitgliedern ein gutes Gefühl geben. Das fühlt sich schon fast wie das Verhalten eines Junkies an. Die Droge: das gute Gefühl. Es muss mir immer gutgehen, am liebsten hätte ich ein Abo für Wolke sieben.

Selten fallen der Zeitpunkt, an dem ich von anderen was Nettes hören möchte, und der Moment, wo andere das einfach so von sich aus sagen, zusammen. Eines Abends hatte ich die Idee, mir einen Fünf-Minuten-Tagesrückblick zu gönnen. Ich wollte in Ruhe auf meinen Tag schauen und herausfinden, wo es heute überall Liebe, Anerkennung und Wertschätzung gegeben hatte. Und sei es auch nur kurz, flüchtig oder in einem Detail versteckt. Ich ging davon aus, dass es diese Momente gab und ich sie nur im Rummel des Tages nicht wahrgenommen hatte.

Ich ließ also meinen Tag Revue passieren und konnte einiges finden. Die Bewusstmachung dieser scheinbar kleinen Momente erfüllte mich mit tiefer Freude. Am Morgen hatte mein Literaturagent bei mir angerufen und mich gefragt, ob er etwas für mich tun könne. Ich war verblüfft gewesen, und mein Verstand forschte misstrauisch nach seinem Motiv. Warum sollte er etwas für mich tun wollen über das hinaus, was er ohnehin schon tat? Ich schrieb ja gerade an einem Buch und konnte nicht noch eine weitere Schreibarbeit übernehmen. Wir plauderten ein wenig und fanden dabei tatsächlich noch etwas, was er für mich tun konnte. Das schien ihn froh zu stimmen. Jetzt, in der Rückschau, erscheint mir sein Anruf wie eine Geste der Wertschätzung. Er hatte keine Beschwerde vorzubringen und auch kein konkretes Anliegen. Er hat mich offensichtlich gern in seiner Agentur.

Mittags habe ich eine Kiezfreundin per SMS gefragt, ob sie Lust habe, im Café an der Ecke mit mir zu Mittag zu essen. Sie schrieb gleich zurück. Teil eins der Wertschätzung. Dann konnte sie heute zwar nicht, machte aber einen Vorschlag für die nächste Woche. Teil zwei der Wertschätzung.

Am Nachmittag nahm ich einen Zeitungsartikel aus dem Briefkasten. Ein Buchhändler schickte mir die Presseausschnitte einer Lesung, die ich bei ihm gehalten hatte. Dem Artikel waren nur ein paar kurze Grußworte beigelegt, dennoch hätte er sich die Mühe nicht machen müssen, mir diesen Brief zu schicken. Auch das empfand ich am Ende des Tages als Wertschätzung.

Abends schmatzte mein Mann beim Essen, redete wenig und hielt sich im Anschluss seinen Bauch. »Ein richtiges Sonntagsessen«, fasste er zusammen und bat darum, morgen etwas kochen zu dürfen.

Ich saß auf meinem Sofa und war erstaunt. Dieser kurze Rückblick hatte mir angenehme Gefühle beschert. Da wurde mir jede Menge Wertschätzung und Anerkennung an einem Tag zuteil. Ich hatte diese kleinen Gesten nur nicht richtig wahrgenommen, nicht entsprechend gewürdigt. Mein Fazit: Es gibt hinreichend Anerkennung, Liebe und Wertschätzung. Ich sehe es nur nicht immer.

Der Monat neigt sich dem Ende zu, und ich kann deutlich spüren: Geben ist seliger denn Nehmen – und seliger denn Suchen sowieso. Ich packe meine Koffer. Meine Tochter packt mit. Wir dürfen ein luxuriöses Kreuzfahrtschiff besteigen und zwei Wochen damit herumschippern. Abends werde ich zur Unterhaltung der Gäste lesen. Jane Austen, Fred Vargas und Ellen Berg. Tagsüber kann ich am Pool liegen, aufs Meer schauen, mir den Bauch mit Köstlichkeiten vollschlagen und mein kleines Experiment weiterführen.

Na? Möchte ich vom Entertainment-Manager, den anderen Künstlern und den Gästen gemocht werden? Werde ich Bestätigung brauchen für das, was ich tue? Wir fahren nach Hamburg und freuen uns. Wir finden den richtigen Shuttlebus und freuen uns. Von weitem schon sehen wir das Schiff. Am Kai werden wir mit Champagner, Häppchen und Luftballons begrüßt. Man begleitet uns sogar auf unser Zimmer, und wir freuen uns. Nein! Es ist kein Zimmer, es ist eine Suite, mit riesigem Bad, Badewanne und Dusche, und die Minibar ist bis obenhin vollgestopft.

Wir stellen unsere Koffer ab – und weg ist mein Töchterlein. Sie hat eine eigene Bordkarte, darf überallhin und überall ran, es gibt immer und im Überfluss zu essen und einen Pool. Auf den hat sie sich, glaube ich, am meisten gefreut.

Ich setze mich aufs Sofa, nippe am Champagnerglas und studiere den künstlerischen Ablaufplan und den ganzen Berg an Zusatzinfos, die in meinem Bordbriefkasten lagen. In einer Stunde treffen sich alle Künstler zu einem Kennenlern-Aperitif. Nach dem Abendessen stellt sich der Entertainment-Manager vor, und morgen Vormittag ist Probe für die Welcome-Gala, die dann am Abend stattfindet. Das ist jede Menge Kontakt zu Beginn der Reise.

Eine prima Möglichkeit, weiterhin nicht nach Liebe, Anerkennung und Wertschätzung zu suchen. Bei dem leisesten Verdacht, dass etwas davon fehlen könnte, möchte ich mich aufs Geben verlegen und/oder am Ende des Tages meine »Wertschätzungsanwesenheitsrückschau« halten.

Ich mache mich frisch und begebe mich in die Lounge zu unserem ersten Termin. Mir wird mein viertes Glas Champagner in die Hand gedrückt, ich setze mich und muss gar nichts. Ich darf einfach hier sitzen, kucken, meinen Champagnerdüdel genießen und guten Tag sagen, wenn jemand mich grüßt. Die Künstler treffen ein, die Crew stellt sich uns vor und wir uns der Crew. Dazu steht jeder auf, sagt, was er in seinem Leben so macht, was er hier an Bord macht, und die meisten sagen noch irgendein witziges Sätzchen zum Schluss.

Als ich dran bin, verspüre ich überhaupt keinen Drang, aufzufallen oder nach Anerkennung zu heischen. Ich sage, was ich hier mache, sage nichts darüber, was ich sonst noch so tue, und mir fällt auch kein witziges Sätzchen ein. Ich lächle und nehme wieder Platz. Das ist sehr angenehm. Wir haben noch ganze zwei Wochen Zeit, uns kennenzulernen; wer ein Podium möchte, kann es haben. Gern auch schon am ersten Abend.

Nach dem Dinner treffen wir den Entertainment-Manager, und wieder kann ich spüren, welche Mühe es mich kosten würde, an dieser Stelle Anerkennung bekommen zu wollen. Ich ziehe es vor, mein Bedürfnis nach Zurückhaltung anzuerkennen, und gebe mir damit alles, was ich brauche. Ist das langweilig? Für mich nicht. Es ist herrlich unspektakulär! Und so gleite ich auf wunderbar leichte Weise in diese Kreuzfahrt hinein, verbinde mich mit Menschen, mit denen es mühelos geht, und mit denen, wo es nach Anstrengung aussieht, verbinde ich mich nicht. Drei Musiker, die als klassisches Trio auftreten, bleiben reserviert. Sie grüßen, bleiben aber nie für ein Schwätzchen stehen. Ich respektiere das. Das ist einfach. Ich will von ihnen nicht beachtet werden, wenn sie das nicht möchten. Die Umkehrung könnte lauten:

»Ich beachte sie. Ich beachte ihren Wunsch, unter sich zu bleiben.«

Und das fühlt sich respektvoll und ganz genau richtig an. Und ich habe keinerlei Mühe damit. Warum sollte ich es mir unnötig schwer machen?

Am Abend habe ich meine erste Lesung. Ich war vom Entertainment-Manager vorgewarnt worden: Die Gäste an Bord hätten einen extrem niedrigen »Aufmerksamkeitslevel« und würden sich nicht länger als fünfzig Minuten auf ein Kulturprogramm konzentrieren können. Ich konnte das nicht glauben. Er legte mir ans Herz, es nicht drauf ankommen zu lassen. Sie würden den Saal gnadenlos verlassen, und das hätte schon so manchen Künstler in seiner Ehre gekränkt. Ich hatte mir zu Hause ein Programm erarbeitet und war in dem Glauben, dass es die fünfzig Minuten nicht überschreiten würde.

Pünktlich zum Lesebeginn ist die Lounge voll besetzt. Ein mitreisender Musiker umrahmt mein Programm freundlicherweise am Flügel, und ich lese. Dann spielt er, ich lese wieder, und er spielt. So hatten wir es ausgemacht, auch um angesichts der niedrigen Aufmerksamkeitsbereitschaft der Gäste etwas Auflockerung hineinzubringen.

Die Gäste ruckeln auf ihren Stühlen, ich sehe sie an die Decke schauen, seufzen und ihren Kopf auf die Arme stützen. Einige schauen aus dem Fenster. Und? Bedeutet dies, dass es ihnen nicht gefällt? Werden sie gleich aufstehen und gehen? Ist das der Moment, an dem ich um Wertschätzung kämpfen muss? Wieder spüre ich, wie verkorkst das wäre und dass ich es am Ende ja doch nicht erreichen könnte. Wenn es Ihnen nicht gefallen sollte, dann kann ich es nicht ändern, soviel Mühe ich mir auch gäbe!

Ich lese den letzten Abschnitt, und der Pianist spielt noch ein Stück. Dann: tosender Applaus. Ich freue mich. Mir hat es gefallen und ihnen auch. Ich höre viele freundliche Worte im Anschluss und die Frage, wann die nächste Lesung auf dem Programm steht. Ach, es ist so wundervoll, gemocht zu werden. Und ganz besonders, wenn ich nicht danach gesucht habe, mich dafür nicht verrenken musste. Wenn ich einfach ich war, mein Ding gemacht habe und mich auch selbst damit mochte. Denn ohne meine eigene Wertschätzung könnte die Welt mich mit Liebe und Anerkennung überschütten – und ich würde es ihr nicht glauben können.

Der Pianist kommt zu mir, wir drücken uns die Hände und beglückwünschen uns gegenseitig. Er sagt, es hätte ihm Spaß gemacht. Wie schön. Dann musste er sich wohl auch nicht verrenken? Er zwinkert mir zu. Ich schaue ihn fragend an. Er zeigt auf seine Uhr. Ich weiß noch immer nicht, was er meint. »Siebzig Minuten haben wir gebraucht! Siebzig! Mann, da haben wir aber Schwein gehabt!«

Ach ja? Haben wir?

Wahrnehmen, ohne zu bewerten

*»Die höchste Form menschlicher Intelligenz ist die Fähigkeit
zu beobachten, ohne zu bewerten.«*

JIDDU KRISHNAMURTI

Keine Minute vergeht, ohne dass unser Denken dem, was existiert, eine Bewertung hinzufügt. Ich sitze im Café, vor mir ein Tisch. Er ist schief, sagt mein Verstand, und könnte mal ausgewechselt werden. Noch bevor ich den Tisch in seiner Gänze erfasst habe, habe ich ein Urteil gesprochen. Ich verlasse das Café, und nach ein paar Schritten bleibe ich stehen. Das Haus auf der rechten Seite ist lila. Lila! Können Sie sich das vorstellen? Wie viele Urteile und Bewertungen rasen in Windeseile durch meinen Kopf?

Eins: Die Farbe passt hier nicht hin.

Zwei: So eine Farbe nimmt man doch nicht für ein Haus.

Drei: Wer das veranlasst hat, hat keinen Geschmack.

Vier: Das müsste man überstreichen. Und zwar schnell.

Wie geht es mir mit solchen Gedanken? Ich bin voller Unverständnis, fast ärgerlich, schüttle den Kopf. Ich fühle mich nicht furchtbar schlecht, aber auch nicht gut. Ich bin nicht einverstanden.

Das lila Haus bemerkt zum Glück nichts von meiner Kritik und kann nicht zurückstänkern. Aber schon ein paar Schritte weiter die Straße rauf kommt mir eine Frau entgegen. Meine Urteile (im Stillen): »Na, mit solchen Beinen würde ich aber keinen kurzen Rock anziehen. Außerdem: ganz schön knapp, der Rock. Für ihr Alter! Das ist Berlin. Nirgendwo anders laufen die Leute so rum!«

Ich merke, ich bin in ihren Angelegenheiten, reiße meinen Blick von ihr los, und da ist sie auch schon an mir vorbeigelaufen.

Beim Einkaufen ein paar Minuten später weiß ich es genau: Das Süßigkeitenregal nimmt in diesem Supermarkt zu viel Platz ein, die Leute sollten sich den Körper nicht mit solchem Schund zukleistern. Und mehr Bioprodukte würden dem Laden auch gut stehen. Nicht nur meinetwegen – das liegt ja auch im Trend. Leckere Fleischersatzprodukte statt ein komplettes Regal mit Fleisch aus der unseligen Massentierhaltung.

Zu allem, was ich sehe, habe ich eine Meinung. Das ist anstrengend. Ich bin gedanklich ständig im Widerstand, im Analysieren, im Ändernwollen, nicht zufrieden, weiß es besser und bin kurz davor, andere zu belehren. Das ändert an eventuell existierenden Missständen gar nichts.

Ich schaue auf die Uhr. Eine halbe Stunde habe ich Zeit für ein Experiment. Ich verlasse den Supermarkt, gehe zurück zum Café, mein Platz ist noch frei. Ich setze mich und betrachte den Tisch. Wie fühlt es sich an, dort zu sitzen, ohne bewertende Gedanken über den Tisch zu haben? Erst einmal spüre ich nicht viel. Ich sitze da. Vor mir steht der Tisch. Ich nehme seine Farbe (Blau / Türkis) wahr, sehe raue Stellen im Holz und glatte. Ich lege meine Hand auf eine Stelle, an der Lack abplatzt. Mein Zeigefinger fährt darüber. Das Stückchen, dass hoch stand, knickt ab. Ich nehme meine Hand weg. Ohne Urteile ruht mein Blick sanft auf dem Tisch, und es fühlt sich unspektakulär friedlich an. Nichts muss verändert werden. Ich erinnere mich daran, welche Gedanken ich vorhin hatte. Ich hatte den Zustand des Tisches als desolat eingestuft und angenommen, dass die Betreiber dieses Cafés nicht viel Geld investieren wollten und sich Tische vom Trödel geholt haben.

Wer bin ich ohne diese Bewertungen?

Ich kann nicht wissen, ob es stimmt, was ich da über die Café-
besitzer gedacht habe. Ich sitze am selben Tisch wie vorhin.
Alles ist gleich – nur meine Gedanken sind anders. Ohne
meine bewertenden Gedanken über den Tisch, das Café und
seine Betreiber fühle ich mich freier. Als wäre mein Blick weiter, als könnte ich mehr wahrnehmen, als wäre die Welt plötzlich nicht so eng. Wenn ich wahrnehme, ohne zu bewerten,
kann ich spüren, ob ich hier sitzen will. Mit dieser Entscheidung bin ich vollkommen in meiner Angelegenheit. Das Leben
fließt, ich fließe mit, kein Anecken, Anstoßen, Festhalten, Ändernwollen, Verurteilen. Sehr angenehm. Dasselbe Mädchen
wie vorhin fragt mich, was ich trinken möchte. Ich schaue zu
ihr hoch und sehe ihre Sommersprossen. Fast ist mir, als
würde sie nach Sommer duften. Das habe ich vorhin gar nicht
bemerkt. Meine urteilenden Gedanken über das Café haben
mir den Blick verstellt. Ich sage: »Nichts, vielen Dank«, und erhebe mich.

Ich verlasse das Café, und nach wenigen Schritten erblicke
ich das Haus auf der rechten Seite. Ich bleibe stehen. Wie ist es,
auf das Haus zu sehen, ohne zu urteilen? Ohne eine Meinung
zu haben? Leere. In meinem Kopf ist Leere. Das könnte be-
ängstigend sein, wäre es nicht gleichzeitig so angenehm. Ich
spüre den Wind, der mir ins Haar fährt, sehe, wie die Trauer-
weide vor dem Haus ihre Äste hängen lässt. Ein Kranken-
wagen fährt vorbei, und das Martinshorn reiht sich ein in all
die anderen Geräusche der Straße. Es herrscht Gleichberechti-
gung. Alle Häuser sind gleichberechtigt, alle Farben, alle Ge-
schmäcker. Ich muss nicht bestimmen, was wohin passt. Alles
passt, so wie es ist. Ich bin ein Teil dieser Welt und nicht der
Bestimmer. Als Teil dieser Welt fühle ich mich plötzlich mit
allem verbunden. Ich bin froh, dass ich hier sein darf, dass es
eine Straße gibt, Häuser, Menschen und Cafés.

Ich setze mich in Bewegung. Natürlich taucht die Frau mit

dem kurzen Rock nicht extra für mein Experiment an der gleichen Stelle wieder auf. Die Straße bietet jedoch genügend andere Menschen. Ich gehe langsam und nehme wahr, was ich normalerweise denke. Flüchtig und unklar denke ich in Kürzeln: Touristen. Ausländer. Sieht süß aus. Sieht komisch aus. Sieht unfreundlich aus. Dicke Waden, Kind in der Trotzphase, überforderte Eltern.

Das alles sind keine vernichtenden Urteile. Und dennoch: Wer wäre ich ohne diese Bewertungen? Ich laufe weiter die Straße hinunter. Menschen überholen mich, kommen mir entgegen, Fahrräder sausen vorbei. Ohne Bewertungen sehe ich nur Menschen. Lebewesen. Wir sind eine Spezies, eine Gattung, die auf dieser Erde vorkommen. Wir bewegen uns vorwärts und rückwärts und gehen unseren Beschäftigungen nach. Ich stehe mitten in einem Rudel. Wie geht es mir da? Ich schaue auf die anderen Kreaturen meiner Art und fühle mich nicht fremd. Ich kenne hier niemanden, und doch sind wir alle gleich. In mir fühle ich eine freundliche Weite. Ohne meine Bewertungen hebe ich niemanden aus der Masse heraus. Mein Verstand beschäftigt sich nicht mit Gedanken, die mich von anderen abtrennen. Schön oder hässlich, süß oder weniger süß, Aus- oder Inländer, dicke oder dünne Waden. Mein Kopf ist leicht und frei, als hätte er sich Urlaub genommen.

Wie ich da so auf der Straße stehe, fällt mir ein, wie oft ich schon mit meinen ersten Bewertungen danebengelegen habe. Ich hatte »Ausländer« gedacht und nach einem kurzen Wortwechsel festgestellt, dass der Betreffende um die Ecke geboren war. Oder jemanden für süß befunden, der im nächsten Moment auf die Straße spuckte, sodass ich mein Urteil angeekelt zurücknehmen musste. Ich lag also oft ganz daneben. Welchen Wert hat dann solch eine schnelle Kennzeichnung?

Da, ein paar Meter vor mir, nähert sich wieder eine Frau mit knappem Rock. Ich bin gespannt. Ich gebe mir Mühe, unauffällig in ihre Richtung zu sehen, und formuliere in Gedanken keine Beurteilungen oder Bezeichnungen. Ich schaue einfach nur hin. Was nehme ich wahr, wenn ich die Person nicht in eine Schublade stecke? Ich sehe eine Frau. Sie bewegt sich auf mich zu, bleibt stehen, greift in ihre Handtasche, holt etwas heraus und geht weiter. Ihr Busen wippt beim Gehen, die nackten Beine stecken in hohen Schuhen. Sie hat es weder eilig, noch schlendert sie. Jetzt ist sie auf meiner Höhe, ich spüre den Windhauch ihres Vorbeigehens. Ich schaue ihr nach. Es berührt mich, dass ich sie einfach so beobachten darf. Ohne meine Urteile über ihre Beine, den knappen Rock und ohne Gedanken darüber, wo sie damit wohl hinwill, habe ich einen freundlichen Blick. Ja, ich könnte sagen, ein klitzekleines Glücksgefühl. So etwas wie Zuneigung. Ein bedingungsloses Akzeptieren. Mein Herz ist offen, ich verschließe mich innerlich nicht davor, was oder wer der oder die andere ist.

Ich stehe auf der Straße, die Frau im kurzen Rock entfernt sich und biegt um eine Ecke. Weg ist sie. Mein warmes Gefühl bleibt. Ich bin berührt. So betrachtet zu werden, habe ich mir mein Leben lang gewünscht. Urteilsfrei und freundlich, was immer ich auch anstelle. Was war an mir nicht schon alles falsch gewesen? Nach Einschätzung anderer war ich als Kind zu laut, zu trampelig, zu faul, nicht zielstrebig genug, zu uneinsichtig oder gar stur, gemein, vorlaut, oberflächlich und mäkelig gewesen. Als Jugendliche zu leichtsinnig, rücksichtslos, eingebildet, schlampig, ungehobelt und träge, vulgär und grotesk. Im frühen Erwachsenenalter habe ich gehört, ich sei nicht klar genug, für mein Alter zu naiv, gefühlskalt, nicht weltoffen, unkreativ, nachtragend, zu kopfig, nicht spontan genug, immer noch nicht angekommen, arrogant, dreist, egoistisch (Oho! Wer hat das noch nicht gehört?) und kompliziert. Nun bin ich schon sechsundvierzig Jahre und immer noch zu distanziert, albern, ungeduldig, dominant, zu perfektionistisch veranlagt, nicht immer charmant, ich lege die Latte zu hoch, bin nicht entspannt genug, tough und kurzsichtig. Zu dies, zu das, zu jenes. Hört das mal auf?

Wann bin ich denn mal richtig? Die Sehnsucht danach ist groß. Und habe ich nicht ähnlich über andere geurteilt? Als gäbe es eine Verpflichtung, bei anderen die Fehler zu suchen, zu analysieren und zurückzumelden. Ich mache selbst vor Tischen und Häuserfarben nicht halt.

Es sieht aus, als wäre es eine Gewohnheit. Eine Gewohnheit, die mich von mir und anderen trennt. Eine Gewohnheit, die die Gegensätze betont, die Unterschiede, den Zwiespalt. Eine Gewohnheit, die mich mit anderen fremd sein lässt, Distanz schafft, Mauern baut und sagt: Du bist nicht okay. Achtung! Du kannst falsch sein! Das schmerzt. Als Beurteilter, aber ebenso als der, der beurteilt. In diesem Monat frage ich:

Wer bin ich ohne meine wertenden Gedanken?

Jetzt, wo ich über das Experiment nachdenke, kommen mir Bedenken. Brauche ich die Bewertungen nicht auch? Wer bin ich ohne eine Meinung? Verliere ich meinen Charakter, mein Gesicht, meine Individualität? Irre ich, glücklich zwar, aber ziellos durch die Welt und kriege nichts auf die Reihe? Bin ich, wenn ich nicht alles einsortiere, ein Nichts und zerfalle ich zu Staub, wenn ich keine »eigenen« Gedanken über die Dinge habe?

Ist das Bewerten nicht auch nützlich? Könnte es gefährlich sein, mit dem Bewerten aufzuhören? Ein heranbrausendes Auto nicht mehr als Gefahr einzustufen und sich überfahren zu lassen? Kopfschmerzen nicht mehr als Schmerz zu bewerten und den Hirntumor unbemerkt zu lassen? Einen aggressiven Menschen auf der Straße nicht als aggressiv einzustufen und sich verprügeln zu lassen? Und was, wenn wir das alle täten? Geht nicht die Welt unter, wenn wir mit einem unkritischen Geist herumlaufen und alles so nehmen, wie es ist? Überwuchert uns dann der Kapitalismus, die Missgunst? Siegt die Profitgier, wird die Umwelt bis zur Unkenntlichkeit verpestet und endet alles in Sodom und Gomorra?

Ich halte inne. Das alles sind sorgenvolle Gedanken. Sie tauchen auf, wenn ich anfange nachzudenken. Wenn ich versuche, Lösungen allein über den Verstand zu finden. Diese Gedanken gehören zu einem Leben mit intellektuellem Diskurs, zum Analysieren, dem gedanklichen Hin-und-her-Gewürfel von Möglichkeiten. Durch Grübeln finde ich nicht heraus, ob wahrnehmen, ohne zu bewerten, ins Chaos führt. Ich werde es in diesem Monat ausprobieren und verspreche, mein Leben nicht in Gefahr zu bringen.

Wie es ist, Gegenstände und Menschen ohne Urteile zu betrachten, habe ich schon kurz gespürt. In dem Wohlgefühl, das dabei entstanden ist, zeigte sich die lang gehegte Sehnsucht, selbst auch vorurteilsfrei gesehen zu werden. Als Glaubenssatz formuliert:

»Ich möchte von anderen, dass sie nicht ungünstig über mich urteilen.«

In der Realität tun sie das aber. So wie ich auch. Wenn ich dabei bleibe, mir etwas zu wünschen, was ich seit vielen Jahren nicht bekomme, kann mich das immer wieder traurig machen – was bis hin zu Frust, Ärger und Verzweiflung gehen kann. Wenn ich es auf diesem Wege also nicht erhalte, kann ich es mal mit einer Umkehrung versuchen:

»Ich möchte von mir, dass ich nicht ungünstig über mich urteile.«

Kann ich das für mich selbst tun? Kann ich damit anfangen? Wie wäre es jetzt gerade? Ich stehe in meiner Küche. Was kann ich hier wahrnehmen? Ich stehe am Tisch, bin in Gedanken und schaue aufs Küchenregal.

Wenn ich mich in dieser Situation negativ beurteilte, könnte das so aussehen: »Was stehst du denn hier rum? Hast du nichts Besseres zu tun? Du vertrödelst deine Zeit. Mann, Mann, Mann! So kommst du zu nichts!« Damit hätte ich mir selbst Vorwürfe gemacht, hätte das Gefühl genährt, dass mit mir was nicht stimmt, ich mich falsch verhalte, und ich hätte mindestens einen Anflug von Bauchschmerzen.

Und wer bin ich ohne die wertenden Gedanken (wenn ich, gemäß meiner Umkehrung, nicht ungünstig über mich urteile)?

Ich stehe also am Tisch, bin in Gedanken und schaue auf das Küchenregal. Zuerst ist da wieder Leere. Dieselbe angenehme Leere, die ich beim urteilsfreien Betrachten des lila Hauses und der Frau mit dem knappen Rock gespürt habe. Ich bemerke, dass ich hier stehe, dass ich in Gedanken war und nun wieder an die Arbeit will. Mein Körper ist locker, der Geist beweglich und frei, und ich spüre keine Bauchschmerzen. Nanu, wer hätte das gedacht? Es fühlt sich gut an, wenn ich mich nicht selbst zur Schnecke mache! Beschwingt setze ich mich wieder an die Arbeit.

Heute kommt meine Tochter allein von der Schule nach Hause. Ich habe eine halbe Stunde länger Zeit zum Arbeiten. Schon den ganzen Tag freue ich mich darüber. Als sie dann den Schlüssel in die Wohnungstür steckt, erschrecke ich. Was, jetzt schon? So kurz ist eine halbe Stunde? Hab ich denn alles geschafft, was ich schaffen wollte? Ich atme einmal tief durch und schließe meine Tochter in die Arme.

»Hallo, mein Spatz, wie war's denn heute? Hast du Hunger oder Durst?«, frage ich sie, und sie kuschelt sich an mich. So sitzen wir eine kleine Weile. Dann steht sie auf, sagt, dass sie Durst hat, und geht aus dem Raum. Wie wäre es, wenn ich nicht bewertete, wie viel ich heute geschafft habe? Wahrnehmen will ich es schon, um nicht völlig aus Raum und Zeit zu fallen. Ich verschaffe mir einen Überblick, stelle fest, da fehlt noch eine halbe Stunde in meinem Tagesplan, und beschließe, die dranzuhängen, wenn meine Tochter im Bett ist. Fertig. Mehr nicht. Kein Murren und Knurren, Verurteilen oder Peitscheschwingen. Dadurch hätte ich auch nicht mehr geschafft. Es hätte mir lediglich ein schlechtes Gefühl beschert. Und mit einem verstimmten, angespannten Gemüt schaffe ich eher weniger, bin unkreativer und finde keine guten Lösungen. Ich habe wahrgenommen, dass mein Tagespensum noch nicht ganz geschafft ist, habe eine Lösung gefunden und nicht bewertet. Das fühlt sich an wie der Lauf eines Bergbächleins. Das Wasser fließt hinunter, mündet in den Bach und der in den Fluss. Mühelos.

In den nächsten Tagen spüre ich deutlich, wie es meine Laune hebt, die Dinge, die mir begegnen, nur wahrzunehmen. Wie viel Zeit und Kraft ging immer für die Beurteilungen drauf! Wie viel innere und äußere Auseinandersetzung war das!

Schon morgens hatte ich mich sonst gefragt: »Gutes Wetter oder schlechtes Wetter?«, »Die richtigen Kleidungsstücke?«, »Bin ich noch müde oder geht's?« … Ich dachte: »Wenn wir zu spät zur Schule kommen, ist das nicht gut für meine Tochter«, »Der Obdachlose, den wir auf dem Schulweg immer sehen, sollte sich einen besseren Schlafplatz suchen als die Bushaltestelle«, »Müsste ich da nicht was tun? Jeden Tag fahre ich an ihm vorbei. Es ist nicht richtig, dass der da liegt« – und so weiter, und so fort.

Ohne Bewertung sehe ich Regen vor dem Fenster oder die Sonne, ziehe mich an, fühle etwas in meinem Körper, ohne es Müdigkeit zu nennen, und grüße den schlafenden Obdachlosen, wenn wir vorbeifahren. Federleicht fühlt sich das an.

Und natürlich nehme ich wahr, dass ein Auto heranbraust, und weiche aus. Dann ist der Moment vorbei. Ich schimpfe nicht, rufe keine Beleidigungen hinterher und muss in der Folge nicht noch fünf Leuten davon erzählen, um den Frust wieder loszuwerden. Nein, mein Leben ist nicht in Gefahr. »Ich urteile nicht ungünstig über mich und auch nicht über andere.« Das ist auch eine Umkehrung von meinem Wunsch, dass andere nicht ungünstig über mich urteilen mögen.

In den Genuss der ersten Umkehrung bin ich schon gekommen. Wenn ich selbst nicht ungünstig über mich urteile, bin ich freundlich mit mir. Und zwar bedingungslos. Was auch immer andere über mich denken, es wird mich nicht in Grund und Boden stampfen, wenn ich, die wichtigste Person in meinem Leben, zu mir stehe. Eine weitere Umkehrung lautet:

»Ich möchte, dass ich nicht ungünstig über andere urteile.«

Heute darf ich das gleich üben. Ich telefoniere mit einem Schnittstudio. Sie hatten den Auftrag, ein langes Video von mir auf fünfzehn Minuten einzukürzen. Ich habe mich darauf gefreut und wollte es auf meine Internetseite stellen. Termin war vorgestern. Eine Mail habe ich schon geschickt und keine Antwort bekommen. Nun habe ich jemanden am Telefon, der sich nicht auskennt und von mir möchte, dass ich später noch mal anrufe. Ich spüre Ungeduld in mir aufsteigen. Diese Ungeduld nehme ich wahr und gebe ihm zu verstehen, dass ich mit jemandem sprechen möchte, der sich auskennt. »Moment«, sagt er und hängt mich in die Warteschleife. Da hänge ich und hänge ich, Musik düdelt an mein Ohr, bis ich nach ein paar Minuten rausfliege. Ich schaue das Telefon fragend an. Gibt es das? Wollen die keine Kundschaft?

Am Nachmittag versuche ich es noch mal. Wieder geht der ans Telefon, der sich nicht auskennt. Ich sage ihm, dass mein Schnitt eigentlich schon vorgestern fällig gewesen wäre und ich das Video jetzt gern hätte.

»Um welches Projekt handelt es sich denn?«, fragt er. Immerhin. Ich werde gehört. Ich gebe ihm die Auftragsnummer, er sagt: »Moment«, und hängt mich in die Warteschleife. Düdeldüdeldüdel. Bis ich rausfliege. Ich muss einmal tief ein- und ausatmen. Was nehme ich wahr? Ich bin ärgerlich. So macht mir das Arbeiten keine Freude. In der Wahrnehmung meines Ärgers fühle ich mich ganz klar. Aber was, wenn ich mich dem Automatismus der Bewertungen hingäbe? Wenn ich ungünstig über ihn urteilte und solche Gedanken glaubte wie »Der Mensch am Telefon müsste sich zuvorkommender verhalten, die sind unprofessionell, deren Firma wird eingehen, wenn sie mit allen Kunden so umgehen, er ist unfreundlich, wahrscheinlich ein Azubi, er ist zu knapp im Ton, die Firma sollte mal über ihr Verhalten nachdenken«?

Puh. Nicht nur, dass ich mit solchen Gedanken gleich auf hundertachtzig wäre, ich hinge auch in deren Angelegenheiten. Das zöge mich nur tiefer in den Ärger und würde mein Gehirn vernebeln.

Ich rufe wieder an. Der »Azubi« ist dran. »Ihr Video ist längst fertig. Wir haben es Ihnen auch schon geschickt.«

»Ach«, sage ich. »Wann denn?«

»Moment«, sagt er, und ich nehme einen Anflug von Angst wahr, wieder in der Warteschleife zu landen. Am anderen Ende der Leitung klappert was, ich höre Computergeräusche. Dann ist er wieder dran.

»Gestern.«

»Hm«, sage ich, »ich habe nichts bekommen.« Wir verglei-chen die Mailadresse, ich schaue in den Spamordner – nichts.

»Schicken Sie es mir bitte noch mal?«

»Klar«, sagt er, »schönen Tag und auf Wiederhören.«

Ich bleibe vor meinem Computer sitzen. Das kann ja nur ein paar Minuten dauern. Ich schaue den Spatzen vor meinem Fenster zu. Es kommt keine Mail. Nicht nach drei Minuten, nicht nach zehn. Ich beschließe, auch jetzt nicht ungünstig zu urteilen und mich erst einer anderen Arbeit zu widmen. Aber selbst nach einer halben Stunde habe ich das Video nicht im Posteingang.

Als ich abends wieder in den Computer schaue, ist es ange-kommen. Ich nehme ein Kribbeln wahr und bin bereit, alles zu verzeihen. Ich freue mich auf mein Video. Ich schaue es mir an, und an einer Stelle stolpert das Bild, der Ton ist zweimal signifikant zu leise, und das Video ist 20 statt 15 Minuten lang. Es fehlen meine Kontaktdaten am Ende des Films. Wieder spüre ich das Gefühl vom Vormittag. Ich bleibe einen Moment sitzen, bis das Gefühl ganz deutlich ist. Ohne Ärger schreibe ich eine Mail, liste auf, was alles schiefgegangen ist, und trete vom Auftrag zurück. Mit freundlichen Grüßen, Ina Rudolph.

Eine Minute später habe ich eine Antwort. Das könne ich nicht machen. Sie hätten sich Mühe gegeben, und man könne doch über alles sprechen. Ich klappe den Computer zu und verschiebe die Sache auf morgen.

Am nächsten Morgen verspüre ich immer noch keine Bereit-schaft, mit dieser Firma weiter an meinem Video zu arbeiten. Zwei Tage später bitte ich eine Freundin um eine Empfehlung für ein neues Schnittstudio.

»Wieso, was ist denn mit dem alten?«, fragt sie. Ich berichte, und sie sagt: »Sind das nicht nur Kommunikationsprobleme? Das kriegst du als Coach doch hin!«

Wir legen auf, und ich fühle eine leichte Bestürzung. Hätte ich mir mehr Mühe geben müssen? Wäre es meine Aufgabe gewesen, diesen Konflikt zu lösen? Sie hat recht, ich bin doch der Coach. Das fühlt sich wie ein Vorwurf an mich selbst an. »Ich bin der Coach!« Bedeutet das, dass ich alle Schwierigkeiten schon im Ansatz mit leichter Hand vom Tisch fege? In meiner Gegenwart gibt's keine Probleme? Das fühlt sich stressig an. Diesen Glaubenssatz kann ich mit der Work hinterfragen, und das werde ich zu einem späteren Zeitpunkt auch tun. In diesem Monat aber frage ich:

Wer bin ich ohne meine wertenden Gedanken?

Wahrgenommen habe ich, dass die Firma nicht so gearbeitet hat, wie ich das mag, ich habe Ärger gespürt und den Auftrag annulliert. Ich habe nicht eingelenkt, habe nicht zur Verständigung beigetragen und habe auch jetzt keine Lust dazu. Das ist Fakt. Ohne bewertende Gedanken mache ich mir deswegen keine Vorwürfe. Ich urteile nicht ungünstig über mich. Es ist, wie's ist. Auch ich bin manchmal hart, stur und habe keine Lust, den anderen zu verstehen. Coach hin oder her. Auch das gehört zu mir. Ich bin nicht zu dies und zu das. Ich leite keine allgemeingültigen Bewertungen aus meinem Verhalten ab, stecke mich in keine Schublade. Jeder Moment ist wieder neu. Ich bleibe leicht und beweglich. Das ist liebevolle Selbsterkenntnis. Ohne Vorwürfe an mich muss ich nicht anders sein. Das ist herrlich. Ich kann, wenn ich will, aber ich muss nicht. Ohne Bewertung bin ich freundlich mit mir, verleugne meine Schattenseite nicht, rede sie nicht schön und nehme mich, wie ich bin. Und vielmehr: Ohne Bewertung ist die Schattenseite gar keine Schattenseite, sondern einfach eine Seite. Ich bin nicht falsch oder richtig. Ich bin.

Ja. Genau. Das war es, was ich mir immer gewünscht habe.

Wie lebt es sich denn mit Schattenseiten? Wie fühlt es sich an, wenn etwas nicht so läuft, wie ich es erwartet habe, und ich sage dazu »Problem«, »Krise« oder »… schwierig«? Wird es dadurch nicht noch komplizierter? Es ist, als würde ich mir durch die Benennung noch Bleigewichte obendrauf packen. O Gott! *Krise!*

Ich habe eine Einzelsitzung mit einer Frau, die mich per Mail schon vorgewarnt hat: »Aber Achtung, Frau Rudolph, ich habe eine Depression!«

Sie kommt in mein Praxisräumchen, und wir überprüfen gemeinsam Glaubenssätze, die sie belasten. Nach zwei Stunden reckt sie sich auf meinem Sofa, lacht und sagt: »Komisch, jetzt geht's mir gut.« Ich bitte sie, noch eine kurze Work mit ihr machen zu dürfen.

Sie willigt ein, und ich frage sie: »Ist es wahr, dass Sie eine Depression haben?«

Sie schaut erstaunt. »Ja klar.«

Ich frage die zweite Frage der Work: »Können Sie absolut sicher sein, wirklich hundertprozentig sicher, dass Sie eine Depression haben?«

Sie lehnt sich zurück und schweigt. Eine Minute. Zwei Minuten. Drei. Dann richtet sie sich abrupt auf und sagt: »Hey, das hat doch nur der Arzt gesagt. Ein einziger Arzt, und das ist kein Blutbild, keine MRT oder so was. Das sind nur Worte.« Sie ruckelt auf dem Sofa hin und her. »Ich hab dem geglaubt. Ich hab das einfach geglaubt.«

»Ja«, sage ich. »Und wie reagieren Sie, wenn *Sie diesen Gedanken glauben?*«

»Das ist krass.« Sie legt ihre Hand auf ihr Herz. »Alles, was mich nicht überschwänglich glücklich macht, sehe ich als ein Zeichen meiner Depression. Es ist, als würde ich hundertmal am Tag zu mir sagen: ›Ist ja klar, dass ich mich nicht freuen kann. Ich hab ja 'ne Depression.‹ – Das sind lauter Kleinigkeiten. Ich stehe zum Beispiel in einer Schlange beim Einkaufen, und es geht nicht vorwärts. Ich werde ungeduldig, kucke mich um und sehe, dass die anderen nicht ungeduldig sind. Die stehen da brav in der Schlange und warten. Und dann kommt der Gedanke: ›Meine Ungeduld ist auch schon ein Zeichen meiner Depression.‹ Das heißt ja, dass die Art, wie ich reagiere, nicht in Ordnung ist, nicht normal. Mann, das hat sich schon fast wie eine Lähmung angefühlt.«

An dieser Stelle fallen ihr jede Menge ähnlicher Beispiele ein. Sie kann sehen, wie sehr der Glaube an diese Diagnose ihre ursprünglichen Lebensäußerungen blockiert hat. Als würden die unangenehmen Gefühle damit zementiert. Ein Kreislauf.

»Wer wären Sie denn ohne den Gedanken?«, frage ich sie die vierte Frage der Work. »Wie würden Sie in der Schlange stehen, wenn Sie nicht glaubten, dass Sie eine Depression haben?«

»Ja, phh …«, sie wirft die Arme in die Luft. »Dann wäre ich halt ungeduldig. Meine Güte …«

Ich warte, ob ihr noch etwas einfällt. Sie schaut mich aus den Augenwinkeln an und fragt: »Ich hab gar keine Depression, oder?«

»Ich habe keine Depression« ist eine mögliche Umkehrung. Ich bitte sie, drei Beispiele zu finden, warum dieses Gegenteil für sie auch wahr ist, und sie sagt: »Na ja, erstens gibt es keinen handfesten Beweis dafür. Es ist nur eine Bezeichnung. Zweitens hab ich keine Depression, wenn ich einen lustigen Film sehe, ein Buch lese oder auf der Arbeit abgelenkt bin. Und drittens … eigentlich ist es so …«, sie lacht, »in den Momenten, wo ich nicht glaube, dass ich eine Depression habe, hab ich auch keine.«

Sie stellt fest, dass sie ungeduldig ist, sich manche Dinge nicht traut, zu oft ja zu anderen sagt, und da sind Träume, die gelebt werden wollen. Ganz konkrete Verhaltensweisen, die sie verstimmen und an denen sie arbeiten kann. Aber eine Depression? Nein.

Manchen Menschen mag es anfänglich helfen, wenn ein Arzt ihnen sagt: »Sie haben eine Depression.« Es scheint ihren Gefühlen eine Berechtigung zu geben. Vielleicht hilft es auch, um anderen etwas sagen zu können, wenn sie fragen, was los sei. Aus meiner Erfahrung kann es dann hilfreich sein, genauer hinzuschauen und nicht bei dieser ersten »Diagnose« hängenzubleiben.

Ich danke meiner Klientin für diese Work. Passt prima in den Monat. Ihr Beispiel hat verdeutlicht, wie eine Bewertung, Schublade oder so ein Oberbegriff verhindern kann, dass ich konkret sehe, wo meine Verstimmung herkommt. Und nur im Konkreten kann ich auch etwas ändern.

Es gibt aber noch eine denkbare Umkehrung zu meinem ursprünglichen Wunsch. Sie lautet:

»Ich möchte, dass andere nicht günstig über mich urteilen.«

Ja, Sie haben richtig gelesen, und das klingt erst einmal absurd. Ist der Wunsch nach einer günstigen Beurteilung nicht normal?

Vor vielen Jahren durfte ich für einen Kinofilm an der Seite eines wirklich berühmten Schauspielers eine kleine Rolle spielen. Man könnte sagen, ich hatte Glück. Denn er lobte mich mit Worten wie »Diese intelligente Kollegin hier an meiner Seite«, »Schön gespielt« oder »Oho, hier war aber jemand aufmerksam«. Hätte ich nicht Grund gehabt, mich zu freuen? Ich kann Ihnen sagen, ich habe mich nicht gefreut. In mir herrschte den ganzen Tag Alarmbereitschaft. Belobigungen sind auch Urteile und können jeden Moment ins Gegenteil kippen. Wenn er »Intelligent« sagt, hält er es auch für möglich, dass es

Dummheit gibt. Strohdumm, blöd oder minderwertig intelligent. Er selbst ist natürlich der Intelligenteste, wenn er diese Prädikate vergeben darf.

»Nicht werten« heißt eben auch »nicht positiv werten«. Es heißt nicht, vor dem Negativen die Augen zu verschließen. Es heißt auch nicht, allem eine positive Seite abzugewinnen. Für mich heißt es: sich gedanklich nicht so viel in die Realität einzumischen. Den urteilenden Gedanken nicht den Vorrang zu geben. Diese dürfen sich im Alltag einordnen neben den Sinnen. Neben Riechen, Schmecken, Hören, Sehen und Fühlen gibt es dann auch Denken.

Was hat wo seinen Platz? Wäre es bei einem Essen nicht sinnvoll, Schmecken und Riechen in den Vordergrund zu stellen? Vor allem dann, wenn das Essen lecker ist, das vor mir auf dem Teller liegt. Wenn ich beim Essen das Denken in den Vordergrund stelle, bekomme ich von der Konsistenz der Speisen, den Geschmacksrichtungen, den Gewürzen, dem Zusammenspiel der Zutaten nichts mit. Vielleicht esse ich mehr, als ich möchte, da ich nicht wahrnehmen konnte, wann ich satt bin.

Mir ist zu Ohren gekommen, dass zu viel denken auch beim Sex eher ungünstig sein soll. In einem Symphoniekonzert gibt es mehr zu hören, als zu sehen, und wenn ich mich in einem Streit nur aufs Denken konzentriere, wird es eher in eine Diskussion münden anstatt in Verständnis. Wir haben noch andere Gaben als nur das Denken, das uns von den Tieren unterscheidet und auf das wir so stolz sind.

Ich bin unterwegs auf Lesereise. Literatur. Heute Abend lese ich vor fünfundachtzig Leuten aus einem französischen Krimi. Es gibt Rotwein, Käse und Baguette, Quiche und Käsesuppe mit Croûtons. Das Publikum amüsiert sich, es wird gelacht und getrunken. Im Anschluss signiere ich Bücher; und am

Ende der Schlange wartet eine zierliche Frau, die mir auffällt, weil sie jeden, der sich anstellen will, vorlässt. Irgendwann tritt sie ganz aus der Schlange und wartet an der Seite. Ich habe das Gefühl, sie wartet auf mich. Der Saal leert sich, Menschen gehen nach Hause, ich plaudere noch mit dem letzten Pärchen, das eine Widmung im Buch haben will, winke ihnen, als sie losgehen, und schaue mich um. Ja, da steht sie noch und kommt jetzt zögerlich auf mich zu. Ich hätte schön gelesen, bemerkt sie, der Abend hätte ihr gefallen. Allerdings hätte sie nicht so richtig zuhören können, weil sie immer wieder daran denken musste, was sie mir im Anschluss noch sagen wollte. Sie macht eine Pause. Ich nicke ihr freundlich zu. Als Ermunterung. Und nun bin ich auch neugierig. Was möchte sie mir sagen?

Auch die ersten Geschichten meines »Loslassen«-Buches hätten ihr gefallen. Bis sie an diese eine geraten wäre. Ich ahnte schon, welche, und fragte nicht nach. Zwei Geschichten aus dem Buch wurden von Lesern immer wieder hervorgehoben, aber nur eine einzige bewegte die Gemüter so hochschäumend, so polarisierend, dass sie immer wieder Thema war. Manche Menschen waren zutiefst dankbar für diese Geschichte, und andere waren empört. Ich hatte über eine Zeitspanne in meinem Leben berichtet, in der ich eine offene Beziehung geführt hatte. Ich habe mich entschlossen ehrlich darüber zu schreiben, weil ich häufig Klienten in Einzelsitzungen habe, die unter diesem Thema leiden. Es leiden die, die ihre Erotik mit mehreren Menschen teilen möchten, sich aber nicht trauen, weil das ihren Partner verletzen würde. Und es leiden die monogamen, die befürchten, dass ihr Partner noch andere Wünsche hat, oder es sogar schon wissen. Ich habe diese Geschichte als Ermutigung für all diejenigen geschrieben, die einen Weg finden möchten, damit umzugehen.

Meine Gesprächspartnerin schüttelt den Kopf: »Wie können Sie nur so etwas schreiben?« Sie holt tief Luft, und plötzlich stehe ich in einem Gewitter aus Urteilen: »Hören Sie mal, das ist nicht richtig, so etwas unter die Leute zu bringen. Das ist ja geradezu eine Ermutigung. Was haben Sie sich dabei nur gedacht? Sie sind ansonsten eine so mitfühlende Person, aber da haben Sie nicht richtig nachgedacht, Frau Rudolph …«

Ich atme auch einmal tief ein, höre ihre Worte und nehme wahr, wie schnell mein Verstand die Frau, die vor mir steht, in eine Schublade stecken will. Wie schnell er eine Geschichte zu ihr bastelt. Ich vermute, dass sie schon einmal die »Betrogene« war und an ihrer Verletzung noch immer schwer trägt. Ich schaue sie an und frage mich:

Wer wäre ich ohne meine wertenden Gedanken?

Währenddessen höre ich weiter, was sie sagt: »Ich hoffe nur, dass Ihnen das nicht irgendwann auf die Füße fällt. Das ist extrem unvernünftig, und ich würde Ihnen das nicht sagen, wenn ich Sie nicht mögen würde …«

Ohne meine wertenden Urteile über die Frau, die über mich urteilt, kann ich ihr ohne einen Schweißausbruch zuhören. Weder ärgere ich mich, noch muss ich mich verteidigen.

Eine Regung ist in mir, die ihr gern sagen würde, wie ich es gemeint habe. Ich muss sie nicht umstimmen, von ihrer Meinung abbringen oder Ähnliches. Aber vielleicht hat sie ja Lust, mich zu verstehen? Ich nehme mir die Freiheit, sie zu unterbrechen. »Ich danke Ihnen für Ihre Rückmeldung. Haben Sie dazu noch eine Frage?« Ich habe wahrgenommen, dass ich langsam müde werde. Es war ein langer Abend.

Sie schaut mich an. »Na gut«, sagt sie. »Entschuldigung. Ich wollte das nur loswerden.« Sie macht einen Schritt zurück.

»Wenn Sie möchten«, biete ich ihr an und zeige auf zwei Stühle, »sage ich Ihnen gern noch was dazu.«

Sie wendet sich zum Gehen. »Na, lassen Sie mal. Ich wünsche Ihnen noch einen schönen Abend.«

Dann dreht sie sich um und geht durch die Tür. Jemand hat mir seine Meinung gesagt, und ich habe sie gehört. Punkt. Jetzt kann ich meine Sachen zusammenpacken, der Buchhändlerin danken, die den Abend organisiert hat, der Küche, die Leckeres gekocht hat, und dem Personal, das bedient hat. Es war ein schöner Abend.

Am Ende dieses Monats sitze ich eines Nachmittags an meinem Schreibtisch und habe Kopfschmerzen. Irgendwie geht es mir nicht gut. Ich habe gearbeitet, war konzentriert und habe nicht bemerkt, wie der Schmerz sich herangeschlichen hat. Jetzt merke ich ihn deutlich. Für einen Moment lege ich meinen Kopf auf dem Schreibtisch ab.

Jetzt, wo ich denke: »Ich habe Kopfschmerzen«, brummt es erst richtig in meinem Schädel. Oje, was mach ich denn nun? Mir ist schummrig. Ich erhebe mich schwerfällig, schaffe es bis zum Sofa und lasse mich darauffallen. Nun, wo ich nichts weiter zu tun habe, erinnere ich mich an meine Übung. Was kann ich wirklich wahrnehmen und was ist Bewertung? Ist »Kopfschmerzen« nicht schon eine Bewertung? So gut es geht, entspanne ich meine Muskeln und frage mich: Was nehme ich wahr? Da ist ein Druck an der oberen Schädeldecke. Das fühlt sich kühl an. Was noch? Im Nacken pulsiert etwas dumpf. Noch was? Ich habe Lust, ein bisschen hier zu liegen und meinem Kopf eine Entspannung zu gönnen. Ich möchte die Augendeckel zuklappen. Ich nehme wahr, wie mein Körper schwer wird und an der Stirn etwas pocht. Ist das wirklich Schmerz? Was passiert mit dem Schmerz, wenn ich das Gefühl nicht als Schmerz bewerte? Wenn ich dem, was ich da fühle, nicht diesen Namen gebe? Gemäß der Work könnte ich fragen:

»Ich habe Kopfschmerzen.«
Ist das wahr?

Und kann ich mir wirklich sicher sein, dass das, was ich da fühle, Kopfschmerzen sind? Wenn ich diese Bewertung glaube, hab ich erst richtig Kopfschmerzen. Der Kopf ist schwer. Ich erinnere mich an alle Kopfschmerzen, die ich je in meinem Leben gehabt habe. Ich habe Referenzen. Es ist, als würde ich zu mir sagen: Kopfschmerzen? Kenn ich. Ist nicht schön. Geht auch nicht so einfach wieder weg. Die Erfahrung hab ich schon gemacht. Ach wie doof.

Wenn ich nicht bewerte oder den bewertenden Gedanken nicht glaube, kann ich etwas spüren, was nicht eindeutig ein Schmerz ist. Ein Pulsieren, ein Pochen. Ich stelle keine Verbindung zu etwas anderem her, was ich schon kenne und was schon mal »doof« gewesen ist. Ich kann das Gefühl spüren, als wäre es neu. Das ist angenehmer, das Gefühl verstärkt sich nicht, und ich kann bemerken, was ich jetzt brauche. Mal eben hinlegen, mal eben entspannen. Wenn diese Gefühle bleiben, auch morgen und übermorgen noch da sind, gehe ich natürlich zum Arzt. Ich würde nicht warten, bis mir der Schädel platzt.

Was ist eigentlich mit meinen Bedenken geschehen, die ich am Anfang dieses Monats hatte? Werden wir gleichgültig und passiv ohne Bewertungen? Besteht die Gefahr, dass die Welt untergeht?

Ich glaube, wir würden lediglich unnötigen Ballast abwerfen und dem Wahrnehmen mehr Platz einräumen. Es wäre mehr Spüren in der Welt und weniger Kopfzerbrechen. Mehr Beachtung und Respekt vor dem, was schon da ist. Mehr Ruhe und Frieden. Ohne dass ich als Menschlein einen Widerstand einbaue oder ständig etwas hinzufügen muss. Eine Meinung, eine Bedeutung, eine Interpretation. Vielleicht würden wir uns dadurch auch nicht so wichtig nehmen. Das *Ich* nicht so wichtig nehmen und einfach mehr »da sein auf dieser Welt«. Wäre das nicht schön?

Ach, eine letzte Umkehrung fällt mir noch ein. Es gibt eine weitere, die auf den ersten Blick absurd aussieht:

»Ich möchte, dass andere ungünstig über mich urteilen.«

Könnte das auch wahr sein? Nun, sie tun es ja sowieso. Menschen urteilen über andere, das werde ich nicht verhindern können. Es ärgert mich nur, wenn ich gleichzeitig will, dass sie es nicht tun.

Außerdem kann ich ihnen ab jetzt jedes Mal innerlich dafür danken, dass sie mich an das erinnern, was meine Angelegenheit ist und was sich gut anfühlt. Daran, dass ich eine neue Gewohnheit etabliere. *Ich* will nicht urteilen. Das fühlt sich für mich besser an. Was die anderen tun, ist ihre Sache.

Den Gedanken mit Verständnis begegnen

»Gedanken sind harmlos, es sei denn, wir glauben sie.«
BYRON KATIE

Morgens, wenn ich die Augen öffne, geht es schon los. Vielleicht habe ich noch gnädige zwei Sekunden, in denen ich gemütlich aus dem Schlaf herauswabern kann, dann fängt mein Gehirn an zu denken. »Ist noch Milch da?«, fragt es, oder es denkt an all die Aufgaben, die heute anstehen. Vielleicht kommen auch Gedanken an etwas, was gestern geschehen ist.

Im tiefsten Winter zum Beispiel, wenn um sechs Uhr der Wecker klingelt, mich außerhalb des Bettes Kälte und Dunkelheit erwarten, kann mein Verstand schon mal so unpraktische Fragen stellen wie: »Wofür ist das alles?« Oder: »Warum ich?« Dann kann es passieren, dass ich mich mit Gedanken aus dem Bett erhebe, die meinen, ich hätte es schwer. Oft meinen sie auch zu wissen, dass die Müdigkeit, die ich jetzt gerade spüre, den ganzen Tag anhalten wird und dass der kommende Tag gar nicht anders kann, als ein Sch …tag zu werden. Wenn ich dieser Art Gedanken Glauben schenke, fällt es mir noch schwerer aufzustehen.

Einige Wintermorgen habe ich schon mit diesen Gedanken zugebracht. Stets klingelte um sechs Uhr der Wecker, es war dunkel und kalt, und immer tauchten Gedanken über die Schwere des Lebens auf und Bilder von einem trostlosen, von Müdigkeit überschatteten, anstrengenden Tag, von dem ich nichts anderes wollte, als dass er so schnell wie möglich vorüberging.

Schon im ersten Jahr mit The Work stellte ich fest, dass ich nach dem ersten Kaffee, also gegen sieben Uhr, gar nicht mehr so müde war. Nachdem ich mein Kind in die Schule gebracht hatte, draußen in der Kälte gewesen war und nun an meinem Schreibtisch saß, war ich sogar überhaupt nicht mehr müde. Ja, ich hätte mit Fug und Recht behaupten können, ich sei munter. Tag für Tag fiel mir in diesen Momenten im Ablauf der Work-Fragen auf, dass ich um sechs Uhr morgens überhaupt nicht wissen kann, wie der ganze Tag wird, dass es mir nicht gut geht, wenn ich den stressigen Gedanken glaube, und dass das Aufstehen leichter ist, wenn ich sie nicht glaube. Natürlich war die Umkehrung wahr geworden, denn um 8.15 Uhr saß ich so munter an meinem Schreibtisch, wie es nur geht.

Eines Morgens im nächsten Winter klingelte der Wecker um sechs, ich blinzelte in die Dunkelheit, die trüben Gedanken tauchten auf, ich bemerkte sie und hörte mich in die Dunkelheit sagen: »Ja, ja …« Undeutlich dachte ich so etwas wie: »Quatscht ihr mal ohne mich weiter, ich geh derweil duschen.« Ich stand auf und ließ in meiner Vorstellung die Gedanken im Schlafzimmer zurück. Tatsächlich war ich schon nach dem Duschen gar nicht mehr so müde und bei den ersten Schlucken aus meiner Kaffeetasse putzmunter.

Ein paar weitere Tage später riss mich der Wecker wieder um sechs Uhr aus meinen Träumen. Als ich die Augen aufschlug, war es so dunkel wie immer im Winter um diese Uhrzeit. Die Gedanken kamen angetrudelt, und ich kicherte leise. »Guten Morgen, meine Lieben«, begrüßte ich sie, denn sie waren nun schon gute Bekannte. »Na, wie geht es euch heute?« Ich sah sie wie freundliche Wesen, die durch mein Schlafzimmer schwebten. Obwohl sie inhaltlich noch immer dieselben Informationen mitbrachten, fühlte ich mich durch ihr Auftauchen kein bisschen beschwert. Ich war nicht mehr mit ihnen identifiziert. Ich war nicht das, was ich dachte. Glaubte nicht, dass das, was sie sagten, der Wahrheit entspricht. Ich stand auf und kippte das Fenster zum Lüften. »Wollt ihr raus?«, fragte ich und entließ sie durch den kleinen Spalt nach draußen. »Bis morgen«, rief ich Ihnen noch hinterher und ging fröhlich duschen. Diesmal war ich schon munter, als ich das Badezimmer betrat.

Auch heute noch, Jahre später, tauchen solche und ähnliche Gedanken auf, wenn ich morgens die Augen aufschlage. Ich habe festgestellt, ich kann meine Gedanken nicht steuern. Ich kann ihnen nicht befehlen, wegzugehen oder wegzubleiben. Können Sie das? Bis jetzt habe ich noch niemanden getroffen, dem das gelingt. Vielleicht schaffe ich es, eine halbe Stunde in Trance oder in Meditation zu sein. Leer, ohne Gedanken und frei. Aber sobald ich mich aus meinem Lotussitz erhebe, wuseln sie wieder herum.

Der Unterschied für mein Lebensgefühl besteht darin, ob ich meinen Gedanken glaube oder nicht. Denn stressbeladene Gedanken, die ich nicht glaube, ziehen einfach weiter, haften nicht an, machen kein schlechtes Gefühl. Sie tun mir nichts. Sie sind harmlos. Denn erst wenn ich auftauchende Gedanken auch glaube, folgt darauf auch ein Gefühl. Sind es stressige Gedanken, werde ich kurz darauf auch ein stressiges Gefühl empfinden. Trauer, Angst, Wut, Verletztsein, Enttäuschung oder Einsamkeit. Diese Gedanken kann ich prima mit The Work aufräumen und so auch die Gefühle beeinflussen.

Wenn ich durch den Prozess ging, stellte ich meist fest, dass die Gedanken gar nicht stimmten oder zumindest auf diese stressige Weise nicht stimmten. Ich war nämlich nicht den ganzen Tag müde.

Seit ich mit The Work arbeite, stelle ich immer wieder fest, dass Schwierigkeiten von vornherein nicht mehr so problematisch aussehen. Warum?

Erstens bin ich mir bewusst, dass ich die Work habe. Wann immer ich ungute Gefühle spüre, kann ich meine Gedanken überprüfen und mich aus dem Gedankengefängnis befreien. Das Wissen darum gibt mir Sicherheit. Wie ein Migränepatient, der sein Medikament dabeihat, trete ich beschirmt in den Tag hinaus. Hätte er es nicht dabei oder hätte er noch kein Medikament gefunden, das ihm hilft, könnte es sein, dass er sich unsicherer fühlt. Auch wenn es seinem Kopf gut geht. Wahrscheinlich würde er aufmerksamer auf erste mögliche Symptome achten und, wenn er etwas spürt, ängstlich reagieren. Denn er hat ja nichts dabei, was ihm hilft. Wenn er schon einen leichten Kopfdruck als Anzeichen für beginnende Migräne interpretiert, werden die Symptome sich verstärken. Die Wahrscheinlichkeit, dass er an diesem Tag dann tatsächlich einen Migräneanfall bekommt, ist erhöht.

Hat er sein Medikament dabei, vertraut er ihm und achtet nicht auf jede kleine Regung seines Körpers. Seine Wahrnehmung liegt anderswo, und wenn sie auf etwas Angenehmem liegt, wird es ihm sicherlich gutgehen.

So wie mir, denn ich habe mein »Medikament« immer dabei. Ich weiß, dass es mir hilft, die Work zu machen, und brauche keine Angst zu haben, dass etwas wirklich Schlimmes passieren könnte. So kann ich mich jeden Tag neu ins Leben stürzen.

Zweitens glaube ich allen stressigen Gedanken, die auftauchen, per se nicht mehr so sehr. Denn würde ich die Work mit ihnen machen, würden sie sich sowieso auf die eine oder andere Weise als unwahr herausstellen, sich auflösen oder zumindest relativieren.

Wie wäre mein Leben, würde ich mir immer und jederzeit darüber im Klaren sein, dass Gedanken halt kommen und auch wieder gehen, wenn ich sie nicht festhalte? Wenn ich sie von vornherein nicht so allbestimmend wichtig nähme und nicht davon ausginge, das alles, was ich denke, wahr ist? Können meine Gedanken meine Freunde sein? Kann ich sie auch unter schwierigen Umständen willkommen heißen und ihnen einen Platz am Tisch anbieten?

Ich denke, mein Leben könnte leichter und luftiger sein, würde ich meinen auftauchenden Gedanken nicht immer glauben. Das nehme ich mir für diesen Monat einmal im Speziellen vor.

Den lieben langen Tag füge ich zu den Dingen, die geschehen, eigene Gedanken hinzu. Ich interpretiere, bewerte und erzähle mir Geschichten, die sich bei genauerer Betrachtung oft nicht als richtig erweisen. In diesem Monat möchte ich mich ein paar Zentimeter neben meine Gedanken stellen. Besonders neben die ungeprüften, stressigen, Gedanken.

Eine Parabel, die mein Thema sehr gut verdeutlicht, ist die berühmte »Geschichte mit dem Hammer« von Paul Watzlawick. Und da viele sie immer nur so ungefähr kennen, hier eine Auffrischung:

Ein Mann will ein Bild aufhängen. Den Nagel hat er, nicht aber den Hammer. Der Nachbar hat einen. Also beschließt unser Mann, hinüberzugehen und ihn auszuborgen. Doch da kommt ihm ein Zweifel: Was, wenn der Nachbar mir den Hammer nicht leihen will? Gestern schon grüßte er mich nur so flüchtig. Vielleicht war er in Eile. Aber vielleicht war die Eile nur vorgeschützt, und er hat etwas gegen mich. Und was? Ich habe ihm nichts angetan; der bildet sich da etwas ein. Wenn jemand von mir ein Werkzeug borgen wollte, ich gäbe es ihm sofort. Und warum er nicht? Wie kann man einem Mitmenschen einen so

einfachen Gefallen ausschlagen? Leute wie dieser Kerl vergiften einem das Leben. Und dann bildet er sich noch ein, ich
sei auf ihn angewiesen. Bloß weil er einen Hammer hat. Jetzt
reicht's mir wirklich. – Und so stürmt er hinüber, läutet, der
Nachbar öffnet, doch noch bevor er »Guten Tag« sagen kann,
schreit ihn unser Mann an: »Behalten Sie Ihren Hammer, Sie
Rüpel!«*

Sollte dem Schreihals eines Tages bewusst werden, dass sich
die ganze Vorgeschichte nur in seinem Kopf abspielte und kein
bisschen in der Realität, wird ihm die Sache wohl schrecklich
peinlich sein. Er wird sich von Herzen wünschen, seinen Gedankenkonstruktionen nicht geglaubt zu haben.

Ich sitze im Zug. Zwei Stunden bin ich schon unterwegs, ich
habe es mir gemütlich gemacht. Mein Computer vor mir, eine
Flasche Wasser neben mir, mein Rücken entspannt sich in der
Lehne. Plötzlich höre ich einen Knall. Etwas donnert gegen
meine Rückenlehne, ich werde nach vorn geschubst, mein
Computer rammt sich in meine Rippen.

Ich fahre herum. In diesem Herumfahren liegt ein Vorwurf.
Die dazugehörigen Gedanken sind: »Man muss doch seinen
Tisch nicht so an die Lehne knallen, das ist rücksichtslos.
Hallo?« So etwas würde ich natürlich *niemals* sagen. Ausgesprochen wären mir diese Worte peinlich, egal, wer da was
und aus welchem Grund an meine Lehne donnert.

Als ich mich vollständig herumgedreht habe, erkenne ich
den alten Mann, dem ich vorhin geholfen habe, seinen Sitzplatz zu finden. Irgendwie hat er es geschafft, sich zwischen
den Sitzen zu verheddern, und ist gestürzt. Ich springe ihm zu

---

* Paul Watzlawick: *Anleitung zum Unglücklichsein*, München, Piper Verlag.

Hilfe. Nun sind mir meine voreiligen Gedanken noch peinlicher. Gut, dass sie mir nicht über die Lippen gekommen sind. Und gut, dass es keine Gedankenleser gibt. Also, keine wirklichen. Ich helfe ihm auf und geleite ihn bis zur Toilette, denn dort wollte er eigentlich hin.

Dann sitze ich wieder auf meinem Platz. So, so, denke ich, da hab ich ja mal wieder Glück gehabt.

Das Urteilen meines Verstandes geschieht oft so schnell, dass es in dem Moment selbst unmöglich ist, es anders zu denken. Durch die Arbeit mit der Work tauchen viele stressige Gedanken gar nicht mehr auf, aber wenn welche auftauchen, dann in einer intergalaktischen Lichtgeschwindigkeit, die ich als kleines Menschlein nicht zu kontrollieren imstande bin.

Ich fahre in eine Stadt im Süden des Landes, um dort aus dem neuen Buch von Anna Gavalda zu lesen. Am Telefon hatte die Buchhändlerin mir letzte Woche eröffnet, dass erst acht Karten verkauft wären, dies ja sehr schade sei, dass sie die Lesung aber in jedem Fall trotzdem machen möchten.

Irgendwie habe ich mich wohl darauf einzustellen versucht und schloss meinen Frieden mit der Vorstellung, vor einem intimen Kreis zu lesen. Gleichwohl glaubte ich diesen Gedanken nicht vollständig. Noch nie habe ich vor nur acht Leuten gelesen. Ich habe die Lesung bei Facebook gepostet, wo der Andrang normalerweise groß ist, wenn ich eine Lesung einstelle. Diesmal zwei Likes und sonst nichts.

Die Buchhändlerin meldete sich vor meiner Abreise nicht noch einmal bei mir, obwohl wir so verblieben waren, und als ich im Hotel stand, glaubte ich es plötzlich doch. Ich werde heute vor acht Gästen lesen. In Berlin hatte ich meine kleine Postkartenkollektion eingepackt. Buchhandlungen verkaufen Postkarten, und bei gut besuchten Lesungen geht mein Päckchen meist schon am Abend der Lesung weg. Als ich nach dem mitgebrachten Päckchen greifen will, zögere ich. Ach, denke ich, nun kriegen sie schon die Kosten nicht rein, die meine Lesung verursacht – da werden sie sich nicht noch zusätzlich meine Postkarten aufhalsen wollen. Schemenhaft sah ich das Bild der Buchhändlerin vor mir. Also, das Gesicht *einer* Buchhändlerin, denn ich hatte *die* Buchhändlerin ja noch gar nicht gesehen. Trotzdem zieht sie in meiner Vorstellung das Gesicht zu einem ablehnenden Ausdruck zusammen, und ich lasse mein Postkartenpäckchen daraufhin im Hotel.

Ich mache mich auf den Weg, schlendere durch das schöne Städtchen, über eine Brücke und zwei Gässchen. Ich erreiche den Buchladen, trete ein, und die Buchhändlerin strahlt mir entgegen. Ich frage sie nach der Besucherzahl und ob der Teilnehmerkreis sich denn noch etwas erhöht habe. Sie schaut mich an, als wüsste sie nicht, was ich meine. Dann ruft sie aus: »Nein, nein, wir sind voll, Frau Rudolph, alles gut.« Tatsächlich strömten unablässig Besucher an mir vorbei in die Buchhandlung. In der ersten Sekunde freute ich mich, denn ich freue mich immer, wenn das Haus voll ist. Und auch wenn der Buchladen, der sich getraut hat, eine Lesung zu veranstalten, damit keine Miesen macht. In der zweiten Sekunde gedenke ich der im Hotel zurückgelassenen Postkarten. Wie schade! Ach doof!

Und warum? Hm?

Weil ich mir die traurige Geschichte konstruiert habe von der armen, armen Buchhandlung, der ich nur Kosten aufhalse und die dadurch so geknickt ist, dass sie sich nicht einmal ein paar Postkarten anschauen können.

Und weil ich mir jetzt nicht schon wieder so eine triste Geschichte erzählen wollte, habe ich den zwei Buchhändlerinnen, als das Publikum gegangen war und ich mit ihnen auf ein Glas zusammensaß, die Postkarten in meinem Handy gezeigt. »Ooh, die sind aber schön«, hat die eine gesagt – und »Haben Sie denn keine dabei?« die andere.

»Doch«, brummte ich, »im Hotel vergessen.« Vor meiner Abfahrt hinterlegte ich ihnen das Päckchen an der Hotelrezeption, und nun stehen sie in dem kleinen Städtchen im Postkartenständer, und immer, wenn ich daran denke, wird mir ganz warm im Bauch.

Wieder zu Hause, sitze ich am Computer und will bei Facebook eine Veranstaltung posten. Das mache ich auch, und als ich fertig bin, werfe ich einen kurzen Blick darauf, was meine Freunde so tun. Plötzlich erscheint ein langer Thread mit vielen Kommentaren, wie schön es gewesen sei, man hätte mal wieder richtig ausgelassen getanzt und sei dankbar über die spontane Einladung gewesen. Das Seltsame daran: Ich kenne alle Leute, die an dieser Unterhaltung beteiligt sind. Ich schreibe untendrunter: »Was war das denn für eine Party, Ihr Lieben?« Und erst als ich die Entertaste drücke, fühle ich einen Stich im Herzen. Denn: Ich war nicht eingeladen. Ich hätte an dem Abend gar nicht gekonnt. Aber eingeladen werden wollte ich natürlich trotzdem. Unbedingt. Wieso habe ich nichts davon gewusst? Fragen stapeln sich, und ganz oben auf der Spitze thront der Gedanke: Die mögen mich nicht. Jedenfalls nicht so sehr, dass sie an mich denken, wenn es eine Party gibt. Die sind alle verbundener untereinander.

Mein Verstand sucht in Windeseile nach einem Grund, den der Veranstalter gehabt haben könnte, mich nicht einzuladen. Ich gehe die letzten Begegnungen mit ihm durch. Habe ich etwas gesagt oder getan, was ihn verletzt haben könnte? Habe ich mich vielleicht danebenbenommen? Oder irgendetwas unterlassen, was eigentlich von mir erwartet wird? Schon während ich dabei bin, meine Vergangenheit nach möglichen Vergehen meinerseits zu durchforsten, fühle ich mich unwohl. Schon jetzt merke ich, wie angenehm es wäre, diese Gedanken nicht sofort zu glauben, was immer ich da auch finden würde.

Meist, wenn von irgendjemandem ein »Problemgespräch« angemeldet wird, kann ich innerlich einen gewissen Abstand herstellen und damit dem anderen entspannt zuhören. Dieser Abstand bedeutet nichts weiter, als dass ich nicht alles, was der andere mir mitzuteilen hat, sofort als wahr einstufe. Ich höre seine Worte und behalte mir vor, darüber nachzudenken oder das Gesagte später für mich zu prüfen. Diesen Abstand empfinde ich als heilsam, er verzögert Reaktionszeiten, lässt mich ruhig weiteratmen, und ich verstricke mich nicht, verstricke uns nicht.

Genauso trete ich jetzt meinen eigenen Gedanken gegenüber. Mit einem kleinen Abstand. »Die mögen mich nicht.« So, so, sage ich zu mir, das denke ich also. Ich merke, wie leicht es wäre, alle Begegnungen, die je stattgefunden haben, ungünstig zu interpretieren. Mit links könnte ich in die »Geschichte mit dem Hammer« schlittern. In komplette Verschwörungstheorien könnte ich mich hineinsteigern und daran verzweifeln. Aber ich kann auch meinen Abstand halten, oder mich fragen:

Kann ich mit absoluter Sicherheit sagen, dass das wahr ist, was ich da glaube?

Welche anderen Gründe könnte es denn noch geben, dass ich nicht dort war? Kann ich, wie im Prozess der Work, dafür drei Beispiele finden?

1. Vielleicht war ich ja eingeladen und hab es nur nicht gesehen? Vielleicht erging die Einladung ja an alle, war nicht persönlich, nur so dahingepostet?
2. Vielleicht stand die Einladung für einen gewissen Kreis von Leuten, die irgendetwas getan haben und dafür belohnt worden sind. Und da ich nicht mitgeholfen habe, war ich auch nicht eingeladen.

3. Sie wussten, dass ich an dem Abend nicht konnte, und haben mich deshalb nicht eingeladen. (Diese Variante ist zwar möglich, erscheint mir aber doch unwahrscheinlich.)

Ich weiß, diese Beispiele, diese Möglichkeiten denke ich mir nur aus. Im jetzigen Moment kann ich nicht wissen, wie es wirklich war. Aber meine stressigen Interpretationen denke ich mir ja auch bloß aus und habe daraufhin kein gutes Gefühl.

Ich beschließe: Solange ich nicht wirklich hundertprozentig weiß, dass meine mir ungünstig erscheinende Interpretation wahr ist, so lange kann ich doch erst mal von etwas Positivem ausgehen. Nicht?

Ich scrolle bei Facebook ein bisschen nach oben und finde die Einladung. Aha! Es war Variante 1. Gut, dass ich meinen stressigen Gedanken nicht geglaubt habe.

Ach, übrigens: Auf meine Frage, was das denn für 'ne Party war, haben mir acht Leute geantwortet. Ich glaube, die mögen mich.

In den nächsten Tagen empfinde ich echtes Wohlgefühl dabei, meine und die Gedanken anderer Menschen nicht zu glauben.

Das heißt nicht, dass ich mich und die anderen nicht ernst nähme oder jetzt total abgedriftet wäre. Ich bin mir einfach bewusst, dass das, was wir so denken und sagen, halt nur unsere momentanen Gedanken sind. Oft sind es Meinungen, die wir äußern; und nichts ändert sich schneller als eine Meinung. Hätte ich ein, zwei Informationen mehr oder weniger, wäre meine Meinung bereit, sich in eine andere Richtung zu drehen. Und das wäre in Ordnung.

In einer Schlange im Supermarkt unterhalte ich mich mit einer anderen Kundin darüber, wann es am besten sei, Kinder zu bekommen. Anlass ist eine Schlagzeile in einer Zeitung, die meldete, dass eine weit über fünfzig Jahre alte Frau Mutter geworden wäre. Meine Gesprächspartnerin zieht die Augenbrauen hoch und meint, der frauliche Körper sei dafür gemacht, die Kinder zwischen achtzehn und fünfundzwanzig Jahren zu bekommen.

Aha, denke ich. Das glaubt sie also. Und vielleicht ist es auf irgendeine Weise nützlich für sie, das zu glauben. Ich habe meine Tochter mit dreiunddreißig bekommen, und mein Körper schien dafür gemacht zu sein. Es wurden schon Dinge widerlegt, die alle Welt für Tatsachen hielt. Und hups – gar nicht wahr. Menschen glaub(t)en, der Satz des Pythagoras stamme von Pythagoras, oder sie glauben, dass Eintagsfliegen nur einen Tag leben, dass Charles A. Lindbergh 1927 als erster Mensch den Atlantik überflog, dass die Blindschleiche giftig ist und Stiere auf rote Farbe reagieren. Sie glauben das so lange bis das Gegenteil erwiesen wird und sie davon erfahren.

Während sie spricht, tauchen in mir Bilder aus Zeiten auf, in denen sehr junge Frauen schon einen Teil ihrer Kinder bei der Niederkunft verloren haben. Manche Frauen starben auch auf dem Kindsbett. Wofür ist der menschliche Körper gemacht? Ich weiß es nicht.

Ich sehe meine Gesprächspartnerin an und stellte fest, dass ich ihre Meinung nicht teile, ihre Gedanken nicht glaube. Dennoch kann ich ein liebevolles, freundliches Gespräch mit ihr führen. Ich muss meine Einwände nicht mitteilen und nicht mit ihr streiten. Sehr angenehm. Und auch meine stressigen Gedanken, die ich habe, nämlich »So viele Leute plappern einfach nur nach, was sie woanders hören«, »So entstehen Glaubenssätze« oder »Na ja, sonst hätte man an der Supermarktkasse ja gar nichts zum Erzählen« nehme ich einfach nur wahr und verurteile sie nicht. Wir plaudern einfach ein wenig, wechseln ein paar Worte. Unser Kontakt ist herzlich.

Den Gedanken freundlich gegenübertreten heißt, sie nicht

abzulehnen. Meine Gedanken über die Frau in der Supermarktschlange waren nicht wirklich freundlich. Hätte sie meine Gedanken hören können, hätte sie gut und gern beleidigt sein dürfen. Immerhin hatten meine Gedanken ihr unterstellt, nur irgendetwas nachzuplappern. Allerdings – wenn sie tatsächlich imstande wäre, Gedanken zu hören, dann wäre sie schon einiges gewohnt und würde meine vielleicht als harmlos einstufen. Wenn ich etwas Gemeines, Fieses denke, etwas, was man nun wirklich nicht denken sollte, kann es sein, dass ich mich erschrecke. Au wei – was bin ich gemein, dass ich so etwas denke. Mit mir stimmt etwas nicht. Wenn ich daraus schlussfolgere, dass ich solche Gedanken nicht haben sollte, dann sage ich ihnen den Kampf an! Ein Schlachtfeld wird eröffnet, Wunden werden geschlagen, Blut fließt. Ein Kampf zwischen mir und meinen Gedanken. Der verfolgt mich bis in den Schlaf, bis in jedes Gespräch. Ich kann mich nicht mehr entspannen, gehen lassen, genießen. Ich komme nicht zur Ruhe, denn ich muss aufpassen!

Wenn alle meine Gedanken so sein dürfen, wie sie sind, dann sind es eben nur Gedanken. Niemand wird verletzt. Ich, und nur ich, kann ihnen die Erlaubnis geben. Auftauchen werden sie sowieso.

In diesen Tagen sind mein Mann und ich uns gerade nicht wirklich nah. Andere würden sagen: Wir haben eine Krise. Ich wüsste gern, was in ihm vorgeht – er möchte nicht reden. Wenn ich glaube:

»Er sollte sich mir anvertrauen«,

und er tut es nicht, dann finde ich sein Schweigen schlimm. Schwierig. Ein Vertrauensbruch.

Ich bin traurig, ärgerlich und gefrustet. Er weiß doch, dass es mir am liebsten ist, wir packen alles auf'n Tisch. Immer raus damit. Dann wissen wir wieder, wo wir stehen, was wir fühlen und was uns wichtig ist, und sind dadurch wieder verbunden. Selbst wenn wir nicht das Gleiche wollen. Durch sein Schweigen fühle ich mich obendrein mit meinen Bedürfnissen nicht beachtet.

Ohne den Gedanken, dass er sich mir anvertrauen sollte, behandle ich seine Bedürfnisse mit Respekt. Ich kann die Liebe zu ihm als eigenständigen Menschen spüren.

Unsere Situation ist für mich dann auch eine Übung in klarer Kommunikation. Denn ich sage ihm schon hin und wieder, dass seine gewählte Variante nicht meine ist. Außerdem ist sein Schweigen eine gute Gelegenheit, mir selbst keine stressigen Geschichten zu konstruieren. Mir etwa auszumalen, dass er eine Geliebte hat, dass er irgendetwas an mir »doof« findet, was so schlimm ist, dass er es mir nicht sagen kann, er schwul geworden ist oder einfach ein anderes Leben will.

Seit ein paar Wochen dümpeln wir auf diese Weise vor uns hin, und ich gehe davon aus, dass der Knoten schon irgendwann platzt. Auf die eine oder andere Weise.

Nun bin ich mal wieder drei Tage weg. Von unterwegs habe ich ihm etwas Liebes geschrieben. Abends vorm Einschlafen in einem Hotelbett wünschte ich ihm eine gute Nacht und morgens nach dem Hotelfrühstück einen guten Morgen. Am Nachmittag schaue ich auf mein Handy. Keine Antwort. Ich bin mir unschlüssig. Schreibe ich noch etwas oder lasse ich ihn in Ruhe? Ich warte bis zum Abend, dann stelle ich ihm eine konkrete Frage. Eine Handlungsaufforderung. Am nächsten Morgen: keine Nachricht. Nö, also nö. In dem Programm, mit dem wir uns schreiben, kann ich sehen, dass er meine Nachrichten gelesen hat. Klarer Fall für die Umkehrung:

»Ich sollte mich ihm anvertrauen.«

Ich schreibe ihm, dass sich dieses Nichtantworten für mich ganz blöd anfühlt, besonders dann, wenn ich unterwegs bin und ihn nicht sehen oder spüren kann. Und was denn los sei, dass er nicht kurz was zurückschreiben kann. Nach einer Stunde kommt eine Antwort. Ich sei ja morgen zurück, dann werde er mir in Ruhe erzählen, was anliegt.

Nun hätte ich mich freuen können, denn genau das wollte ich ja schon die ganze Zeit. Aus der Ferne und ohne Tuchfühlung erschien es mir allerdings plötzlich sehr schwer, bis zum nächsten Abend zu warten. Eine Flut von Gedanken strömte mir entgegen, ich hörte sie, fühlte sie und spürte, wie sich die Erde auftat. »Er wird sich von mir trennen, er will mich nicht mehr, er hat was Besseres gefunden, ich kann ihm nicht genug geben« – und dergleichen. Ich ließ es geschehen, und mitten im Strudel fiel mir meine Übung ein. Gedanken, stellte ich fest. Das sind alles Gedanken. Meine Befürchtungen, was los sein könnte. Ich begrüßte meine Gedanken freundlich und sagte: »Hey, wo kommt ihr denn plötzlich her?« Alle quasselten durcheinander, und ich musste lachen. Ich fragte: »Welchem von euch soll ich denn nun Glauben schenken?« Sie übertönten sich wie Fotografen am roten Teppich, wenn der Filmstar auftaucht: »Hier! Mir natürlich! Hier! Ich!« Gut, ihr Lieben, dachte ich und trat einen Schritt zurück. Ich warte einfach bis morgen Abend, bis ich es aus dem Mund meines Mannes selbst höre. Vielleicht ist es ja auch etwas, was gar nichts mit mir zu tun hat? Vielleicht finde ich es auch gar nicht schlimm? Vielleicht kann ich ihn sogar unterstützen?

Diesen kleinen Schritt von meinen Gedanken zurückzutreten fühlt sich bei stressigen Gedanken immer gut an. Ich gebe ihnen nicht die Erlaubnis, ihren Stress direkt in mein Herz zu gießen. So wie ich auch einem realen Besucher nicht erlauben würde, sich mit seinen dreckigen Schuhen auf mein Sofa zu lümmeln. Aus diesem kleinen Abstand heraus halte ich es für möglich, dass meine Gedanken nicht alle wahr sind und dass es auch noch andere Möglichkeiten geben kann.

Ich versuche es wieder mit meinen drei Gegenbeispielen. Nur, um meinen Verstand zu weiten und zu verstehen, dass meine stressigen Gedanken lediglich einen kleinen Ausschnitt aus der Palette der Möglichkeiten darstellen.

Welches Problem könnte er noch mit sich herumtragen? Was könnte los sein, was mich nicht umhauen würde, wäre es denn wahr?

1. Er könnte ein Problem mit sich selbst haben. Beruflich. Oder Midlifecrisis. Ja, das ist gut möglich. Probleme mit seiner Arbeit hat er schon öfter mal gehabt und sich damit zurückgezogen.

2. Er könnte auch ein körperliches Problem mit sich selbst haben. Erektionsstörungen vielleicht oder Prostata oder vielleicht sogar etwas noch Ernsteres. Er könnte sich vorgenommen haben, mir erst davon zu erzählen, wenn er Genaueres weiß, um mich nicht zu beunruhigen.

Vielleicht ist es auch gar kein Problem, sondern etwas Erfreuliches, und es soll eine Überraschung werden? Hm, nein, ehrlich gesagt, so hat es sich in der letzten Zeit nicht angefühlt. Und ich will mir mit meinen Übungen ja nichts in die Tasche lügen. Ich suche nach einem dritten Beispiel:

3. Es wäre auch ein Problem in seiner Familie denkbar, oder ein finanzielles oder ein Drogenproblem. Ich muss lachen. Mein Mann und Drogen! Oder letztendlich könnte es ja auch sein, dass er irgendetwas hat und selber nicht weiß was. So ist das doch öfter mal in Krisen. In so einer Situation käme es mir schlüssig vor, dass er nicht reden möchte. Er wüsste gar nicht richtig, worüber.

All diese Beispiele waren weniger katastrophal. Auch hier war ihr Wahrheitsgehalt nicht bestätigt, und doch fühlte es sich besser an, noch mehr Möglichkeiten dazuzuerfinden, damit der Verstand sich nicht in den allerstressigsten festbiss.

Ich war also eher neugierig, als ich nach Hause kam, nicht in Katastrophenstimmung, und konnte noch einmal abwarten, bis das Kind im Bett war und wir eine Flasche Rotwein geöffnet hatten.

Und was kam in unserem Gespräch nun heraus? Noch eine ganz andere Möglichkeit, auf die ich niemals gekommen wäre.

Er hatte gedacht, *ich* hätte einen Liebhaber, und versucht, damit klarzukommen. Er wollte mir das gönnen und einfach abwarten, bis es vorüber ist. Er hatte gesehen, wie oft ich in letzter Zeit weggefahren bin, und *seinen* stressigen Gedankenkonstruktionen geglaubt. Meine Nachrichten aus der Ferne hat er als Beruhigungsversuch interpretiert. Als wolle ich mich einfach in regelmäßigen Abständen bei ihm melden, um ihn in Sicherheit zu wiegen. Seine Geschichte war rund, und alle Argumente passten perfekt zusammen, sodass er sich nicht hatte vorstellen können, dass es auch anders sein könnte. Ich berichtete von meinen Befürchtungen, davon, dass ich tatsächlich nur zu Arbeitszwecken weggefahren war, von meiner Drei-Beispiele-finden-Übung – und wir fielen uns in die Arme. Wir leerten die Flasche bis auf den Grund und kuschelten uns im Bett zusammen.

Was erzähle ich mir denn sonst so für Geschichten? Habe ich auch eine Geschichte über mich, die ich glaube? Mit Sicherheit! Eine mit stressigen Gedanken? Was fällt mir da ein?

Obwohl ich zweimal studiert habe, glaube ich von mir, ich sei nicht intellektuell genug. Wenn ich in meine Wunschwelt hineingehe, besäße ich gern das Wissen aller Bücher, ohne akademisch verstaubt zu sein. Ich glaube von mir, keine gute

Schülerin gewesen zu sein, und denke, dass andere das auch geglaubt haben. Weiterhin glaube ich, dass meine Eltern gern öfter gesehen hätten, wie ich über Büchern hänge, Schulstoff lerne, fleißig bin. Ich glaube sogar, dass sie sich manchmal für mich geschämt haben und kein Vertrauen in mich hatten. Später habe ich mich dann geschämt und kein Vertrauen in mich gehabt.

Oft staune ich heute, wie viel andere Leute Bescheid wissen, Zusammenhänge aus Naturwissenschaften, Religion und Politik überblicken.

Meine stressige Geschichte taucht immer dann auf, wenn jemand im Gespräch die Augenbrauen hochzieht, mich ungläubig anschaut und vielleicht sogar ausspricht, was er denkt: »*Was?* Das weißt du nicht?« Dann vielleicht tief einatmet, ob des Gedankens an den Urschleim, bis zu dem er jetzt zurückgehen muss, um mir die Basis der Dinge zu erklären, damit wir überhaupt erst eine Grundlage für unser Gespräch haben. Und sie taucht in Gegenwart von Menschen auf, die sehr viel Wert auf Wissen legen und in deren Unterhaltung ich auf ihrer Ebene nichts beitragen kann.

Wie fühlt es sich dann immer an, diesen Gedanken Glauben zu schenken? In ihren stressbeladenen Zug einzusteigen und mitzufahren, bis es richtig wehtut und ich mich gar nicht mehr leiden mag? Das ist, als wäre ich immer noch das kleine Kind. Ich fühle mich dann unsicher und ungeliebt.

Und wie wäre es in solchen Momenten, wenn ich meine »Ich-bin-nicht-intelligent-genug«-Geschichte ganz grundsätzlich nicht glaubte? Sofort merke ich, das ist schön. Ich nehme mir ein wenig Zeit dafür, mir das gründlich vorzustellen. Mein Gesprächspartner darf die Augenbrauen hochziehen, seufzen, ächzen und stöhnen. Er darf ausrufen: »*Was?* Das weißt du nicht?«, oder vorgeben, ganz dringend auf die Toilette zu müssen und gleich wieder da zu sein, um sich in Wirklichkeit woanders zu unterhalten. Wenn ich meinen stressigen Gedanken nicht glaube, dann kann ich fühlen, wenn wir nicht die idealen Gesprächspartner sind, und den anderen machen lassen, was immer er meint machen zu müssen. Ich selbst verletze mich aber nicht mit meiner Geschichte. Das fühlt sich gut an. Ich bin die, die ich gerade bin, und so ist jeder der, der er gerade ist.

Es lassen sich hinreichend Beispiele für die Umkehrung finden. Dafür, dass ich auf eine Weise intelligent bin, die für mich gut ist und die genügt. Oder Beispiele dafür, dass manchen Intelligenten ihr Wissen dermaßen im Wege steht, dass ich um keinen Preis mit ihnen tauschen möchte.

Und letztendlich könnte ich mir die gleiche Geschichte auch aus einem freundlichen Blickwinkel erzählen, eine Umkehrung der stressigen Sichtweise: Obwohl ich kein Abitur gemacht habe, habe ich zweimal studiert. Ich bin froh, nicht das Wissen aller Bücher zu haben, denn dann wäre ich höchstwahrscheinlich akademisch verstaubt. Ich war keine gute Schülerin und habe dafür mehr Erfahrungen im echten Leben gemacht. Ich habe mich herumgetrieben, habe viel gelesen, war auf Konzerten und habe fotografiert. Ich musste nicht meine Freizeit mit Lernen verbringen. Dadurch, dass andere auch geglaubt haben, ich sei nicht intelligent genug, bin ich in Ruhe gelassen worden. Niemand hat was Großes mit mir vorgehabt oder geglaubt, mit meinen Höchstleistungen irgendwo brillieren zu können. Weiterhin könnte es sein, dass meine Eltern gern öfter gesehen hätten, wie ich über Büchern hänge, Schulstoff lerne, fleißig bin. Ja, es könnte sogar sein, dass sie sich manchmal für mich geschämt und kein Vertrauen in mich hatten. Später habe ich mich dann geschämt und kein Vertrauen in mich gehabt. Daraus konnte ich viel lernen. Ich habe mich noch nie für meine Tochter geschämt. Und auch sie macht nicht alles so, wie ich es für richtig halte.

Heute weiß ich, wie wichtig es für mich ist, mir selbst zu vertrauen, und bin einen Weg gegangen, der mich dorthin geführt hat. Dafür hab ich mich echt lieb.

Und wer wären Sie, ohne Ihre stressigen Geschichten über sich selbst? Wenn es etwas gibt, was Ihnen jetzt einfällt – eine traurige, schwierige, schmerzliche Begebenheit, die vergangen ist, in Ihrer Erinnerung aber noch lebt –, dann können Sie sie gern einmal umschreiben. So wie ich in meinem Beispiel:

1. Im Schritt eins schreiben Sie die Geschichte so auf, wie sie Sie heute noch schmerzt.
2. Im Schritt zwei behalten Sie die Fakten und finden Beispiele, was an ihnen auch gut war. Was haben Sie dadurch gewonnen, gesehen, bekommen, gelernt? Wofür war das nützlich oder praktisch?

Ich mache diese Übung manchmal im Seminar, und die Teilnehmer sind immer sehr angetan davon. Sie sehen, dass das, was geschehen ist, auch noch andere Aspekte in sich birgt, dass alles Erlebte auch irgendwie nützlich und sinnvoll war. Wenn ich mir dann solch eine Geschichte über mich erzähle (die ja auch wahr ist), lebt es sich viel ruhiger.

Auf meinem Küchentisch liegt ein Zettel. Ein Stift liegt auch noch da, damit ich mir, sollten beim Essen wichtige Gedanken auftauchen, gleich was notieren kann. Auf dem Zettel steht heute nur ein Wort. Nämlich: Mama. Vor einer Woche habe ich meine Mutter angerufen, aber nur den Anrufbeantworter erreicht und sie gebeten, mich zurückzurufen. Drei Tage später dasselbe, und ich habe sie gebeten, mich dringend zurückzurufen. Kann ich sie heute bitten, mich noch dringender zurückzurufen?

Ich nehme mein Telefon, wähle ihre Festnetznummer und

drohe auf ihrem Anrufbeantworter damit, mir Sorgen zu machen, wenn sie nicht zurückruft. Das möchte sie ganz sicher nicht. Ich wähle ihre Handynummer und hinterlasse auch dort einen Psalm. Ich lasse mein Telefon sinken und bemerke, wie ich es mir jetzt schwierig machen könnte. Wie oft hatte ich schon sorgenvolle Gedanken um meine Mutter! Habe gedacht, es könnte ihr etwas zugestoßen sein, und sah die dazugehörigen Bilder vor meinem inneren Auge. Oder ich stellte mir vor, wie sie zu Hause ist, Schwierigkeiten hat und ihre Töchter nicht anruft, um sie nicht zu beunruhigen.

Nur ein einziges Mal hatte sie tatsächlich Hilfe benötigt. Ich beschließe also, den Katastrophengedanken, die sich schon im Anmarsch befinden, erst einmal nicht zu glauben. Vorher kann ich noch einiges tun. Zum Beispiel bei meiner Schwester nachfragen, ob sie über den Verbleib unserer Mutter unterrichtet ist. Ich rufe auch noch eine Freundin und den Nachbarn meiner Mutter an. Jetzt kann ich getrost ein paar Stunden ins Land ziehen lassen und auf Antwort warten. Ohne stressige Gedanken. Als ich das nächste Mal auf mein Handy schaue, hat meine Schwester mir geschrieben. Unsere Mutter sei im Urlaub. Na bitte!

Wenn ich meinen Gedanken nicht glaube, können sie alle auftauchen und tun mir nichts. Ich würde, selbst bei den schrecklichsten Gedankenkonstruktionen, ein Stück neben ihnen stehen und sagen: »Ah! Ein Gedanke.« Oder: »Aha! Ein schrecklicher Gedanke!« Und mehr als das wäre nicht geschehen.

Im Hier und Jetzt

Immer wenn ich durch den Prozess der Work gehe, fühlt es sich so an, als fiele überflüssiger Ballast von mir ab. Angesammelte Konstrukte darüber, wie etwas sein sollte, Vorstellungen über mich und die Welt, gedankliche Verstrickungen, Bewertungen und alles Vorgedenke in eine Zukunft, die ich nicht kenne. Spätestens bei der vierten Frage *(Wer wäre ich ohne meinen stressigen Gedanken?)* komme ich in der Gegenwart an. Zuerst in der Gegenwart der Situation, die mich gestresst hat. Wäre ich dort mit all meinen Sinnen anwesend gewesen, dann hätte es den Stress gar nicht erst gegeben. Gleich darauf komme ich auch in der jetzigen Gegenwart an. Da, wo ich gerade bin, während ich die Work mache. Ich spüre die Auflage, auf der ich sitze, mein Blick ist sanft und gelassen. Meine Gedanken sind zur Ruhe gekommen und damit auch mein Atem, mein Herz, mein Körper. Es gibt nichts mehr zu tun, außer hier zu sitzen.

Ohne unsere Geschichten seien wir nicht nur in der Lage, uns klar und angstfrei zu verhalten, erklärt Byron Katie in ihrem Buch *Lieben, was ist.* Wir würden zum Freund, zum Zuhörer. Zufriedenheit sei ein natürlicher Zustand für jemanden, der wisse, dass es nichts zu wissen gebe und dass wir hier und jetzt alles hätten, was wir bräuchten.

Ist das wahr?

Habe ich hier und jetzt alles, was ich brauche? In friedlichen Momenten kann ich das bejahen.

»Aber! Aber!«, schreit da gleich mein Verstand. »Was ist

denn, wenn du Hunger leidest, hm? Ist dann auch alles okay? Oder wenn du Schmerzen hast? Schlimme Schmerzen vielleicht. Was denn dann? Was ist mit echter Not, Folter, Terror, Krieg?«

Ich bin immer wieder erstaunt, wie schnell mein Verstand eine allumfassende, immer geltende Rundumlösung möchte. Wie er, obwohl ich noch nie direkt von Folter, Terror oder Krieg betroffen war, diese extremen Zustände als Messlatte anlegt.

Byron Katie hat die Arbeit mit The Work einmal als »das Ende aller Probleme« bezeichnet, und für jemanden, der sich von Problemen überhäuft sieht, klingt diese Aussage vielleicht wie Hohn. Und doch konnte ich im Laufe der Jahre, in denen ich nun schon mit The Work arbeite, immer wieder feststellen: Wenn ich kein Problem aus etwas mache, hab ich auch kein Problem. Dann steht vielleicht jemand vor mir und schreit mich an, und es ist kein Problem. Dann geht mein Lebensweg eventuell woanders lang als der von meinem Mann, und es ist kein Problem. Dann kann es sein, dass ich eine schwere Krankheit bekomme oder eine Behinderung. Und das ist, wie mein Leben weitergeht. Möglicherweise ist auch mein Konto chronisch überzogen. Und wenn ich das nicht »Problem« nenne, dann ist es etwas anderes. Eine Aufgabe, eine Herausforderung, ein Weg.

Natürlich ist es immer möglich, den problematischen Teil einer Sache zu sehen. Für die, die so konditioniert sind, ist es sogar kinderleicht. Und durch die Work kann ich auch alle anderen Teile sehen, die diese Geschichte beherbergt, und damit sein. Meist gibt es dann kein Problem mehr.

Und so, habe ich gehört, verhält es sich auch mit dem *Sein* in der Gegenwart. Der einzige Moment, der wirklich existiert, ist jetzt. Alles andere ist noch nicht da oder schon vorbei. Viel

Leid entsteht aus der Beschäftigung mit der Vergangenheit. Aus Bewertungen und Interpretationen von Gewesenem. Wenn ich glaube, dass ich in meiner Vergangenheit Fehler gemacht habe, falsche Wege gegangen bin, alles Mögliche hätte besser machen müssen, schwere Schuld trage und daraus resultierend heute kein wertvoller Mensch bin – dann wird mich das im Hier und Jetzt immer wieder aufreiben.

Sorgen und Ängste sind zu mehr als fünfundneunzig Prozent Vorstellungen darüber, was in der Zukunft geschehen *könnte*. Nur höchst selten stehen wir wirklich in einem brennenden Haus oder vor dem zähnefletschenden Löwen. Und dann, in echter Gefahr, hat der Verstand meist gar keine Zeit, sich zu ängstigen.

Stellen Sie sich vor, Sie könnten eine große Schere nehmen und die Vergangenheit hinter sich abschneiden. Ratsch! Und dann noch mal mit Schwung nach vorn und das Band zur Zukunft durchtrennen. Keine Gedanken mehr daran, was war und was wird.

Ausgenommen sind praktische und nützliche Gedanken Wie viel unnötiges Herumgedenke würde da wegfallen. Wie viel Kummer, Ärger, Unglück und ständiges In-Atem-gehalten-Sein wäre einfach nicht mehr da. Wir könnten zur Ruhe kommen. Ankommen.

Der gegenwärtige Moment! Das vielbesungene Hier und Jetzt! Auf diesen Monat habe ich mich besonders gefreut und ihn mir bis zum Ende aufgehoben. Da ist er nun. Ich stürze mich hinein und muss in den ersten Tagen feststellen, wie oft ich *nicht* mit Körper und Geist im jeweiligen Moment präsent bin. Gestern hatte ich mich auf mein Fahrrad geschwungen, wollte den Druck meiner Hände am Lenker spüren, die leichte Muskelanstrengung, wie mein Körper warm wird und was auf der

Straße passiert. Und schon nach fünf Minuten merkte ich: Ich bewege mich automatisch, habe gerade noch auf die üblichen Straßenverkehrsregeln geachtet, aber sonst hab ich nichts mitgekriegt. Ich fahre rechts ran und halte. Wo bin ich denn mit meiner Aufmerksamkeit gewesen?

Natürlich, Sie ahnen es sicher. Ich war in Gedanken. Und wo war ich in Gedanken? Während ich so vor mich hin radelte, habe ich Verhandlungen mit meiner Agentur geführt, mir vorgestellt, wie sie über mich reden und was sie eigentlich über mich denken. Ich muss laut auflachen, denn tatsächlich habe ich ihnen in meiner Fantasiewelt auch geantwortet, mich verteidigt und ein gutes Wort für mich eingelegt. Jetzt, da ich das bemerke, erscheint es mir absurd. Ich schüttle den Kopf. Einen ganzen Kinofilm habe ich kreiert auf meiner Fahrt, und wahrscheinlich ist nichts davon wahr.

Ich atme einmal tief ein, schwinge mich auf mein Fahrrad und nehme mir vor, meine Wahrnehmung offenzuhalten. Mich nicht in Gedanken zu verlieren. Ich spüre also den Druck meiner Hände am Lenker, die leichte Muskelanstrengung, wie mein Körper warm wird und was auf der Straße passiert. Ich atme die frische Herbstluft. Das ist angenehm. Kühl und feucht berührt sie meine Wangen. Ich bin ein Teil dieser Welt, alles ist in Bewegung. Ein Tanklaster steht an einer Tankstelle. Oh. Ich wollte doch heute Morgen meinen Motorroller volltanken. Hab ich vergessen. Überhaupt könnte ich mich mal ein bisschen um den Roller kümmern. Der Lenker hat sich verbogen, der linke Spiegel ist nicht fest, und eine Inspektion könnte auch nicht schaden. Aber wann soll ich das nur machen? Ich seufze – und bemerke, dass ich wieder in meine Gedankenwelt gerutscht bin!

Ich bin drei Straßen weiter gefahren, aber schon seit der Tankstelle war der Kontakt zur Gegenwart abgerissen. Diesmal halte ich nicht an. Freundlich hole ich mich zurück zu dem, was ist und was ich wahrnehmen kann. Das Straßenpflaster, Blätter auf dem Weg, Bäume am Rand, Autogeräusche, ein Kind schreit. Nur noch ein paar Straßen, dann bin ich am Ziel meiner kleinen Fahrt, in der Bibliothek. Ich trete in die Pedale, der Weg ist frei. Gesäßmuskeln spannen sich, und auch die Oberschenkel kann ich spüren. Vor mir erscheint ein Buckel auf dem Fahrradweg. Zu spät zum Bremsen. Ich donnere darüber. Autsch. Rechter Hand biege ich in die Sackgasse ein. In der Luft liegt ein Bratwurstgeruch.

Ohne Gedanken an irgendetwas zu verschwenden, halte ich vor der Bibliothek, hole meinen Schlüssel aus der Manteltasche und schließe das Fahrradschloss auf. Die beiden Enden fallen schwer zur Seite. Ich hebe sie auf, führe sie durch die Speichen des Hinterrades und schließe wieder ab. Noch nie war mir aufgefallen, wie schwer mein Schloss eigentlich ist.

Ich richte mich auf. Schön ist das, so anhaltend im Moment zu sein. Unspektakulär. Ruhig. Unaufgeregt. Dem Bratwurstgeruch muss ich weder folgen noch ihn ablehnen oder daran denken, was da wohl drin ist in der Wurst, bei dem Preis. Ich muss mir über gar nichts Gedanken machen, die sich sowieso im Nirgendwo verstreuen, zerstreuen und zu keinem Ergebnis führen. Ich muss nicht zu allem eine Meinung haben oder in Gedanken etwas vordenken, während ich mit dem Fahrrad durch die Straßen fahre. Auch jetzt darf ich hier stehen, neben meinem Fahrrad. Ich werfe einen Blick über den Platz, die Blumenrabatten, den Schaukasten, den Zeitungsverkäufer. Ohne mir Gedanken zu machen.

Dann betrete ich die Bibliothek durch die Drehtür und werde vom Geschehen eingesogen. Bücher zurückgeben, Quittung drucken, Bestellungen abholen, das richtige Fach finden, Ausweis in den Computer einlesen.

Beim Verlassen der Bibliothek werfe ich einen Blick in eins der Bücher, und meine Gedanken wandern ins Thema, zwischen die Zeilen, denken es weiter und weiter und weiter – und ich erwache erst wieder aus dem Traum, als ich in meinem Hof mein Fahrrad abstelle. Die Enden des Fahrradschlosses fallen schwer zur Seite. Ich hebe sie auf, führe sie durch die Speichen des Hinterrads und schließe ab. Ich richte mich auf.

Wo war ich die ganze Zeit mit meiner Aufmerksamkeit? Fast fühlt es sich an wie ein Blackout. Wie bin ich denn nach Hause gekommen? Mir fehlt die Erinnerung. Undeutlich schimmern Gedankenfetzen zu mir durch. An eine Einladung habe ich gedacht und eine Antwort hin und her formuliert, während ich nach Hause fuhr. Erst hier, in meinem Hof, nehme ich wieder wahr, dass ich auf dieser Erde wohne. Es ist die blaue Stunde, die ersten Lichter gehen an, jemand spielt Klavier. Ich nehme die Tasche mit den Büchern und stecke den Schlüssel ins Haustürschloss. Ich mag diesen kleinen Widerstand, den das Schloss dem Schlüssel bietet. Ich wiederhole den Vorgang und kann das leichte Kribbeln in der Hand noch mal deutlich spüren. Nein, das Schloss macht's dem Schlüssel nicht leicht. Schön für mich.

An meiner Wohnungstür habe ich Lust, auch diesen Widerstand zu testen. Ich stecke meinen Schlüssel ins Schloss. Aha. Ziehe ihn wieder raus. Und stecke ihn wieder ein. Interessant. Dieses Schloss macht's dem Schlüssel noch schwerer. Noch niemals habe ich auf so etwas geachtet. Ich bin mir bewusst, den Schloss-Schlüssel-Widerstand zu erspüren bringt keinen wesentlichen Unterschied für den Weltfrieden. Dennoch – ist es nicht beachtlich, wie viel es zu spüren und zu erleben gibt, was im täglichen Gedankenwust untergeht?

Ich öffne die Wohnungstür, und meine Tochter springt mir entgegen. »Mama!« Sie fällt mir um den Hals. Dann sagt sie: »Ich hab was für dich!«

»Ach«, sage ich. »Was denn?«

Sie legt ihr verschmitztes Lächeln auf, was ich so liebe, dreht die Hände auf den Rücken und schlendert Richtung Küche. Nicht ohne mich aus dem Augenwinkel im Blick zu behalten. Sie wippt, betritt federnden Schrittes die Küche, dreht sich zu mir um und will sehen, ob sie mich am Neugierigkeitsfaden gefangen hat. Ich streife die Schuhe ab, spüre ein Grinsen auf meinem Gesicht und ein Prickeln im Körper. Worum geht es? Was hat sie wohl für mich? Ich pirsche mich an – sie lacht. Ich versuche, sie zu schnappen – sie weicht aus. Ich jage sie um den Küchentisch – sie ist schneller. Ich bleibe stehen, gebe den erschöpften Jäger. Sie lässt mich nicht aus den Augen. Geschafft lasse ich mich auf den Stuhl sinken, drehe die Augen hoch, sage: »Puh«, und sacke in mich zusammen. Ich schaue sie nicht an. Nein. Es genügt zu spüren. Ich gebe auf, und sie kommt näher. Gleich. Gleich. Gleich hab ich sie. Sie kommt näher, beugt sich vor, sagt: »Mama?« Noch einen Schritt. Ich schnelle hoch. Schnapp. Da geht die Falle zu. Sie schreit. »Mama!«

Haha! Triumph! Sie windet sich.

»Was hast du denn nun für mich, mein Täubchen, hm?«

»Öhm«, macht sie und gibt sich Mühe, nicht zu lachen.

»Na?«

»Das hier«, sagt sie und versetzt mir einen Nasenstüber.

»Waaas?«, schreie ich auf, nachdem ich mich vom ersten Schreck erholt habe. »Was? Weiter nichts?«

Sie kichert, windet sich aus meiner Umarmung und flieht.

»Ach! Duhu …?«, rufe ich hinterher und gebe ihr einen kleinen Vorsprung. »Da fällt mir ein: Ich habe ja auch was für dich!«

Dreimal geht es um den Küchentisch, ein Glas fällt um, wir stehen. Gespannt. Sie rennt in den Flur, in ihr Zimmer und das war ein Fehler. Ich weiß, ich werde siegen. Sie weiß es auch. »Mama!«, kreischt sie, als ich mich nähere. Ich grinse nur. »Mama!« Ich werfe sie aufs Bett und deute drei Nasenstüber an.

Sie zappelt wie ein Käferchen, das auf dem Rücken gelandet ist. Dann nehme ich sie in den Arm, lasse mich fallen und keuche zum Zeichen, dass wir nun quitt sind und eine Pause machen können.

Umschlungen liegen wir und reden nicht. In mir ist nichts als Wohlgefühl. Das war ein Spaß! Ich konnte gar nicht anders, als im Moment zu sein. Das Spiel war unvorhersehbar, es brauchte eine hohe Aufmerksamkeit und bedurfte aller Sinne. Ha! Auf diese Weise ist es kein bisschen anstrengend, im Hier und Jetzt zu sein. Im Flow.

Beim Abendessen fällt mir ein, dass wir Menschen schon einige Hilfsmittel gefunden haben, uns dieses Wohlgefühl zu verschaffen. Alle Extremsportarten, Bergsteigen zum Beispiel, und nahezu alle Spiele, in denen es um Gewinnen oder Verlieren geht, zwingen uns geradewegs dazu, im Augenblick präsent zu sein. Manchmal geht es sogar um Leben und Tod. Eine kleine Unaufmerksamkeit, und wir sind verloren. Aufmerksam sein, gespannt oder entspannt im jeweiligen Moment – das kann echte Erfüllung bieten.

Mein Mann ist zwei Wochen lang nicht da. Er macht eine Reise mit seinen Freunden. Sie fahren an einen Ort, wo die Sonne scheint, hängen den ganzen Tag am Pool oder an der Bar und hecken Dummejungenstreiche aus. Jedenfalls tun sie das in meiner Fantasie.

Ich sitze hier zu Hause im verregneten Berlin und träume mich zu ihnen an den Pool. Eine Sehnsucht ergreift mich und ich wünschte, ich wäre bei ihnen. Ich seufze. Ach, Sonne. Ach, Urlaub. Ach, süßes Nichtstun.

Wann habe ich eigentlich das letzte Mal so richtig Urlaub gemacht? Ich krame in meinen Erinnerungen, und es ist, als wollte mein Kopf sich nicht erinnern. Er schickt mich immer

in meine Kindheit zurück, als hätte ich seitdem nie freige-
macht.

Mir fällt ein, dass ich schon im letzten Jahr das Gefühl hatte,
der Sommer sei zu kurz gewesen, der Urlaub nicht richtig
erholsam und nicht meinen Bedürfnissen entsprechend. Im
nächsten Jahr will ich unbedingt für mindestens zwei Wochen
ein Haus mieten und da am See, Fluss, Meer abhängen, ohne
irgendetwas Wichtiges zu tun. Nur da sein, Zeit dehnen, essen,
schlafen, lesen, Filme kucken und mich gern auch langweilen.

Zwei Tage später ist das Haus gebucht, die Sache ist geritzt.
Ich könnte mich freuen, und ich freue mich auch. Dennoch ist
es noch lange hin bis zum nächsten Sommer, und im Hier und
Jetzt sehnt sich mein Körper nach Erholung.

»Der nächste Urlaub ist noch lange hin.«
Ist das wahr?

Allerdings.

Kann ich absolut sicher wissen, dass das wahr ist?

Nein.

Wie reagiere ich, wenn ich das glaube?

Ich fühle mich matt. Erschöpft. Glaube, es nicht zu schaffen
bis dorthin. Und »mich dorthin zu träumen« ist zwiespältig. Es
gibt eine angenehme Komponente darin, die Vorfreude. Und
es gibt das Sehnen, das mir schöne Bilder vor die Nase hält und
sagt: »Schau mal hier! Toll, nicht? Das alles kannst du aber
nicht sofort haben! Es ist nämlich noch ein Jahr hin, meine
Liebe. Dazwischen liegen noch der Winter, viel Arbeit, wenig
Sonne und …«

Und so wird das Träumen zur Qual. Dort will ich hin, bin aber nicht dort. Die Vorstellung, irgendwann einmal Urlaub zu haben, gleicht einer unerfüllten Liebe, auf die man immerzu wartet und die sich nie ganz erfüllt. Die Zukunft glänzt in schillernden Farben und ist auf jeden Fall besser als das Jetzt. In Gedanken segle ich weit voraus. In der Realität brauche ich aber jetzt Erholung.

Mein Handy piept. Eine Nachricht von meinem Mann, der mich auch noch bedauert: »Du Arme!«, schreibt er. »Musst in Berlin sein und leiden.« Lese ich da eine Spur von Spott heraus? Das könnte sein. *Muss ich leiden?*

Wer wäre ich ohne den Gedanken, dass der nächste Urlaub noch lange hin ist?

Ich bleibe einen Moment lang in Stille sitzen und spüre meine Bedürfnisse. Ich hätte gern Sonne, Behaglichkeit und eine Runde Nichtstun.

Ich gebe diesem Gefühl Raum, es darf da sein, spürbar. Ich möchte für mich sorgen, am besten jetzt gleich. Wie wäre es, frage ich mich, heute mal früh ins Bett zu gehen? Unter die Federdecke schlüpfen und etwas Schönes lesen, was null Komma nichts mit Arbeit zu tun hat? Oder noch nicht einmal lesen. Einfach nur hinkuscheln und daliegen. Zeit dehnen. Einschlafen. Herrlich.

Ich nehme das Handy und schreibe zurück: »Berlin ist wunderbar, besonders mein Bett. Von Leiden keine Spur. Habe beschlossen, heute früh schlafen zu gehen und am Donnerstag einen Saunatag einzulegen. Na, neidisch?« Eine Umkehrung lautet:

»Der nächste Urlaub ist nicht mehr lange hin.«

Ja. Ich kann jetzt gleich eine Möglichkeit finden, meinem Bedürfnis nachzugehen. Das verringert die Sehnsucht. Das Schmachten, den Hunger, das Verlangen nach etwas in weiter Ferne. Die Frage »Was kann ich *jetzt* tun, um mich wohlzufühlen?« bringt mich in den gegenwärtigen Moment zurück.

Schon Buddha lehrte, die Wurzeln des Leidens lägen darin, dass wir ständig etwas begehrten oder herbeisehnten und uns damit vom Augenblick abschnitten. Wenn ich mit meiner Wahrnehmung ganz hier bin, spüre ich, was ich *jetzt* brauche. Und mir jetzt gleich etwas Gutes zu tun ist wesentlich besser als erst in einem Jahr.

Ich erinnere mich aber auch an Abende voll süßer Sehnsucht. Allein oder mit Freunden, begleitet von melancholischer Musik und Rotwein. Wir sangen traurige Lieder, hingen voll Wehmut und gaben allem Futter, was wir in unerreichbaren Fernen gern gehabt hätten, gern gewesen wären und was alles hätte gewesen sein sollen, aber nicht gewesen war. Solange wir wissen, dass das ein Spiel ist, ein Teil von uns, der mal ausgesponnen werden möchte, ist ein Abend randvoll mit Sehnsucht auch schön.

Jedes Mal, wenn ich auf mein Fahrrad steige, denke ich daran, das wahrzunehmen, was jetzt gerade ist. Wenn die Enden des Schlosses schwer auseinanderfallen, erinnere ich mich: Wenn ich fahre, will ich nicht in meinen Geschichten hängen. Ich will meine Sinne öffnen und ganz anwesend sein. Beim Fahrradfahren klappt das schon sehr gut. Meist auch noch, ein paar Minuten nachdem ich das Rad abgestellt habe, und heute Morgen habe ich schon daran gedacht, als ich, noch in der Wohnung, den Schlüssel in die Hand genommen habe. Ich bin die Treppen hinuntergehüpft, habe den Schwung genossen, das Klackern der Schritte gehört, den Zugwind gespürt. Auf dem vorletzten Treppenabsatz ist meinem Körper ein kleiner Juchzer entfahren. Darüber musste ich so lachen, dass ich kaum den Schlüssel ins Briefkastenschloss stecken konnte. Durch das Gickern sind beim Öffnen zwei Briefe herausgefallen. Im Versuch, die andere Post nicht auch noch herausfallen zu lassen und gleichzeitig die heruntergefallenen Briefe aufzuheben, ist dann alles über mich drübergepurzelt. Dann war's ganz aus. Ich musste mich auf eine Treppenstufe setzen und lachen. Herrlich. Herrlich albern.

Zwei Tage später sitze ich an meinem Schreibtisch. Ich trage Termine im Kalender ein und überdenke die weitere Planung. Mir fallen Details ein, die ich noch in die Wege leiten muss, und mache mir einen Stichpunktzettel. Agentur anrufen, Vortrag organisieren, die Buchhandlung anrufen. Ich denke weit in die Zukunft hinein. Ich überlege, verwerfe, strukturiere um, notiere. Ich bin gedanklich im Hier und Jetzt, aber auch in der Zukunft und in der Vergangenheit. Allerdings grüble ich nicht. Ich denke an die Vorträge, die ich zuletzt gehalten habe, und ziehe ein Resümee. Was hat mir daran gefallen, was hat gut geklappt und was nicht? Inhaltlich, gestalterisch und organisatorisch. Was möchte ich aufgrund meiner bisherigen Erfahrungen anders machen? Was kann so bleiben? Ich spüre keinen Schmerz. Natürlich muss ich in meinem Leben auch mal vorausdenken. Ich will ja nicht nur so in den Tag hineinleben. Ich verfolge Ziele, habe Ideen, die ich verwirklichen möchte, und dafür kann eine Struktur sehr nützlich sein.

Nach einer Stunde steht der Plan so weit, ich schaue drauf, mir fällt hier und jetzt nichts mehr dazu ein. Vielleicht wieder in der nächsten Woche oder später. Kann ich meine Vor- und Zurückdenkzeit jetzt abschließen und wieder vollständig in den Moment eintauchen?

Ist es möglich, einen Schalter umzulegen und das Denken

nur einzuschalten, wenn ich es brauche? An / aus? Ich lehne mich zurück und stelle mir das vor. So ein funktionierender Schalter fühlt sich praktisch an. Der Verstand würde sich im Alltag unterordnen, sich nicht vorlaut vordrängeln oder sich überall ungefragt dazwischenschieben. Schon jetzt, wenn ich es mir nur vorstelle, tritt Ruhe ein. Ich muss nicht mehr den ganzen Tag denken. Nur wenn ich es brauche. In der anderen Zeit darf ich eher *sein*. Meine Wahrnehmung öffnen, die Sinneskanäle benutzen. Mehr Raum und Zeit für das eigentliche Leben.

Spätestens seit Aristoteles unterscheiden wir im Allgemeinen fünf Sinne. Sehen, hören, riechen, schmecken und tasten. Die moderne Physiologie kennt noch vier weitere Sinne: den Temperatursinn, die Schmerzempfindung, den Gleichgewichtssinn und die Körperempfindung (Tiefensensibilität). Auch gibt es ein Verständnis für den sogenannten sechsten Sinn, ebenso als Intuition bekannt. In all den Jahren, in denen ich nun schon mit The Work arbeite, haben alle, bei denen es um dieses Thema ging, sinngemäß gesagt: »Ach, wenn ich einfach meiner Intuition folgen dürfte, das wäre schön. Das wäre unkompliziert. Ich würde mich durch das Leben leiten lassen und müsste mir nicht so viel den Kopf zerbrechen.«

Intuition basiert auf emotionalem Empfinden und ist unmittelbar. Kein langes Abwägen. Unsere Intuition wird häufig von einer Überbetonung des Denkens oder durch andere Reizüberflutungen in den Hintergrund gerückt. Damit berauben wir uns eines wichtigen und vor allem mühelosen Werkzeugs.

Die nächsten Stunden des Tages erlaube ich mir, den Schalter auf *Sein* zu stellen. Dieses Wort fasst für mich fühlbar alle Details zusammen, die zum Gegenteil von *Denken* gehören. Die Intuition, wertfrei auf allen Sinneskanälen wahrnehmen, nichts ändern müssen, nicht nach Lösungen suchen. Einfach *sein* eben. Ich gehe im Sein-Modus einkaufen, räume die Küche auf, telefoniere mit meiner Mutter, und natürlich ist mein Denken nicht vollständig ausgeschaltet. Es läuft im Hintergrund wie ein unauffälliges Rauschen. Ich beachte es nicht weiter. Dafür gönne ich mir im Laden ein Verweilen beim Backofen, aus dem das Brot heimelig herausduftet.

Zu Hause befällt mich beim Aufräumen extrem gute Laune. Ich lege Musik auf, singe lauthals mit und beschäftige mich mit nichts anderem als dem Aufräumen. Ich genieße, wie meine Küche Stück für Stück klarer wirkt. Ich sehe die blankgeputzte Arbeitsplatte, der Kühlschrankgriff klebt nicht mehr, und es riecht auch irgendwie frischer. Im Gespräch mit meiner Mutter lege ich einmal kurz den Schalter auf *Denken* um, als es darum geht, gemeinsam etwas zu planen. Aber gleich als unser Telefonat sich davon wegbewegt, stelle ich ihn auf *Sein* zurück. Ich lasse mich treiben und folge meiner Intuition. Das fühlt sich auch gleich ein bisschen wie Urlaub an. Irgendetwas passiert ja immer. Irgendwelche Worte fallen mir immer ein. Und auch ohne langen Nachdenkprozess müssen die Sätze, die über meine Lippen kommen, nicht banal sein. Aus dem Brainstorming sind mir sogar Fälle bekannt, in denen wir ultraschlaue Dinge in atemberaubender Geschwindigkeit von uns gaben. Kein langes Nachdenken. Nur eine erhöhte Bereitschaft, ein angeregter Muskeltonus, und dann – peng! – ging das Feuerwerk los!

Am Abend telefoniere ich mit meinem Freund Lukas. Ich erzähle ihm von meinem Schalter, und er nickt hörbar.

Er hat auch gleich ein Beispiel parat, wann sein Schalter falsch herum eingestellt war. Vorgestern Abend, erzählte er mir (und ich habe die Erlaubnis von ihm und seiner Partnerin, das hier zu berichten), hätte er Sex gehabt. Besser gesagt, hätte er versucht, Sex zu haben. Seine Freundin hatte sich anfänglich verschmust gezeigt, sie haben sich geküsst, auch länger. Seine Hand ist auf ihre Brust gewandert, hat sie festgehalten, und normalerweise mag sie das. Gestern hat sie seine Hand genommen und sie von der Brust weg auf ihren Bauch gelegt. In ihm tauchte die Frage auf, warum sie seine Hand auf ihrer Brust nicht mag, ob er da was hätte mitkriegen müssen oder vielleicht sogar etwas falsch gemacht hat. Sein Verstand lief auf Hochtouren und suchte in der Vergangenheit nach Parallelen. Nach Hinweisen. Im Hier und Jetzt lag er mit seiner Freundin auf dem Sofa und küsste sie, zog ihr die Bluse aus. Allerdings war er nicht mehr wirklich bei ihr. Seine Aufmerksamkeit wurde von der Suche nach Hinweisen abgezweigt und von der Kraft, die er brauchte, um seine Unsicherheit zu überspielen. Aus irgendeinem Grund, der ihm jetzt nicht mehr einleuchtet, war es ihm in dem Moment nicht möglich gewesen, seine Freundin in die Vorgänge einzuweihen.

Auf keinen Fall wollte er den »Fluss« unterbrechen, denn in seinen Gedanken – der Schalter stand auf *Denken* – hing er in der Zukunft. Er fürchtete sich vor einem Leben mit kompliziertem, zerredetem Sex, wo sie sich alle drei Sekunden fragen, ob es so okay ist, der andere sich wohlfühlt, gerade auch wirklich nichts stört und ob man einfach so weitermachen könne.

Als sie so weit waren, dass es zum Geschlechtsverkehr kommen sollte, brauchte es zusätzliche Anstrengung, um sein Glied steif werden zu lassen. Bei zu hoher Gehirnaktivität in eine stressige Richtung funktioniert das oft nicht so gut von selbst, das wusste er schon. Er musste sich Bilder aus Pornos vor Augen führen, immer krassere, härtere Bilder, und schon währenddessen ist er darüber traurig geworden. Alles, was er eigentlich gewollt hatte, war, bei seiner Freundin zu sein, sie zu spüren, mit ihr auf den Wellen der Lust zu reiten und sich gemeinsam treiben zu lassen. Der Schalter stand aber falsch herum. In einer Situation, in der *Sein* hilfreich gewesen wäre, stand er auf *Denken*. Dumm gelaufen.

Körperlich und seelisch erschöpft und vollkommen unbefriedigt ist er dann, immer noch grübelnd, eingeschlafen.

Am nächsten Morgen denke ich schon beim Frühstück daran, was an diesem Tag alles anliegt. In Gedanken gehe ich meinen Kalender durch, und Punkt eins auf der Liste ist: mein Kind zur Schule bringen. Ich schaue aus dem Fenster und nach dem Wetter. Können wir mit dem Fahrrad zur Schule fahren? Ja, können wir, es regnet nicht. Vor meinem inneren Auge sehe ich mein Fahrrad. Und mein Fahrrad hat seit kurzem nicht nur die Funktion, mich von A nach B zu transportieren. Es ist auch eine Erinnerung daran, dass ich den Schalter, wann immer es geht, von *Denken* auf *Sein* stellen will.

Es ist, als würde ich gerade erst erwachen. Ich schaue zu meiner Tochter über den Tisch. Sie hängt über ihrer Schüssel, löffelt Haferflocken und ist vermutlich in Gedanken versunken. Genau wie ich eben noch. Ich schaue ihr zu. Sie scheint es nicht zu bemerken. Es ist so still um uns herum. Außer dem Löffelklappern kein Geräusch. Ihr Löffel wandert in die Schüssel, nimmt sich eine Fuhre Haferflocken und landet im Mund. Treffsicher. Obwohl sie mit den Gedanken offensichtlich nicht bei dem ist, was sie tut. Ich sehe ihr Gesicht, ihre Haut, ihre Augen; und ohne zu wissen, warum, durchflutet mich ein warmes Gefühl. Liebe. Wie schön, dass sie da ist. Dass wir so beim Frühstück hängen können. Jetzt bemerkt sie meinen Blick, schaut auf und fragt mit den Augen: Was is'n los?

Ich lächle. »Na, wo bist du mit deinen Gedanken?«, frage ich.

»Ich?«, fragt sie zurück.

»Ja, du, mein Schatz.«

Sie überlegt, nimmt einen Löffel, überlegt wieder. »Hm«, sagt sie. »Weiß nicht.«

Für mich sieht es nicht so aus, als würde sie mir etwas verheimlichen wollen. Sie weiß es tatsächlich nicht.

»Lustig, nicht?«, sage ich. »Da hängst du seit zehn Minuten in Gedanken und weißt kurz danach gar nicht mehr, was du gedacht hast …«

»Ja«, sagt sie, »aber jetzt bin ich wieder da.«

»Und, wie ist es, da zu sein?«

»Cool«, sagt sie knapp, denn sie ist ja nun schon zwölf. Fast dreizehn. Was soll man da Worte verlieren?

Meine Aufmerksamkeit driftet nicht mehr weg. Nicht beim Frühstückabräumen, nicht beim Zähneputzen, auch nicht beim Anziehen; und als ich den Schlüssel in die Hand nehme, muss ich lächeln. Jeden Tag erinnere ich mich ein bisschen früher daran. Ich fühle mich wach und präsent. Als hätte ich auf diese Weise mehr vom Leben. Na, vielleicht ist das ja auch so.

Am Abend gehe ich wieder eine halbe Stunde früher zu Bett. Ich habe Gefallen daran gefunden, dort zu liegen, nichts zu machen, Zeit zu dehnen. Mein Federbett liegt leicht auf mir, und doch schwer genug, um mich zu umhüllen. Was mache ich da, wenn ich nichts mache? Ich fühle mich. Wie mein Körper auf der Matratze aufliegt, mein Kissen unter dem Kopf, der Atem, das Gluckern im Bauch, das Klimpern der Augen, ein auftauchendes Bedürfnis, einen Körperteil ein Stück nach rechts zu bewegen. Ich höre die Geräusche des Hauses. Sie sind mir vertraut. Hier schlägt eine Tür, dort Stimmen, Schritte im Treppenhaus. Ich liege hier, und da draußen bewegt sich was. Das fühlt sich friedlich an. Ich brauche mein Denken hier nicht, das *Sein* kann ich spüren. Ich kann mich selbst sein lassen. Ein Lebewesen sein, ein Etwas, was sich nicht antreibt. Was einfach nur *ist*. Irgendwann lösche ich das Licht, liege noch da, mit nichts, und dann spüre ich es nicht mehr. Ich muss wohl eingeschlafen sein.

Was für ein Luxus, denke ich beim Erwachen. Für so etwas Zeit zu haben. Nun, Zeit zu haben heißt, sich Zeit zu nehmen. Und ich nehme sie mir einfach aus meinem Tageskontingent und verwende sie für dieses zarte Nichtstun. Fürs Rumliegen und Hinspüren. Und wozu? Warum? Wofür? Was bringt mir das? Wäre es nicht sinnvoller, etwas zu lesen? Allein das Gefühl, Zeit zu haben, ist großartig. Und das habe ich, wenn ich daliege. Und nichts zu tun, so nichts, wie's eben nur geht, »am nichtsesten«, ist so erholsam. Der pure Urlaub. Irgendwo habe ich neulich den Spruch gelesen: »Ich wünsche mir ein Leben, von dem ich keinen Urlaub brauche.« Es fühlt sich an, als wäre ich auf dem besten Weg dorthin.

Jetzt habe ich schon das Fahrrad, den Schlüssel und den morgendlichen Wetterblick aus dem Fenster als Erinnerung etabliert. Nun auch mein Zubettgehen. Wo kann ich es noch verankern, sodass ich mich immer öfter an das *Hiersein* erinnern, es zur Gewohnheit machen kann? Am besten bei Verrichtungen, die ich jeden Tag tue und bei denen meine Gedanken normalerweise wie verrückt losrennen. Zum Beispiel unter der Dusche.

Ich gehe ins Bad, steige in die Wanne und warte gespannt, wohin meine Gedanken mich heute Morgen entführen wollen. Da ich darauf warte, kommt erst mal nichts. Aber als das warme Wasser über mich drüberläuft und während ich mir die Zähne putze, rennen sie los, als hätte ein Schiedsrichter den Startschuss gegeben. Ich glaube, die Disziplin ist Staffellaufen. Eine Gedankengruppe übergibt den Stab an die nächste, und so geht es immer im Kreis. Seit gestern habe ich leichte Zahnschmerzen, und meine Gedanken rennen erst zu meinem Zahnarzt, dann zu den vermuteten Schließzeiten. Von dort zum Kieferchirurgen, denn der könnte auch etwas damit zu tun bekommen. Im Moment heilt ein Titanstift im Unterkiefer ein, auf den in einem Monat ein Implantat gesetzt werden soll.

Und wieder wird der Staffelstab übergeben. Diesmal an die Planung der Fahrten zum Zahnarzt, Fahrzeiten, die Wahl des Verkehrsmittels; und eine letzte Übergabe führt mich in die Apotheke. Zu der Idee, mit den Zahnschmerzen erst einmal gar nichts zu machen, ein Schmerzmittel für den Notfall zu holen und ein Mittel gegen empfindliche Zähne zu versuchen.

Dieser rasante Lauf hat gefühlte fünf Minuten gedauert. Ich bedanke mich bei meinen Gedanken für die schnelle Präsentation der verschiedenen Handlungsmöglichkeiten, und dann hole ich mich wieder dorthin zurück, wo ich auch bin. Ich fühle das Wasser, und ich liebe es, mich berieseln zu lassen. Ja, ich spüre auch die Zahnschmerzen. Aber wenn ich wirklich ganz und vollständig im jetzigen Moment bin, habe ich dazu keinen gedanklichen Überbau. Dann fühle ich das Gefühl, es zieht ein bisschen, aber ich kann mir nicht ausmalen, was das alles sein könnte. Ganz im Hier und Jetzt tauchen Gedanken nicht in die Geschichte ein, dass der Titanstift unter Umständen wieder herausgeholt werden muss, es Komplikationen geben wird, die Schmerzen sich verdoppeln oder verdreifachen, die Kosten natürlich alle von mir getragen werden müssen und das alles einfach nur blöd sein wird.

Nein! Im Hier und Jetzt spüre ich das Ziehen und beschließe, zuerst zur Apotheke und in zwei Tagen zum Arzt zu gehen. Falls das dann noch nötig sein sollte. So weit und nicht weiter. Dann bin ich ganz beim Abtrocknen. Ich drücke das Handtuch fest auf mein Gesicht, und besser als jedes Peeling durchblutet es meine Haut und rubbelt abgestorbene Hautzellen weg. Meine Haut fühlt sich erfrischt an. Das Duschen und Abtrocknen wird meine nächste Erinnerungsstation.

Nur einen Tag später sind die Zahnschmerzen stärker geworden. Obwohl ich mir dieses Mittel gegen empfindliche Zähne aus der Apotheke besorgt habe. Ich habe keine Panik. Ich weiß, ich kann zum Arzt gehen, ich weiß um die Palette der zur Verfügung stehenden Schmerzmittel, und es wird eine Lösung geben. Daran glaube ich. Ruhig sitze ich auf einem Stuhl, bin ganz im Moment und spüre, was es zu spüren gibt. Im *Sein*-Modus ist der Schmerz auch nur ein Gefühl. Ein Druck, ein Ziehen, eine Empfindung. Er ist einfach da. Ein Gefühl. Ich kann den ganzen Tag tun, was ich tun wollte, mal spüre ich das Gefühl mehr, mal weniger. Zum Schlafen nehme ich eine Schmerztablette und gehe am nächsten Tag zum Arzt. Mit einer tiefen inneren Ruhe und einem Lächeln auf den Lippen, denn ich befürchte nichts Schlimmes. Befürchtungen liegen immer in der Zukunft. Und da gehe ich mit meinen Gedanken gerade nicht hin.

Der Arzt macht ein paar Untersuchungen und stellt fest: Mit dem Titanstift ist alles »chic«. Es gibt keine Komplikationen. Da eitert nichts, er muss nicht herausgenommen werden, es entstehen mir keine Zusatzkosten, aber vor allem werden sich die Schmerzen nicht verdoppeln oder gar verdreifachen. Das ist gut zu wissen. Auch wenn der Arzt sich nicht erklären kann, woher meine Schmerzen kommen, kann er schlimme Ursachen ausschließen. Das ist beruhigend. Er schmiert mir eine dicke Paste auf die Zähne und gibt mir einen neuen Termin in vier Tagen. Einen Tag vor dem Termin rufe ich in der Arztpraxis an und sage den Termin ab. Ich brauche ihn nicht mehr. Die Schmerzen sind von selbst oder mit Hilfe der dicken Paste und den Schmerzmitteln zurückgegangen.

Am Nachmittag sitze ich über meinen Zeichenblock gebeugt. Der Bleistift fährt über das Papier, beschreibt den Bogen einer Kette, wieder und wieder, bis der Schwung stimmt. Könnte ich das bewusst steuern? Oder be-denken? O nein, für schöpferische Prozesse benötige ich keine Gedanken. Selbst beim Schreiben setze ich mich nicht hin und denke. Ich denke kurz für die Struktur, und dann lasse ich das Denken von der Leine, wie einen Hund. Ich gewähre ihm Auslauf, werfe nur Stöckchen, und er bringt mir etwas zurück. Was er mir vor die Füße legt, tippen meine Hände in die Tastatur. Er darf herumtollen, verschollen gehen, zerlumpt heimkehren und des Nachts den Mond anheulen. Erst am Ende des Schreibprozesses schalte ich das Denken wieder dazu, um Bandwurmsätze zu verkürzen, nichtssagende Adjektive zu erkennen, Längen herauszunehmen und Füllwörter rauszuschmeißen. Im eigentlichen künstlerischen Prozess kann das *Denken* nichts ausrichten. Viele Künstler, Wissenschaftler oder andere schöpferisch tätigen Menschen berichten darüber, dass ihnen die besten Ideen in der Badewanne oder beim Whisky gekommen sind. In *Seins*-Zuständen. Nicht beim angestrengten Nachdenken.

Am Ende dieses Monats erwache ich morgens in meinem Bett, es trudeln ein paar Gedanken heran, und ich lehne dankend ab. Ich stelle den Schalter nicht auf *Denken* – das brauche ich jetzt nicht. Im *Sein* spüre ich meine Bettwärme und die kühle Luft außerhalb des Bettes. Mein Körper erhebt sich vom Lager, meine nackten Füße auf glatten Holzdielen. Schönes Gefühl. Ich bleibe einen Moment stehen und fühle das. Dann genieße ich das Perlen des Wassers beim Duschen, das Peeling beim Abtrocknen, das Wachsein mit meiner Tochter beim Frühstück und das knackige Geräusch des Apfels zwischen meinen Zähnen. Später den Fahrtwind beim Radfahren. Das Leben hat so viel zu bieten. Es müssen keine großartigen Dinge sein. Ich muss nicht im Lotto gewinnen, mich ständig neu verlieben oder mir jeden Tag einen neuen Kick organisieren.

Das Leben ist schön, wenn es ein Verstehen gibt, das größer und weiter greift. Wenn es das Denken an die Hand nimmt und doch darüber hinauswächst. Seine Flügel spannt und sich aufschwingt. Über die Dächer, weit, weit hinaus.

Was Sie nun tun können

Bestehende Gewohnheiten können sich anfühlen wie vielspurige Autobahnen. Ich fahre und fahre, und nur alle paar Kilometer achte ich mal auf ein Schild. Das macht keine Mühe.

Eine neue Gewohnheit ist erst einmal ein dünner Trampelpfad im Wald. Er muss gegangen werden, um als Weg erkennbar zu sein. Da schlagen mir Äste ins Gesicht, es besteht Rutschgefahr, und die Sicht ist nicht immer klar. Aber hier wartet das Abenteuer, hier singen die Vögel, und ich kann mich gut spüren. Und es winkt eine dicke Belohnung, wenn der Weg sich als praktisch für mich erweist.

Dieses Jahr hat mir Freude gemacht, mich für einiges aufgeweckt, und tatsächlich arbeiten jetzt ein paar Heinzelmännchen für mich. Ich hetze mich nicht mehr. Das ist wirklich angenehm, und ein Monat war ausreichend, um diese neue Gewohnheit zu etablieren.

Meinen Gedanken mit Verständnis zu begegnen geschieht auch schon von selbst, und es heißt auch, mir selbst mit Verständnis zu begegnen. Auch dafür war ein Monat ausreichend. Die Umkehrung zu mir selbst ist mir in Fleisch und Blut übergegangen.

Manches braucht wohl länger als einen Monat, um sich zu automatisieren. An das Hier und Jetzt erinnere ich mich mehrmals am Tag, und es ist immer wieder verblüffend, wie einfach alles ist, wenn ich Vergangenheit und Zukunft abschneide.

Die kleine Minimeditation, die ich für mich gefunden habe, ist der Hit!

Und nicht zuletzt: Mit unliebsamen Gewohnheiten zu brechen, immer mal wieder etwas anders zu machen, einen neuen Weg auftun – das erfrischt und bringt Leben in die Bude!

Welches ist Ihre Lieblingsübung? Welche Erfahrungen haben Sie gemacht? Haben Sie vielleicht gar eine eigene Übung entwickelt?

Die Welt ist groß und weit. Sie ist voller Möglichkeiten. Bessere als Enge und Schmerz.

Wir brauchen sie nur zu sehen.

Mir hat The Work schon unzählige Male geholfen, die Perspektive zu wechseln, zu erkennen, wo mein Weg langgeht und wie ich zu dem fetten, prallen Leben gelange. Ich würde mich freuen, Sie auf Ihrem Weg dorthin begleiten zu dürfen.

Kontakt

Wenn Sie möchten, schreiben Sie mir gern über meine Webseite: www.inarudolph.de oder über Facebook.

Möchten Sie lernen, The Work für sich anzuwenden, können Sie ein Seminar besuchen.

Wenn Sie mit der Methode ein Problem lösen möchten, eignet sich eine Einzelsitzung. Dafür können Sie nach Berlin-Kreuzberg in mein Praxisräumchen kommen, oder wir verbinden uns über Skype oder Telefon.